21世纪会计系列教材

Accounting Classics

会计学基础

（第7版）

Fundamental of Accounting

主编 崔智敏 陈爱玲

中国人民大学出版社
· 北京 ·

图书在版编目（CIP）数据

会计学基础/崔智敏，陈爱玲主编. —7版. —北京：中国人民大学出版社，2020.1
21世纪会计系列教材
ISBN 978-7-300-27691-5

Ⅰ.①会… Ⅱ.①崔… ②陈… Ⅲ.①会计学-高等学校-教材 Ⅳ.①F230

中国版本图书馆CIP数据核字（2019）第272922号

21世纪会计系列教材
会计学基础（第7版）
主编　崔智敏　陈爱玲
Kuaijixue Jichu

出版发行	中国人民大学出版社		
社　　址	北京中关村大街31号	**邮政编码**	100080
电　　话	010－62511242（总编室）		010－62511770（质管部）
	010－82501766（邮购部）		010－62514148（门市部）
	010－62515195（发行公司）		010－62515275（盗版举报）
网　　址	http://www.crup.com.cn		
经　　销	新华书店		
印　　刷	天津鑫丰华印务有限公司	**版　　次**	2005年7月第1版
规　　格	185 mm×260 mm　16开本		2020年1月第7版
印　　张	18插页1	**印　　次**	2023年1月第9次印刷
字　　数	390 000	**定　　价**	39.00元

前　言

“会计学基础”是会计学科的入门课程，在会计学体系中具有基础地位，主要讲授会计学的基本理论、基本方法和基本操作技能。为了使本教材做到基本理论阐述深入浅出，基本方法讲解清晰明了，达到易教易学的目的，我们不断汲取同类教材之长，广泛听取同行的意见和建议，对教材进行反复修订。2018 年第 6 版出版发行以来，我们收到来自全国多所院校专家的修改意见和建议，加之近年来财政部陆续发布新的或修订的多项企业会计准则，调整了财务报表格式，施行了修订的《会计基础工作规范》，调整了增值税税率，我们决定对《会计学基础》(第 6 版) 进行修订。

这次修订，我们仍然保持了本教材“理论以够用为度、以适用为限，重应用性、实践性和操作性”的特点，在体现本教材在会计学体系中的基础地位的基础上，尽量不与后续课程的内容过多重复。本次修订的主要内容是：根据财政部 2019 年发布的《财政部关于修订印发 2019 年度一般企业财务报表格式的通知》(财会〔2019〕6 号)，对第九章“财务会计报告”中的相关报表格式做了调整；根据最新增值税税率，对书中各章涉及增值税的内容进行了调整。

为方便学生自学，培养学生分析问题、解决问题和实际操作的能力，本教材每章前设有学习目标，章后设有本章小结、主要概念，同时还附有复习思考题，第一章到第十章章后还设有复习巩固题（包括单项选择题、多项选择题、判断题和实务练习题），这些对于巩固相关知识很有帮助。为了增强学生的实践操作能力，在教材后面附加了“会计单项模拟实验”，可以使学生体会和感受理论应用于实践的过程。另外，为配合学生自学，检验和巩固学习效果，我们编写了与本教材相配套的学习指导书，其中包含与教材对应的复习巩固题参考答案。为方便现代化教学手段的应用，我们还为教材制作了配套的 PPT 课件。

本教材自 2005 年首版以来，得到了广大读者的普遍认同和好评。本教材适合用作高等院校会计学专业、非会计学专业“会计学基础”课程教材，也可作为企业财会人员、各级各类管理人员的培训教材及参考书。

本教材由西安财经大学崔智敏、陈爱玲担任主编，参加编写、修订的有崔智敏（第一章、第二章、第三章)、陈爱玲（第四章、第六章、第七章、第十章）、范瑾（第五章、第八章、第十二章)、常雪峰（第九章、第十一章和附录）。崔智敏、陈爱玲共同负责拟定大纲、组织编写、修订和审阅定稿。

本书的修订出版得益于中国人民大学出版社的精心组织和大力帮助，在此我们诚表谢意！本书在编写和修订过程中参考和借鉴了同行的有关著述，在此一并表示感谢！限于编者的时间和水平，书中错漏或者不妥之处在所难免，恳请各位专家、同行以及广大读者批评指正，以便我们对本书做进一步的修订和补充。

目　录

第一章 总论

Chapter 1

学习目标

本章主要阐述会计学的基本理论问题。学习目的在于搞清楚什么是会计、会计是干什么的，掌握指导会计实务工作的最基本理论，为系统学习会计方法打好基础。本章要求学习者深刻理解会计的含义和内容，明确会计的职能和目标，熟悉会计核算的基本前提与会计信息质量要求，了解会计核算的具体方法，领会会计循环的内容构成。

第一节 会计的含义和会计的内容

一、会计的含义

“会计”是一个古老的词语。“会计”作为一个名词用于财务计算有着悠久的历史。早在我国的《周礼》一书中，就已经有了设置会计官职和官方会计活动的记载。马克思在《资本论》第一卷中提到，在远古的印度公社中已出现记账员，负责登记农业账目，登记和记录与此有关的一切事项。可见，会计的起源很早，“会计”这个词早就出现了。

会计在产生的初期只是作为生产职能的附带部分，即由生产者在生产时间之外附带地把劳动耗费和劳动成果记录下来。只有当生产力发展到一定水平，一般认为出现了剩余产品，出现了社会分工和私有制以后，会计才从生产职能中分离出来，成为一种独立的职能。这一时期的会计，不仅有简单的记录、计算的含义，而且有了考核的含义。12 世纪前后，在产生资本主义萌芽的意大利，出现了复式簿记。

1494年，意大利数学家卢卡·帕乔利（Luca Pacioli）的《算术、几何、比与比例概要》一书在威尼斯出版，书中的“簿记论”一节全面系统地介绍了威尼斯的复式记账法，并从理论上做了阐述。这部著作的问世标志着现代会计的开始。其后，18世纪和19世纪初的工业革命给当时的资本主义国家带来了空前的生产力，生产迅猛发展，由此引起了生产组织和经营方式的重大变革，推动了会计的发展，英国会计在这一时期的发展尤为突出。此后，从19世纪到20世纪，由于全球经济的发展，会计的内容、方法、技术以及理论有了突飞猛进的发展和变化。

现代会计形成以后，怎样给现代会计下定义呢？各国的会计学者都曾为此多方探索，流传比较广泛的一种观点是：“会计是一个信息系统。它旨在向利害攸关的各个方面传输一家企业或其他个体的富有意义的经济信息。”美国会计学会（AAA）和美国注册会计师协会（AICPA）所属的会计原则委员会（APB）都曾对会计做过类似的定义。西方国家的会计学者和会计机构对会计的定义传入我国后，被我国会计学者接受。按照这个观点，会计主要提供以财务信息为主的经济信息，供有关各方进行经济决策和经济管理之用。

对会计的含义，在我国还有一种观点，即会计是经济管理活动的重要组成部分。按照这种观点，会计指的是会计工作，它是一项经济管理工作，或者一种管理活动。会计作为一项经济管理工作，与企业中的其他管理工作一样，共同组成企业的经济管理活动。

综合上述观点，我们认为，现代会计的含义可概括为：会计是经济管理活动的重要组成部分，是以货币为主要计量尺度，对经济活动进行连续、系统、综合的核算和监督，提供以财务信息为主的经济信息，为外部有关各方的投资、信贷决策服务，为内部强化管理和提高经济效益服务的一个经济信息系统。

会计从产生到现在已有几千年的历史，但过去的会计与当今的会计不可同日而语。近代会计是以簿记为主，簿记即会计的账务处理技术，主要研究如何登账、编表，即通常所说的如何记账、算账、报账。这仅仅是会计工作的技术问题，并不涉及会计的理论研究。现代会计不仅要说明会计应如何处理，更要说明为什么要这样处理，即现代会计的重点是研究会计理论问题。

随着股份公司的出现，经营权与所有权分离，会计的服务对象从企业的内部扩展到投资者、债权人等外部组织。社会上众多的会计信息使用者被分为内部会计信息使用者和外部信息使用者两大类，会计分别通过提供对内报告和对外报告，同时为企业内部管理人员（即内部会计信息使用者）及外界人士（即外部会计信息使用者）提供服务。这样，专门提供对内报告的会计，即管理会计，从财务会计中分离出来并日渐完善，这标志着进入了现代会计阶段。目前，会计学科所包含的内容已远远不是财务会计和管理会计两大分支的概念。会计专业中自成体系的独立分支学科主要有：财务会计、管理会计、成本会计、税务会计、审计学、会计制度设计、财务报表分析、特殊行业会计、政府会计等。

二、会计的内容

会计的内容就是会计所要核算和监督的具体对象。从广义来讲，会计包括会计核算、会计监督和会计分析（也称财务报表分析）。由于会计核算是会计监督和会计分析的前提和基础，因此，会计核算的内容也就是会计的内容。

会计核算是以货币为主要计量单位，对生产经营活动或者预算执行过程进行连续、系统、全面、综合的记录、计算，定期编制并提供财务会计报告等会计活动的全过程。

会计活动必须以一个企业或行政事业单位为依托。在企业生产经营活动中，凡是可以用货币表现的方面，都是会计核算和监督的内容。在行政事业单位的业务活动中，凡是可以用货币表现的方面，也都是会计核算和监督的内容。

从表面上看，会计存在于所有企业和行政事业单位中，其核算和监督的内容既有不同行业企业的经济活动，又有事业单位、政府机关的经济活动。但从本质上看，社会上所有企业和行政事业单位的经济活动都可以最大限度地概括为社会经济活动，而社会经济活动总是在纵横交错、周而复始地运行着，所以，这样的活动又可以概括为社会再生产过程中的经济活动。在商品经济条件下，社会再生产过程既表现为使用价值的运动——各种物质的生产和交换，也表现为价值的运动——价值的形成、实现和分配。而会计不能也不应该核算和监督再生产过程中的所有经济活动，只核算和监督能够以货币表现的那些经济活动。由于社会再生产过程中的财产物资等经济资源以货币表现，习惯上叫作资金，是价值计量的反映，因此，价值运动往往又叫作资金运动。会计对象的一般内容就是社会再生产过程中的价值方面，即能以货币表现的经济活动或资金运动。作为会计一般对象，这里没有深入地对其内容要素做进一步具体的分析，只是对其共性进行一般描述，为后面会计对象的具体化——会计要素的学习打下基础。

在我国，社会再生产是通过各个企业、行政事业单位的生产经营活动和财务收支活动协同进行的。由于各单位在国民经济中所处的地位和作用不同，它们的经济活动内容和经济目标也不一样，因而价值运动的具体内容与表现形式也不相同。

企业是国民经济的主要基层组织，是营利性的经济单位，为了进行生产经营活动或产品购销活动，必须从不同的渠道筹集资金，用这些资金建造或购置各类财产物资，包括厂房、机器设备、工具等劳动资料，原材料、外购商品等劳动对象，通过生产活动形成劳动产品，再通过销售本企业的劳动产品或外购商品，收回货币资金并取得盈利。所以，企业所筹措到的资金及其所形成的资产，生产经营活动中所取得的经营收入及费用、成本，以及通过生产经营活动所形成的最终经营损益，构成企业经营资金的运动，是企业会计的主要内容。

以制造企业为例，制造企业的资金运动按运动的程序可分为资金投入、资金周转、资金退出三个基本环节，与此相对应，其生产经营过程可以划分为生产准备过程、生产过程和销售过程。随着生产经营过程的不断进行，企业的资金也在不断地循环和周转，由货币资金转化为固定资金、储备资金，再转化为生产资金、成品资金，最后又转化为货币资金。会计要依次反映这些阶段的经济活动。上述资金运动的过程如图1-1所示。

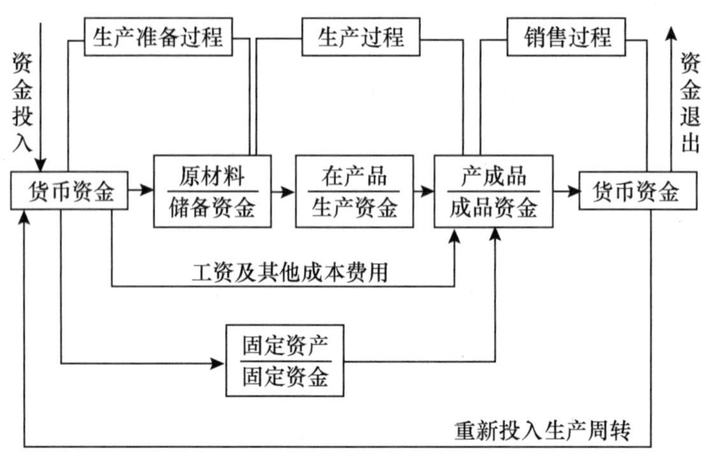

图1-1 制造企业的资金运动过程

行政事业单位是非营利单位，它们的职责是完成国家赋予的各项任务。虽然各单位任务不同，其经济活动的内容也不相同，但有一点是相同的，即完成各项任务都必须拥有一定数量的资金，这些资金大多由国家拨给。国家每年根据预算，拨给各单位一定数量的资金，称预算拨款；各单位在完成任务的过程中按预算以货币形式支付的各项费用称预算支出，这种支出是非补偿性的，即不能从收入中得到补偿。预算拨款和预算支出等构成行政事业单位预算资金的运动，是政府会计的主要内容。

第二节 会计的职能和会计目标

一、会计的职能

会计的职能是会计在经济管理中具有的功能，是会计本质属性的外在表现形式。会计作为一项有效且有序的管理活动，在社会经济发展和经济管理的现代化进程中，具有与管理活动相同的职能，诸如经济活动运行前的预测、决策，经济活动运行中的调节、控制，活动结果的反馈、分析等。《中华人民共和国会计法》将会计的基本职能表述为会计核算与会计监督。

（一）会计核算

什么是会计核算？会计核算的内容很多，比如要开办一家商品流通企业，需要筹集必要的资金，注册资金是多少；开展经营活动需要购进必要的劳动工具、商品物资，为此付出了多少代价；销售了多少商品，实现了多少收入；在购销过程中发生了多少费用，最后到底是赚了还是赔了；等等。必须采用一定的方法，把这些情况都记录下来并计算清楚，最终以一定的形式表达出来。这种记录、计算和报告的过程就是会计核算。可见，会计核算就是对大量的经济业务进行记录、计算、归类、整理和汇总，并通过记账、算账、报账等程序，全面、完整、综合地反映经济活动过程和结果，为经济管理提供有用的信息。

1. 会计核算的内容。《中华人民共和国会计法》规定：各单位必须根据实际发生的经济业务事项进行会计核算，填制会计凭证，登记会计账簿，编制财务会计报告。会计核算是通过价值量对经济活动进行确认、计量、记录，并进行公正报告的工作。任何单位进行会计核算时，首先是将发生的经济业务事项如实地记录下来，但在记录时必须按照一定的会计方法，以便确定经济事项能否进入会计核算系统并提供真实的会计信息，这时就会遇到会计确认、计量、记录、报告等会计核算的具体问题。

(1) 会计确认。会计确认是指把一项经济业务或会计事项列作一个会计要素，形成一个会计项目，并加以记录和报告的过程。会计确认需要通过一套专业标准或专业方法来确定会计事项是否发生，以此为标准来衡量经济信息能否进入会计核算系统并进行会计核算。会计确认包括原始确认和再次确认。原始确认是指对输入会计核算系统的原始经济信息进行识别、判断、筛选和归类，运用会计技术编制会计凭证，将经济数据转化为会计信息，并登记有关账簿；再次确认是指对会计核算系统输出的经过加工的会计信息进行确认。某些经济业务记入会计账簿，形成账簿记录后，由于情况发生变化，还需要再次确认；依据账簿记录编制财务报表时，某些数据需要进行加工整理，也要再次确认。因此，会计确认贯穿会计核算的全过程。

(2) 会计计量。会计计量是指在会计核算过程中，对各项财产物资都须以某种尺度为标准确定它的量。以长度、重量、体积、容量为尺度，称为实物计量；以货币为尺度称为货币计量或货币计价。会计计量包括计量单位和计量属性。计量单位通常以元、百元、千元、万元等货币单位表示。计量属性是指计量对象可供计量的某种特性或标准，如资产计量有历史成本、重置成本、可变现净值、公允价值等属性。一般在编制会计凭证时，要以原始凭证为依据进行会计计量，经济业务形成账簿记录后，需要再次进行计量。因此，会计计量也贯穿会计核算的全过程。

(3) 会计记录。会计记录是指将各项经济业务确认、计量后，采用一定的方法在账簿中加以登记，以便对会计数据进一步加工处理的过程。包括以原始凭证为依据编制记账凭证，再以记账凭证为依据登记账簿。会计记录包括序时记录和分类记录、手工记录和计算机记录。会计载体一般有会计凭证、会计账簿、财务报表或者磁盘、光盘等。

(4) 会计报告。会计报告又称财务会计报告，是以账簿记录为依据，采用表格和文字等形式，将会计数据传输给会计信息使用者的报告文件。会计报告一般由财务报表、财务报表附注以及其他应当在财务报告中披露的相关信息和资料组成。传输会计信息是会计核算的重要环节，必须遵循真实、可靠和有用性等原则，并及时地将信息传输给会计信息使用者。

会计核算是会计的首要职能，是会计其他职能发挥作用的前提和基础。会计核算的基本特点是从价值量上对企业、行政事业单位经济活动的全过程进行反映。

2. 会计核算的特点。

(1) 以货币为主要计量尺度，具有综合性。会计核算和监督的经济内容可以运用多种计量尺度，包括实物尺度（如千克、吨、件等）、劳动尺度（如工时、工日等）和货币尺度。虽然实物尺度和劳动尺度能够具体反映各项财产物资的增减变动和生产过程中的劳动消耗，对核算和经济管理都是必要的，但这两种尺度都不能综合反映会计的内容，而综合性是会计的一个主要特点。会计以货币作为综合计量尺度，通过会计的记录可以全面、系统地反映和监督企业及行政事业单位的财产物资、财务收支、生产过程中的劳动消耗和成果，并计算出最终财务成果。所以，尽管在会计核算过程中已经运用了实物尺度和劳动尺度进行记录，最后仍必须以货币尺度综合地加以反映。

(2) 会计核算具有完整性、连续性和系统性。会计对经济业务的核算必须具有完整性、连续性和系统性。完整性是指对属于会计内容的全部经济业务都必须加以记录，不允许遗漏其中的任何一项；连续性是指对各种经济业务应按其发生的时间顺序，不间断地进行记录和核算；系统性是指对各种经济业务要进行分类核算和综合核算，并对会计资料进行加工整理，以取得系统的会计信息。

(3) 会计核算要以凭证为依据，并严格遵循会计规范。会计记录和会计信息讲求真实性和可验证性，这就要求企业、行政事业单位对发生的一切经济业务，都必须取得或填制合法的凭证，以凭证为依据进行核算。在会计核算的各个阶段都必须严格遵循会计规范，以保证会计记录和会计信息的真实性、可靠性和一致性。

(二) 会计监督

《中华人民共和国会计法》规定：各单位应当建立健全本单位内部会计监督制度。会计对经济活动进行核算的过程，也是实行监督的过程。会计监督主要是以国家的财经法规、政策、制度、纪律和会计信息为依据，通过预测、决策、控制、分析、考评等具体方法，促使经济活动按照规定的要求运行，以达到预期的目的。

1. 会计监督的依据。会计监督的依据有合法性及合理性两种。合法性依据是国家颁布的法律、法规、规章和政策；合理性依据是客观经济规律及经营管理方法的要求。会计监督的目的就是保证会计目标的顺利实现。

2. 会计监督的形式。会计监督的形式包括单位内部的控制监督、会计工作的国家监督、会计工作的社会监督，三者缺一不可。单位内部的控制监督，是指一个单位为了保护其财产的安全完整，保证其经济活动符合国家法律、法规和内部规章制度的要求，提高经营管理效率，而在单位内部采取的一系列相互联系、相互制约的制度和方法。其本质是一种内部控制，也是会计监督的基础。会计工作的国家监督，主要是指财政、审计、税务等机关依照法律和国家有关规定对各单位进行的监督，它是维护社会经济秩序的重要手段和形式。会计工作的社会监督，主要是指社会中介机构（如会计师事务所中的注册会计师）接受委托对单位的经济活动进行依法审计，并据实做出客观评价的一种监督形式。国家监督和社会监督都是从单位外部进行的，相对于单位内部的控制监督而言，它们是外部监督。由于国家监督是依法对各单位进行的强制性的行政监督，社会监督是以其特有的中介性和公正性所进行的监督，上述两种监督形式及其结果得到法律认可，具有很强的权威性、公正性，因此，国家监督和社会监督的有效开展，可以保证各单位的经济活动依法有序地进行，并且弥补单位内部控制监督存在的种种不足，或者说国家监督和社会监督是对单位内部控制监督的一种再监督。国家监督和社会监督的加强，可以推动单位内部控制监督的充分开展；单位内部控制监督的有效进行，为国家监督和社会监督的进行提供了重要基础。

3. 会计监督的特点。

（1）会计监督主要通过价值指标来进行。会计核算通过价值指标综合地反映经济活动的过程及其结果，会计监督的主要依据就是这些价值指标。由于基层单位进行的经济活动均伴随着价值运动，表现为价值量的增减和价值形态的转化，因此，会计监督与其他各种监督相比较，是一种更为有效的监督。

（2）会计监督要对单位经济活动的全过程进行监督，包括事前监督、事中监督及事后监督。会计的事前监督是在经济活动开始前进行的监督，即审查未来的经济活动是否符合有关法律、法规、规章和政策的规定，是否符合市场经济规律的要求；事中监督是对正在发生的经济活动过程及取得的核算资料进行审查，并以此纠正经济活动过程中的偏差及失误，促使有关部门合理组织经济活动，使其按照预定的目的及规定的要求进行，发挥控制经济活动进程的作用；事后监督是对已经发生的经济活动以及相应的核算资料进行的审查、分析。

会计的核算职能与监督职能是相辅相成的，只有在对经济业务活动进行正确核算的基础上，才可能提供可靠资料作为监督的依据；同时，也只有搞好会计监督，保证经济业务按规定的要求进行，并且达到预期的目的，才能发挥会计核算的作用。

二、会计目标

作为整个经济管理活动的重要组成部分，会计的目标和一切经济管理活动的总体目标应当是一致的。在社会主义市场经济条件下，经济管理的总体目标是提高经济效益，即在投入一定的情况下获得尽量多的产出，或者是在产出一定的情况下尽量减少投入。会计核算的特点决定了会计在实现经济管理的总体目标中的具体目标是通过财务报告向会计信息使用者提供满足其需要的会计信息。我国《企业会计准则——基本准则》规定：财务报告的目标是向财务报告使用者提供与企业财务状况、经营成果和现金流量等有关的会计信息，反映企业管理层受托责任履行情况，有助于财务报告使用者做出经济决策。根据这一规定，我们可以把会计目标具体表述为提供满足企业外部会计信息使用者需要的会计信息和提供满足企业内部会计信息使用者需要的会计信息两个方面。

（一）提供满足企业外部会计信息使用者需要的会计信息

会计信息的外部使用者，泛指企业内部各级管理人员以外的人员，以及所有企业外部的信息使用者，他们是报告企业的利益相关者，主要包括政府机构、投资者、债权人、供应商和客户、企业员工、社会大众等。会计信息的外部使用者不参与企业的日常运作，具有独特的信息需求，希望能根据企业会计报告的信息进行关于报告企业的相关决策。由于外部会计信息使用者众多，各自所要解决的问题不同，因此对企业所提供信息的要求也各不相同。

1. 政府机构。政府及其相关机构最关心的是有限资源的合理配置情况。它们要求提供的是有关企业的投入产出能力、营运能力、发展能力以及对社会的贡献能力等方面的信息。这些会计信息可以帮助政府机构分析企业对资源的运用及其对社会所做的贡献，以便做出是否需要制定或修订税收政策、货币政策、财政政策等经济政策，是否需要利用经济手段干预市场经济秩序，是否需要调整资源配置等宏观决策。

2. 投资者。投资者最关心的是投资的风险以及回报。他们要求提供的是有关企业的获利能力、资本结构以及利润分配政策等方面的信息。这些会计信息可以帮助投资者分析投资价值，以便做出最佳投资决策。

3. 债权人。债权人最关心的是其所提供资金能否按期如数收回。他们要求提供的是有关企业偿债能力以及获利能力等方面的信息。这些会计信息可以帮助债权人分析评估授信或放贷的安全性及获利性，防范和化解信用风险，做出授信或放贷决策。

4. 供应商和客户。供应商和客户最关心的是企业能否继续生存。他们要求提供的是有关企业经营能力、支付能力和获利能力等方面的信息。这些会计信息可以帮助供应商和客户分析评价企业的经营风险，以便做出诸如销售方式、商业信用等商业决策。

5. 企业员工。企业员工最关心的是企业为其提供的劳动报酬的高低、福利的好坏，企业是否能够提供长久、稳定的就业机会等方面的情况。他们要求提供的是有关企业财务结构和获利能力等方面的信息。这些会计信息可以帮助企业员工分析企业的财务状况和经营能力，以便做出择业决策。

6. 社会大众。社会大众所关心的是企业，尤其是股份有限公司持续的、有序的发展情况。他们要求提供的是有关企业目前及未来发展等方面的会计信息，以帮助他们了解企业，进行未来的各种决策。

面对众多的外部使用者对会计信息的具体需求，会计旨在提供“通用”的信息，主要是有关企业财务状况、经营成果、现金流量等方面的信息，以满足投资者和债权人的信息需求，同时兼顾其他会计信息使用者的需要。会计实现这一目标主要是通过对外提供的财务会计报告，尤其是财务报表来完成。

对于需要提供特殊资料的外部使用者，则另行提供特别报告。如企业每年向税务机关申报所得税，必须根据税法的规定，将一般报告中与税法不同之处加以修正，另行编制特别报告。

（二）提供满足企业内部会计信息使用者需要的会计信息

会计信息的内部使用者，泛指企业内部各级管理人员，包括董事会成员、总经理、副总经理和各职能部门经理等人员。

通常，大多数的所有者并不直接管理企业，而是雇用管理者替他们经营企业，因此，企业内部各级管理人员大多具有双重身份：既是雇员，即企业员工，又是企业的经营者。与上述外部会计信息使用者中的企业员工相区别的是，他们在企业的经营决策中扮演着重要的角色。

一方面，管理者通过提供劳务获取工资薪酬，所有者事后根据其经营业绩再给予一定的奖励，这就决定了管理者与所有者的基本目标是一致的，企业的管理者将按照所有者的意愿努力工作，以达到企业的目标。因此，如何制定出更为合理、有效的营业方针和政策，控制日常的经营活动，使企业长足地发展，是管理者关心的问题。例如，是否需要扩充设备？是否需要增发股票？将要到期的债务有多少，是否有足够的资金偿还债务？市场上需要什么样的新产品，开发这种新产品应该投入多少资金？企业的技术力量、生产能力能否满足经营需要？原料、能源的供应能否满足日常的生产需要？诸如此类的问题不仅涉及企业目前的状况，常常还涉及未来的情况。准确的预测和决策当然离不开会计信息。因此，会计信息将直接影响企业管理者的筹资决策、投资决策和经营决策。

另一方面，在经营权与所有权分离且存在代理关系的情况下，通过管理者的努力产生的大部分利益并不归其所有，这就形成了管理者和所有者利益冲突的现实。对管理者的奖励制度是解决这种利益冲突的方法之一。在此，会计信息又成为评价管理者经营绩效，以决定管理者能否获得奖励的依据。

这里引出了另一问题。由于管理者实际控制着企业的经营管理权，出于对自身利益的考虑，粉饰报表、夸大企业经营业绩的舞弊行为不可避免。这就可能导致企业财务报表所反映的会计信息失真，最终对投资者等外部会计信息使用者产生误导。为了提高会计信息的质量，职业会计师——注册会计师应运而生，同时，一系列规范人们操作行为和道德行为的规则、要求也不断制定、推广和完善。这一切都是为了保证会计信息的真实可靠性，最终实现会计为会计信息使用者服务，协助信息使用者做出合理决策的目的。

应该指出的是，本书所讲的会计及其有关问题主要以营利性组织的财务会计及其基本职能为原型进行抽象、概括，读者在使用本书时应该注意到这一情况。

第三节 会计核算的基本前提、基础和会计信息质量要求

一、会计核算的基本前提

会计核算是会计工作中记账、算账、报账的总称。会计核算的目的就是通过连续、系统、全面地记录、计算和报告，为有关各方提供会计信息。由于会计核算以企业生产经营过程中的价值运动为对象，面对的是不断变化的社会经济环境，具有很大的不确定性，因此，会计人员有必要对会计核算所处的经济环境做出判断。例如，作为会计主体的企业在持续经营的前提下，为了及时计算企业的损益情况，有必要将企业连续不断的生产经营过程人为地划分为若干相等的期间，作为会计核算的期间。

会计核算的基本前提又称会计假设或会计假定，是指对会计领域中存在的某些尚未确知或无法论证的事物，根据客观的、正常的情况或趋势做出合乎情理的逻辑判断。会计假设是以人们通过无数次会计实践产生的正确认识为依据的，是人类智慧的结晶，但由于目前人们认识事物的能力还不足以对客观存在的基本前提做出证明，因此只能称为假设。在会计核算工作中，有关会计信息处理的原则和理论都是以一些会计假设为前提的，离开了会计假设，会计信息就无法产生，也就无法解释和运用。由此可见，会计假设是会计核算工作的基本前提和出发点，是处理会计信息、编制财务报表的依据。通常人们公认的会计核算基本前提包括会计主体、持续经营、会计分期和货币计量四项。

（一）会计主体

会计主体又称会计实体、会计个体，是指会计人员所核算和监督的特定单位。会计主体的弹性很大，凡是有经济业务、实行独立核算、独立编制财务报表的企业、单位甚至个人，不论是独资还是合资经营，都可以看作一个会计主体。会计主体的前提要求会计人员只能核算和监督所在主体的经济活动。这一基本前提的主要意义在于：一是将特定主体的经济活动与该主体所有者及员工个人的经济活动区别开来；二是将该主体的经济活动与其他单位的经济活动区别开来，以便考核主体单位的经营成果。会计主体假设界定了从事会计工作和提供会计信息的空间范围，同时说明某个会计主体的会计信息仅与该会计主体的整体活动和成果相关。

（二）持续经营

持续经营亦称继续经营，是指会计主体在可预见的未来，将根据正常的经营方针和既定的经营目标持续经营下去。在可预见的未来，该会计主体不会破产清算，所持有的资产将正常运营，所负有的债务按时偿还。只有在持续经营的前提下，会计主体在会计信息的收集和处理上所使用的会计处理方法才能保持稳定，企业的会

计记录和财务报表才能真实可靠。持续经营这一基本前提的主要意义在于：它可使各项会计信息质量要求建立在非清算基础之上，从而为很多常见的资产计价和收益确认问题提供了基础。会计核算中使用的一系列会计处理方法都是建立在持续经营的前提基础上的。当然，任何企业都存在破产清算的可能性，一旦进入破产清算阶段，持续经营基础将被清算基础取代，从而使这一前提不复存在。如果判断企业不会持续经营，就应当改变会计核算的原则和方法，并在财务会计报告中做相应披露。

（三）会计分期

会计分期就是将会计主体持续不断的经营活动人为地划分为若干相等的时间间隔，以便确认某个会计期间的收入、费用、利润以及会计期末的资产、负债、所有者权益，编制财务报表。根据《企业会计准则——基本准则》的规定，会计期间分为年度和中期，会计年度与中期的起讫日期采用公历日期。我国的会计报告期间为公历 1 月 1 日至 12 月 31 日（即会计年度）。中期是指短于一个完整的会计年度的报告期间。

会计期间的划分对于确定会计核算程序和方法具有极为重要的意义。正是因为有了会计分期，才产生了本期与非本期的区别，进而产生了权责发生制和收付实现制，使得不同类型的会计主体有了记账的基准。为满足权责发生制的要求，进一步出现了应收、应付款项等会计处理方法。

（四）货币计量

货币计量是指在会计核算中，对所有会计核算的对象采用同一种货币作为统一的尺度予以计量，把企业的经济活动和财务状况的数据转化为统一货币单位反映的会计信息。《企业会计准则——基本准则》规定，会计核算以人民币作为记账本位币，业务收支以人民币以外的货币为主的企业，也可选择其中一种货币作为记账本位币，但编制的财务会计报告应当折算为人民币。在境外设立的中国企业向国内报送的财务会计报告，应当折算为人民币计量。

货币是现代经济生活中衡量一切有价物质的共同尺度，是商品交换的媒介，并且是债权债务清算的手段，具有价值尺度、流通手段、贮藏手段和支付手段等特点。其他计量单位，如重量、长度、容积等，只能从一个侧面反映企业的生产经营成果，无法在量上进行比较，不便于实物管理和会计计量。只有货币单位才能把实物单位和劳动单位等换算为统一的价值尺度。因此，会计一直以货币作为统一的计量单位，以便系统、全面、连续地记录、汇总、分析和揭示企业的生产经营过程和财务成果。货币计量这一基本前提的主要意义在于：确认了以货币为主要的、统一的计量单位，与其他三个基本前提一起，为各项会计原则的确立奠定了基础。

上述会计核算的四个基本前提具有相互依存、相互补充的关系。会计主体确立了会计核算的空间范围；持续经营与会计分期确立了会计核算的时间长度；货币计量则为会计核算提供了必要手段。没有会计主体，就不会有持续经营；没有持续经营就不会有会计分期；没有货币计量，就不会有现代会计。

二、会计核算基础

在会计分期前提下，企业发生的收入和费用必然存在归属哪个会计期间的问题。《企业会计准则——基本准则》指出："企业应当以权责发生制为基础进行会计确认、计量和报告。"也就是说，权责发生制是企业会计核算的基础。

权责发生制也称应收应付制，是按照权利的实现和责任的发生来确认收入和费用。具体来说，对收入的确认，凡是属于本期的收入，无论其款项是否在本期收到，都应作为本期收入；凡是不属于本期的收入，即使款项在本期收到，也不应作为本期的收入。比如，某企业5月份销售一批商品，其款项在8月份收到。按照权责发生制的要求，就应该确认为5月份的收入，因为5月份销售行为已经完成，符合收入确认条件。该笔销售款项虽然在8月份实际收到，但不应确认为8月份的收入。对费用的确认，凡是属于本期的费用，无论其款项是否在本期付出，均应作为本期的费用；凡是不属于本期的费用，即使款项在本期付出，也不应作为本期的费用。比如，某企业7—12月份租赁一大型仓库，租金于7月初一次付清。按照权责发生制的要求，7月份在确认费用时，只承担该笔租金的1/6，因为租金虽然在7月份实际付出，但不是全部为7月份的租金，其受益期是7—12月份，应该在7—12月份的各月平均分摊。

与权责发生制相对应的会计核算基础是收付实现制。收付实现制是按照实际收到或付出款项的日期来确认收入和费用。具体来说，凡在本期收到的收入或支付的费用，不论其是否应归属于本期，都应作为本期的收入或费用；反之，凡未在本期收到的收入或支付的费用，即使应归属于本期，也不能作为本期的收入或费用。比如前述某企业5月份销售一批商品，其款项在8月份收到，按照收付实现制基础来处理，就应该确认为8月份的收入。再比如前述某企业7—12月份租赁一大型仓库，租金于7月初一次付清，按照收付实现制基础来处理，租金应该全部确认为7月份的费用。收付实现制适用于行政事业单位的非营利业务，另外，企业单位的现金流量表也是以收付实现制为编制基础的。

三、会计信息质量要求

会计信息质量要求是对企业财务报告中提供的会计信息质量的基本要求，是使财务会计报告中提供的信息对使用者决策有用所应具备的基本特征。根据《企业会计准则——基本准则》的规定，会计信息质量要求包括可靠性、相关性、可理解性、可比性、实质重于形式、重要性、谨慎性和及时性等。

（一）可靠性

可靠性又称真实性，是指会计核算应当以实际发生的交易或事项为依据，如实反映企业财务状况、经营成果和现金流量情况。可靠性要求会计人员如实地按客观事物的本来面貌反映一切会计事项，不能有任何歪曲和粉饰，必须忠实可靠地根据审核无误的原始凭证，采用特定的专门方法进行记账、算账、报账，保证所提供的会计信息内容完整、真实可靠。如果企业的会计核算不以实际发生的交易或事项为依据，没有如实地反映企业的财务状况、经营成果和现金流量，会计工作就失去了存在的意义，提供的会计资料不仅没有可信度，而且会误导会计信息使用者，侵害利益相关者的利益，扰乱社会经济秩序。

（二）相关性

相关性又称有用性，是指企业提供的会计信息应当能反映企业的财务状况、经营成果和现金流量情况，满足会计信息使用者的需要。信息的价值在于其与决策相关，有助于决策。相关性旨在强调信息的有用性，为了使信息有用，信息必须与使用者的决策需要相关。某一信息是否具有相关性，关键是看该信息与使用者决策是否相关。相关性的意义在于：提高会计信息使用者的经济决策能力和预测能力。因此，在会计核算工作中要坚持这一要求，在收集、加工、处理和提供会计信息的过程中，要充分考虑会计信息使用者的信息需求。

（三）可理解性

可理解性，是指会计核算和编制的财务会计报告应当清晰明了，便于理解和利用。提供会计信息的目的在于使用，要使用会计信息必须首先了解会计信息的内涵，弄懂会计信息的内容。这就要求会计核算和财务会计报告清晰明了，包括会计记录应当准确、清晰，填制会计凭证、登记会计账簿必须做到依据合法、账户对应关系清楚、文字摘要完整；在编制财务报表时，应保证项目完整、数字准确、项目勾稽关系清楚，同时对不便于理解的（项目）信息或者容易产生误解的（项目）信息还应特别加以注释和说明，以提高明晰程度。

（四）可比性

可比性，是指会计核算应当按照规定的会计处理方法进行，会计指标应当口径一致、相互可比。可比性包括两层含义：其一，同一企业不同时期可比，即同一企业不同时期发生的相同或者相似的交易或事项，应当采用一致的会计政策，不得随意变更。其二，不同的企业，所处的行业不同，其经济业务发生的时点不同，只要是相同的交易或事项，就应当采用相同的会计处理方法，这样才便于对同一期间不同企业的会计信息进行横向比较和分析，为有关决策提供可比的信息。

（五）实质重于形式

实质重于形式，是指交易或事项的经济实质重于其法律表现形式。企业应当按照交易或事项的经济实质进行会计核算，而不能仅仅以其法律形式作为会计核算的依据。因为在实际工作中，交易或事项的外在法律形式或人为形式并不总能完全真实地反映其实质内容。例如，企业以融资租赁方式租入的资产，在租赁期间，虽然从法律形式来看企业并未拥有所有权，但从经济实质来看，企业能够控制其创造未来的经济利益，原因是：租赁合同中的租赁期较长，接近该资产的使用寿命；承租期结束后承租方有优先购买权；租期内企业有权支配并从中受益。所以，会计核算上将融资租入的资产视为企业的资产。为了使会计信息能更加真实地反映经济生活，必须将交易事项的实质和经济现实而不是它们的法律形式作为会计核算的依据，尤其是在法律形式或人为形式不能反映其经济实质和经济现实时。

（六）重要性

重要性，是指在进行会计核算时，应当区别交易或事项的重要程度采用不同的核算方式。对资产、负债、所有者权益等有较大影响，进而影响财务会计报告使用者据以做出合理判断的重要的交易或事项，必须按规定的会计方法和程序进行处理，并在财务会计报告中予以充分、准确的披露；对于次要的会计事项，在不影响会计信息真实性和不至于误导财务会计报告使用者的前提下，可做适当简化处理，以节省提供会计信息的成本。根据效益和成本之间的平衡原则，会计信息所产生的效益应该超过提供它的成本。换言之，如果判断信息的提供成本大于其产生的效益，这种信息可视为不重要或不经济的信息。当然，重要性只是相对而言的，比如 1 万元的坏账损失，对于一家小型企业显得很重要，而对一家大型企业而言并不重要。在评价某些项目的重要性时，很大程度上取决于会计人员的职业判断。一般来说，应当从质和量两个方面进行分析。从性质上说，当某一事项有可能对决策产生一定影响时，就属于重要项目；从数量上说，当某一项目的数量达到一定规模时，就可能对决策产生影响。

（七）谨慎性

谨慎性又称稳健性，是指在进行会计核算时，为避免市场经济固有的不确定性因素给企业带来经营风险所采取的谨慎态度。当一项交易或事项有多种会计处理方法可供选择时，应在不影响真实反映的前提下，尽可能选用避免高估资产和收益、低估负债和损失的会计处理方法。谨慎性是市场经济发展的客观要求，因为随着市场经济的发展，受到价值规律和市场竞争的影响，企业的经营风险和不确定性因素难以避免，这就在客观上要求坚持谨慎性，以增强企业应对风险的能力。必须强调的是，谨慎性是指在不确定性条件下做出所需要的估计时，在实施必需的职业判断中加入一定程度的谨慎性要求，以便既不高估资产或收益，也不低估负债和损失。但是，谨慎性要求的应用绝不允许设置秘密准备，过分提取准备金，如果企业故意压低资产或收益，或者故意抬高负债或费用，将不符合会计信息的可靠性和相关性要求，损害会计信息质量，扭曲企业实际的财务状况和经营成果，从而对会计信息使用者的决策产生误导，这是企业会计准则所不允许的。

（八）及时性

及时性，是指会计核算应当及时进行，不得提前或延后。会计信息的价值是帮助信息的使用者做出经济决策。会计信息是否有用，一是取决于信息的相关性，即所提供的信息必须与使用者的决策有关，无关的信息提供得再多，对决策也毫无帮助，不会产生任何作用；二是取决于信息的及时性，如果提供的信息与决策相关，但提供得很不及时，时过境迁，即使是可靠和相关的信息，也无助于经济决策。及时性要求在会计核算中必须及时记账、算账、报账。

第四节 会计方法和会计循环

一、会计方法

会计方法是指从事会计工作所使用的各种技术方法。会计方法究竟包括哪些方面的内容，在会计理论界与实务界存在不同的看法，大多数人认为至少包括会计核算、会计分析、会计考核、会计预测及会计决策等方面的内容，其中，会计核算方法是最基本、最主要的方法，是其他各种方法的基础。会计核算方法是对客观经济活动进行连续、系统、全面、综合的核算和监督的方法体系，具体包括设置会计科目及账户、复式记账、填制和审核会计凭证、登记账簿、成本计算、财产清查、编制财务报表等。

（一）设置会计科目及账户

设置会计科目及账户，是对会计核算的具体内容进行分类核算和监督的一种专门方法。企业的经济活动可分为资产、负债、所有者权益、收入、费用和利润六大会计要素，每一会计要素包含的内容纷繁复杂，设置会计科目及账户就是根据会计核算具体内容的不同特点和经济管理的不同要求，选择一定的标准进行分类，并事先规定分类核算的项目，在账簿中开设相应的账户，以取得所需要的核算指标。

（二）复式记账

复式记账是对每一项经济业务，都要以相等的金额同时在两个或两个以上相互联系的账户中进行登记的一种记账方法。复式记账法能够全面地、相互联系地反映经济业务引起资金运动的来龙去脉，同时，采用复式记账法记录各项经济业务，能够系统地反映各项经济业务之间的联系。

（三）填制和审核会计凭证

记账必须有根有据，这种根据就是凭证。会计凭证是记录经济业务和明确经济责任的书面证明，是登记账簿的依据。填制和审核会计凭证，是为会计记录提供完整、真实的原始资料，保证账簿记录正确、完整的方法。会计凭证分为原始凭证和记账凭证。对于已经发生的经济业务，必须由经办人或单位填制原始凭证，并签名盖章。所有原始凭证都要经过会计部门和其他有关部门的审核。只有审核后并认为是正确无误的原始凭证，才能作为填制记账凭证和登记账簿的依据。所以，填制和审核凭证是保证会计资料真实性、正确性的有效手段，是会计核算的开始。

（四）登记账簿

账簿，是用来记录经济业务发生的簿籍。登记账簿，是根据审核无误的会计凭证，在账簿上进行全面、连续、系统记录的方法。登记账簿应以会计凭证为依据，利用账户和复式记账的方法，将经济业务分门别类地登记到账簿中，并定期进行结账和对账，为编制财务报表提供完整、系统的会计数据。

（五）成本计算

成本计算就是按照一定对象归集和分配生产经营各阶段发生的各项费用，确定各该对象的总成本和单位成本的会计方法。通过成本计算可以正确地对会计核算对象进行计价，确定材料采购成本、生产和销售的成本。通过成本计算可以为在经营管理中正确计算盈亏提供数据资料，考核生产经营过程中发生的各项费用是否节约，以便采取措施降低成本，提高经济效益。

（六）财产清查

财产清查是通过盘点实物、核对往来款项等来检查并确定各种财产物资账实是否相符的一种方法。在财产清查中发现财产、资金账面数额与实存数额不符的情况，应及时调整账簿记录，使账存数与实存数保持一致，并查明账实不符的原因，明确责任。对清查中发现的积压或残损物资以及往来账项中的呆账、坏账，要积极清理并加强财产管理。因此，财产清查是保证核算资料的真实性、正确性的一种手段。

（七）编制财务报表

财务报表亦称对外会计报表，是会计主体对外提供的反映会计主体财务状况和经营成果的会计文件。编制财务报表是根据账簿记录的数据资料，采用一定的表格形式，定期、综合地反映各单位经济活动过程和结果的一种方法。编制财务报表是对日常核算的总结，是在账簿记录的基础上对会计核算资料的进一步加工整理。财务报表提供的资料不仅是上级有关部门及投资者考核、分析财务计划和预算以及进行投资决策的重要依据，也是企业管理和国家进行宏观管理及调控的重要参考资料。从填制会计凭证到登记账簿再到编制出财务报表，一个会计期间的会计核算工作即告结束，然后按照上述程序进入新的会计期间，如此循环往复，直至企业停业清算。习惯上，人们将填制凭证、登记账簿、编制报表这一会计核算程序称为会计循环。

会计核算方法相互联系、相互配合，构成了一个完整的方法体系。经济业务发生后，首先要根据业务的内容取得或填制会计凭证并加以审核；同时，按照规定的会计科目，在账簿中开设账户，并根据审核无误的记账凭证运用复式记账法登记账簿。对于生产经营过程中发生的各项费用以及各种需要确定成本构成的业务，要进行成本计算，对账簿记录要通过财产清查加以核实。最后，根据核实的账簿资料编制财务报表。

本书将从第三章开始详细介绍上述各种会计核算方法。

二、会计循环

企业必须有序地组织会计核算工作，对日常发生的各项经济业务按一定的会计程序进行处理，这个程序从审核交易或事项取得或填制的原始凭证开始，依次经过编制记账凭证、登记账簿、账项调整、试算平衡、结账到编制财务报表。这个程序在企业连续会计期间周而复始地循环进行，通常称为会计循环。

会计循环的基本步骤及内容包括：

（一）审核原始凭证

原始凭证是由执行或完成经济业务的当事人取得或填制的、能够证明经济业务完成情况的书面文件。企业在日常经营活动中，每发生一项经济业务，都必须取得或填制合法的、能够证明该项经济业务的内容和金额的原始凭证。经济业务的会计核算是从审核原始凭证开始的，这也是一个会计循环的开始，会计人员应对原始凭证所记载的经济业务的合法性和合理性进行严格审核，以保证会计信息的可靠性。

（二）根据原始凭证编制记账凭证

记账凭证是会计人员根据审核无误的原始凭证编制的直接据以登记账簿的会计凭证。会计人员应对原始凭证记载的经济业务进行认真分析，根据其内容和性质，确定应用的会计科目、借贷方向和金额，编制会计分录，填制记账凭证。

（三）根据记账凭证登记账簿

根据记账凭证确定的会计科目、记账方向和金额，登记现金和银行存款日记账、明细分类账，连续、系统地反映经济业务的发生情况。是根据记账凭证登记总分类账，还是编制汇总记账凭证或科目汇总表登记总分类账，取决于企业采用的账务处理程序。

（四）期末账项调整

每一会计期末，企业应当按照权责发生制的要求，确认计入本期的收入和费用是否应归属于本期，对已计入本期而不归属于本期的收入和费用应进行账项调整，从本期的收入和费用中剔除，编制会计分录，记入相关账户。

（五）试算平衡

为了保证会计记录的正确性，每一会计期末，企业应当根据各账户的发生额和余额，编制试算平衡表，检查和验证账户记录的正确性和完整性。

（六）结账

期末经过账项调整和试算平衡后，将损益类账户的余额结转到“本年利润”账户，同时将资产、负债及所有者权益账户结出本期期末余额，转入下期作为期初余额。

（七）编制财务报表

期末，根据会计账簿提供的资料，编制资产负债表、利润表、现金流量表和所有者权益变动表等财务报表，反映企业的财务状况、经营成果、现金流量等情况，为信息使用者提供所需的会计信息。

以上会计循环的基本步骤和内容，能使会计人员对大量复杂的经济业务进行分类和汇总，并将最终结果反映到会计报表中。

□ 本章小结

会计是以提高经济效益为目的的一种管理活动，是适应社会生产发展和经济管理的要求而产生和发展的。会计的基本特征是以货币为主要计量单位，这是它区别于其他管理活动的重要标志。会计工作的对象是社会扩大再生产过程中企业、事业等单位能以货币反映的经济活动，即资金运动。会计的基本职能是核算和监督。会计核算需要运用一系列相关的具体核算方法进行，通常包括设置会计科目及账户、复式记账、填制和审核会计凭证、登记账簿、成本计算、财产清查、编制财务报表等。会计的本质是一种经济管理活动。

会计核算的基本前提是对会计所处的空间和时间环境做出的基本规定，它既是组织会计工作的基本依据，也是制定会计准则和会计制度的指导思想。会计核算的基本前提包括会计主体、持续经营、会计分期和货币计量。

□ 主要概念

会计	会计核算	会计监督	会计确认	会计循环
会计计量	会计记录	会计报告	会计核算方法	权责发生制
成本计算	财产清查	会计主体	会计分期	收付实现制

复习思考题

1. 怎样理解会计的含义?
2. 简述企业的会计内容。
3. 什么是会计职能? 会计的基本职能包括哪些方面?
4. 会计核算有哪些主要特点?
5. 会计信息的外部使用者包括哪些? 他们各自最关心的问题是什么?
6. 试述会计核算基本前提的主要内容。
7. 什么是权责发生制? 什么是收付实现制?
8. 什么是会计核算方法? 试述会计核算方法体系中包括的具体内容。
9. 什么是会计循环? 其基本步骤和内容是什么?

复习巩固题

单项选择题

1. 会计以货币为主要计量单位,通过确认、计量、记录、报告等环节,对特定会计主体的经济活动进行记账、算账、报账,为各有关方面提供会计信息的功能称为( )。

A. 会计核算职能　　B. 会计监督职能
C. 会计控制职能　　D. 会计预测职能

2. 会计人员在进行会计核算的同时,对特定主体经济活动的合法性、合理性进行审查称为( )。

A. 会计控制　B. 会计核算　C. 会计监督　D. 会计分析

3. ( )界定了从事会计工作和提供会计信息的空间范围。

A. 会计职能　B. 会计对象　C. 会计内容　D. 会计主体

4. 在可预见的未来,会计主体不会破产清算,所持有的资产将正常运营,所负有的债务将正常偿还。这是基于会计的( )。

A. 会计主体假设　　B. 会计分期假设
C. 持续经营假设　　D. 货币计量假设

5. 下列不属于会计核算方法的是( )。

A. 编制财务预算　B. 编制财务报表　C. 成本计算　D. 财产清查

6. 企业分期核算经营成果,采用的会计核算基础是( )。

A. 收付实现制　B. 权责发生制　C. 实际盘存制　D. 永续盘存制

7. 企业资产以历史成本计价而不以现行成本或清算价格计价,是基于( )的会计基本假设。

A. 会计主体　B. 持续经营　C. 会计分期　D. 货币计量

8. 进行会计核算时，既不高估资产和收益，也不低估负债和损失，遵循的会计信息质量要求是（　）。

A. 可靠性　B. 实质重于形式　C. 相关性　D. 谨慎性

多项选择题

1. 会计核算的基本前提包括（　）。

A. 会计主体　B. 持续经营　C. 会计分期　D. 货币计量

E. 会计目标

2. 会计期间通常分为年度和中期，中期财务会计报告包括（　）。

A. 日报　B. 周报　C. 月报　D. 季报

E. 半年报

3. 我国的会计监督体系包括（　）。

A. 企业或单位内部的会计监督

B. 以注册会计师为主体的社会监督

C. 以政府财政、审计等部门为主体的国家监督

D. 以银行为主体的会计监督

E. 由司法部门进行的监督检查

4. 下列说法正确的是（　）。

A. 会计核算过程中采用货币为主要计量单位

B. 会计核算要以凭证为依据

C. 我国企业的会计核算只能以人民币为记账本位币

D. 业务收支以外币为主的单位可以选择某种外币为记账本位币

E. 在境外设立的中国企业向国内报送的财务报告，应当折算为人民币

5. 下列项目中属于会计核算方法的有（　）。

A. 成本计算　B. 会计分析　C. 复式记账　D. 登记账簿

E. 会计控制

判断题

1. 会计是指以货币为主要计量单位，反映和监督一个单位经济活动的经济管理工作。（　）

2. 会计的监督职能是会计人员在进行会计核算的同时，对特定会计主体经济活动的合法性、合理性进行审查。（　）

3. 我国企业会计采用的计量单位只有一种，即货币计量。（　）

4. 凡是特定主体能够以货币表现的经济活动都是会计的内容。（　）

5. 会计主体是进行会计核算的基本前提之一，一个企业可以根据具体情况确定一个或若干个会计主体。（　）

6. 会计确认、会计计量是会计核算中两个相互独立的工作环节。（　）

7. 收付实现制会计核算基础规定凡属本期的收入，不管其款项是否收到，都应作为本期的收入；凡属本期应当负担的费用，不管其款项是否付出，都应作为本期的费用。（　　）

8. 谨慎性会计信息质量要求是指企业会计核算工作不得高估企业的资产和收益，不得低估企业的负债和损失。（　　）

实务练习题

一、目的：练习权责发生制与收付实现制会计核算基础的应用。

二、资料：久安企业20××年1月份发生下列经济业务（不考虑相关税费）：

1. 支付全年财产保险费24 000元。

2. 销售产品一批，货款120 000元，当即收回50 000元，其余货款尚未收回。该批产品的制造成本90 000元。

3. 收到上月的应收货款60 000元，存入银行。

4. 收到购货单位的预付货款100 000元，存入银行。

5. 预付第一季度固定资产租金60 000元。

三、要求：

1. 采用权责发生制会计核算基础确认1月份的收入、费用。

2. 采用收付实现制会计核算基础确认1月份的收入、费用。

第二章 Chapter 2 会计要素与会计等式

学习目标

本章主要讲述会计要素，并通过会计等式揭示会计要素之间的关系。学习目的是明确会计核算和监督的基本内容，理解会计等式的基本原理，为深入学习会计的基本方法奠定理论基础。本章要求学习者掌握会计要素的含义、内容、特征，以及会计等式及其转化形式，准确判断经济业务的变化类型。

第一节　会计要素

会计要素是指对会计对象的内容按照其经济特征的不同所做的基本分类。会计要素说明了会计内容的构成要素，是对会计内容的第一步分类。我国财政部颁布的《企业会计准则》将企业会计内容划分为六项会计要素，即资产、负债、所有者权益、收入、费用和利润。

会计要素的意义和作用主要表现在以下两个方面：

第一，会计要素是会计内容的基本分类，它为会计分类核算提供了基础。把会计内容划分为会计要素将产生两方面的作用：一是可以按照会计要素的分类提供会计数据和会计信息，这使相关的投资和经营决策对于经济管理来说变得切实可行；二是可以按照会计要素的分类，分别进行会计确认和会计计量，使会计确认和会计计量有了具体的对象。

第二，会计要素为财务报表构筑了基本框架。由不同的会计要素组成的财务报表可以分类反映各项会计要素的基本数据，并科学、合理地反映会计要素之间的相互关系，从而提供许多有用的经济信息，这对企业外部的会计信息使用者和企业内部的管理者都是十分必要的。

一、资产

资产是指企业过去的交易或者事项形成的、由企业拥有或者控制的、预期会给企业带来经济利益的资源。资产可以具有实物形态，如房屋、机器设备、商品、材料等，也可以不具备实物形态，如应收款项、无形资产等。

资产按其流动性，即按照资产变现的能力进行分类，可分为流动资产与非流动资产。

（一）流动资产

流动资产是指现金以及其他能在一年或超过一年的一个营业周期内变现或耗用的资产。其中营业周期是指企业投入现金→购买原料→生产产品→销售商品→收回现金的过程。大部分行业一年有几个营业周期，则其资产按年划分为流动资产和非流动资产；某些特殊行业，如造船业、重型机械业等，其营业周期往往超过一年，则其资产按营业周期划分。

流动资产通常包括库存现金、银行存款、交易性金融资产、应收票据、应收账款、存货等。

1. 库存现金。库存现金是一种流动性最强的资产，可以充当交换媒介，自由流通，自由运用，可随时用来购买所需的财产物资，偿还债务，支付各种费用，也可以随时存入银行。

2. 银行存款。银行存款是指企业存放在银行或其他金融机构，可自由提取、使用的各种性质的存款。

3. 交易性金融资产。交易性金融资产主要是指企业为了在近期内出售而持有的金融资产，如企业以赚取差价为目的从市场购入的股票、债券、基金等。

4. 应收票据。应收票据是指出票人或付款人在某一特定日期或某一特定期间，无条件支付一定金额给收款人或持票人的书面证明，如商业汇票等。作为流动资产的应收票据一般是指销售商品或提供劳务等经营活动所产生的、企业持有的、尚未到期兑现的各种商业汇票。

5. 应收账款。应收账款是指因销售商品或提供劳务而发生的对顾客的货币请求权。其他原因所产生的应收款项，如应收各种赔款、应收各种罚款等，则可计入其他应收款。

6. 存货。存货是指企业拥有的、可供正常营业出售或备作生产制造过程中耗用、待制造完成后再出售的各种货物。由于行业的不同，存货的内容也不尽相同。制造企业的存货有材料、半成品、产成品等；商品流通企业的存货有商品、材料物资等；服务企业则有少量的存货，如物料用品、办公用品等。

（二）非流动资产

非流动资产是指除流动资产以外的资产，主要包括长期股权投资、固定资产、无形资产等。

1. 长期股权投资。长期股权投资是指企业持有的对其子公司、合营企业以及联营企业的权益性投资以及企业持有的对被投资单位不具有控制、共同控制或重大影响，并且在活跃市场中没有报价、公允价值不能可靠计量的权益性投资。

2. 固定资产。固定资产是指供企业生产经营使用而不以出售为目的，且使用年限超过一年，并在使用过程中能够保持其原有实物形态的资产，包括房屋及建筑物、机器设备、运输设备、工具器具等。

3. 无形资产。无形资产是指供企业营业使用的、不具有实物形态的资产，如专利权、商标权、土地使用权等。

二、负债

负债即债务，是指企业过去的交易或事项形成的、预期会导致经济利益流出企业的现时义务。一般企业都有负债，即使是经营非常成功的企业。企业通常通过借款取得扩大规模所需的资金，或以赊账的方式购买商品物资。各种原因形成的负债按其性质的不同可分为流动负债和非流动负债。

（一）流动负债

流动负债是指偿还期在一年或超过一年的一个营业周期以内，预期需动用流动资产或以新的流动负债偿还的债务，通常包括短期借款、应付票据、应付账款、应付职工薪酬、应交税费等。

1. 短期借款。短期借款是指企业为维持正常生产经营周转而向银行或其他金融机构借入的偿还期限在一年以内的各种借款。

2. 应付票据。应付票据是指企业因赊购货物或接受劳务所发生的、应于约定日期支付一定金额给持票人的书面证明。

3. 应付账款。应付账款是指因赊购货物或接受劳务而发生的债务，代表了供应商的要求权。与应付票据相比，应付账款不涉及书面承诺，而且通常不要求支付利息。

4. 应付职工薪酬。应付职工薪酬是指企业为获得职工提供的服务或解除劳动关系而应支付的各种形式的报酬或补偿。在员工已经付出劳动但尚未得到应得的薪水时，企业欠员工的薪酬就构成企业的一项流动负债。

5. 应交税费。应交税费是指企业在生产经营过程中按税法规定所计算出的应向国家缴纳的各种税金，代表的是企业欠政府部门的税款。

（二）非流动负债

非流动负债是指除流动负债以外的负债，通常包括长期借款、应付债券等。

1. 长期借款。长期借款是指企业向银行或其他金融机构借入的、偿还期在一年以上的各种借款。

2. 应付债券。应付债券是指企业为筹集长期资金而发行的、约定于某一特定日期还本付息的书面证明。

三、所有者权益

所有者权益是指企业资产扣除负债后由所有者享有的剩余权益。公司的所有者权益又称为股东权益。所有者权益包括实收资本（或者股本）、资本公积、盈余公积和未分配利润等。

1. 实收资本。实收资本是指投资者按照企业章程或合同、协议的约定，实际投入企业的资本。

2. 资本公积。资本公积是指投资人投入或从其他来源取得而归投资人享有，属于公积金性质的资本金。它包括资本（股本）溢价、直接计入所有者权益的利得和损失等。

3. 盈余公积。盈余公积是指企业从税后利润中提取的公积金，包括法定盈余公积和任意盈余公积。

4. 未分配利润。未分配利润是指企业的税后利润按照规定进行分配以后的剩余部分，这部分未分配利润留存在企业，可在以后年度进行分配。

资产、负债和所有者权益三大要素是构成资产负债表的基本要素，习惯上又将这三大要素称为资产负债表要素。

四、收入

收入是指在日常活动中形成的、会导致所有者权益增加的、与所有者投入资本无关的经济利益的总流入。这里的日常活动包括销售商品、提供劳务及让渡资产使用权等。

按照性质的不同，收入分为产品销售收入（如制造业的产品销售收入），劳务收入（如运输业务收入），提供给他人使用本企业资产而取得的收入（如租金收入），等等。按照企业经营业务的主次，收入还可分为主营业务收入和其他业务收入。通常，只要企业已提供商品或劳务，就可按照向顾客收取的资产作为已赚取的收入确认营业收入，而不论所得的资产是现金还是应收账款。显然，会计上的收入并不一定与现金有关。例如，收到客户预交的货款，企业的现金虽然增加，但企业尚未提供商品或劳务，因此不符合收入实现的条件，不能作为收入确认，而相应增加的预收款是一项负债，代表企业应提供商品或劳务的义务。只有等到商品或劳务提供以后，此预收款项才能转为实现的收入。

企业在非日常活动中形成的、会导致所有者权益增加的、与所有者投入资本无关的经济利益的流入属于企业的利得，记入“营业外收入”。

五、费用

费用是指企业为销售商品、提供劳务等日常活动所发生的，会导致所有者权益减少的，与向所有者分配利润无关的经济利益的总流出。费用是与收入相对应的概念，也可以说是企业为取得收入而付出的代价。

成本是企业对象化的费用，是企业为生产产品、提供劳务而发生的各种耗费。计入产品成本的费用分为直接费用和间接费用，不能计入产品成本的费用是期间费用。直接费用是构成产品实体的费用，如直接材料、直接人工和其他直接计入产品成本的费用；间接费用是指为有助于产品的制造完成，各种产品共同发生的费用。间接费用需按一定的标准分摊计入各产品成本，直接费用和间接费用构成产品生产的制造成本。

期间费用是指本期发生，不能直接或间接计入产品成本而直接计入当期损益的各项费用，包括管理费用、销售费用、财务费用。

1. 管理费用。管理费用是指企业行政部门为组织和管理生产经营活动而发生的各种费用。

2. 销售费用。销售费用是指企业在销售商品、提供劳务等日常活动中发生的除营业成本以外的各项费用以及专设销售机构的经营费用。

3. 财务费用。财务费用是指企业为筹集生产经营所需资金而发生的费用。

企业在非日常活动中发生的、会导致所有者权益减少的、与向所有者分配利润无关的经济利益的流出属于企业的损失，记入“营业外支出”。

六、利润

利润是指企业在一定会计期间的经营成果。利润分为营业利润、利润总额和净利润。

1. 营业利润。营业利润是指营业收入减去营业成本、税金及附加、期间费用、资产减值损失，加上公允价值变动收益和投资收益后的金额。

2. 利润总额。利润总额是指营业利润加上营业外收入，减去营业外支出后的金额。

3. 净利润。净利润是指利润总额减去所得税费用后的余额。

收入、费用和利润三大要素是构成利润表的基本要素，因此，习惯上又将这三大要素称为利润表要素。

企业会计要素的具体内容如图2-1所示。

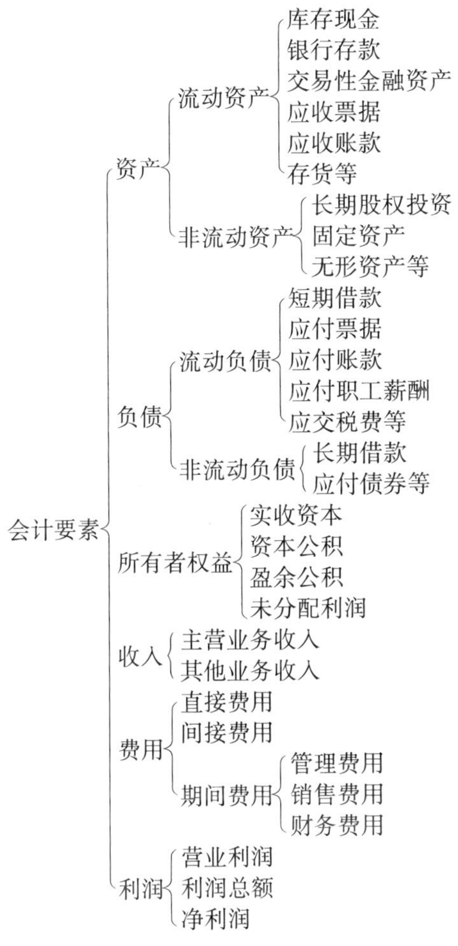

图 2－1　企业会计要素内容示意图

第二节　会计等式

一、会计等式

（一）会计基本等式

企业的主要目的是获取经营利润。为了获取利润，必须具有供经营活动使用的资产。企业的资产必有其来源，最初的资产都是由投资者投入的，全部资产代表投资者的权益，表示投资者对企业资产的求偿权。

除了从投资者处获得经营所需的资产外，企业也可以通过向债权人借款等方式取得所需资产，那么，债权人对企业的资产同样获得求偿权，而且债权人的权益优先于投资者。企业的资产不外乎来自投资者的投资和向债权人的借款，因此，投资者和债权人对企业的资产拥有权益，这种权益代表资产的来源。

一个企业的资产与权益实际上是同一事物的两个方面，是从两个不同角度观察和分析的结果。资产与权益是相互依存的，有一定数额的资产，必然有相应数额的权益，反之亦然。所以，在数量上，任何一个企业的所有资产和所有权益的总额必定相等。如果用数学等式来表示资产与权益的关系，则可以得到以下公式：

资产＝权益

如前所述，权益包括债权人权益和所有者权益，故

资产＝债权人权益＋所有者权益

即　　资产＝负债＋所有者权益

这个等式称为会计基本等式或会计平衡公式，它反映了一定时点上企业财务状况的静态平衡关系。

在理解资产和权益的平衡关系时，必须明确以下两点：

(1) 资产和权益虽然存在相互对应的关系，但这种对应关系是综合对应，而不是逐项一一对应。例如，不能认为投资者李红投资的30万元是对应机器设备的，也不能认定价值100万元的厂房是对应银行借款的。资产中的各种不同要素，表示资产的组成成分；权益中的不同份额，表示对整个资产所具求偿权的比例。资产和权益只存在总额的对应，而不存在具体项目的对应。

(2)“资产＝权益”或“资产＝负债＋所有者权益”这两个公式不能任意颠倒，必须先描述资产，后描述权益，不能写作“权益＝资产”或“负债＋所有者权益＝资产”以及其他任何形式。这是基于惯例的一种做法，初学者一定要注意。

(二) 会计基本等式的转化形式

“资产＝负债＋所有者权益”反映的是会计要素在某一时点相对静止状态下的平衡关系。众所周知，会计要素除了资产、负债、所有者权益之外还有收入、费用和利润，那么后三项要素之间以及这三项要素和会计基本等式之间又有什么关系呢?

企业在经营之初，既无收入又无费用，会计要素只表现为资产、负债和所有者权益，它们之间保持着平衡的关系，即“资产＝负债＋所有者权益”。获取利润是企业经营的主要目的，利润是企业最终的经营成果，它有时表现为亏损。利润（或亏损）是企业组织生产经营活动中取得的收入与发生的费用抵减后产生的。具体来说，企业在一定时期所获取的收入若大于所发生的费用，其差额为利润；若收入小于费用，其差额为亏损。用公式表示为：

收入－费用＝利润(或亏损)

这个公式表示的是会计要素在某一时期的动态平衡关系。

企业在一定时期所取得的利润（或发生的亏损）是经营者运用投资人投入的资产或债权人提供的资金所获得的，利润（或亏损）最终都要归所有者所有（或承

担），资产所有者对利润有处置（或主张）的权利，因此，从性质上看，利润应归属为所有者权益，其实质是所有者权益的重要组成部分。当企业取得利润时所有者权益增加，当企业发生亏损时所有者权益减少。由于利润是一定时期收入和费用的差额，同时，收入与利润呈正相关关系，费用与利润呈负相关关系，因此从理论上讲，企业在生产经营中取得的收入和发生的费用可以直接视作所有者权益项目的增加或减少。但是，一定时期内企业发生的收入和费用很多，这样会使所有者权益项目内容复杂化，不便于区分哪些是由投资者投资引起的所有者权益变化，哪些是由收入、费用的发生引起的所有者权益变化，更为重要的是，收入、费用和利润是企业管理部门和外部有关机构进行管理决策所需的重要信息，必须单独核算才能满足各方面的需求。所以，企业在经营活动开始以后，原来的会计基本等式将转化为：

资产＝负债＋所有者权益＋收入－费用

会计期间终了，企业要进行会计结算，即将收入与费用进行配比，计算出利润，并对利润进行分配。此时会计基本等式将转化为：

资产＝负债＋所有者权益＋利润

会计结算之后，会计等式又恢复为基本形式：

资产＝负债＋所有者权益

这一会计等式是会计上设置账户、复式记账和编制报表的依据。

二、经济业务及其对会计等式的影响

（一）经济业务及类型

经济业务也称为会计事项，是指企业在生产经营过程中发生的能以货币计量并能引起会计要素发生增减变化的事项。企业在生产经营过程中发生的经济业务可以分为两大类：一类为外部经济业务，即因企业对外经济往来所产生的经济业务，如所有者投入资本、向银行借款、向供货单位购货、向客户销货、与其他单位进行款项结算等。另一类为内部经济业务，即发生于企业内部的经济事项，如生产经营过程中领用材料、支付工人工资等。企业在生产经营过程中，每天都会发生大量的经济业务，任何一项经济业务的发生必然引起会计等式发生增减变化。尽管企业经济业务多种多样，但对会计等式的影响不外乎以下四种类型：

1. 引起等式两边会计要素同时增加的经济业务。经济业务发生后，引起会计等式两边的会计要素同时发生变动，两边同时增加，增加的数额相等，但不影响会计等式的平衡。

2. 引起等式两边会计要素同时减少的经济业务。经济业务发生后，引起会计等式两边的会计要素同时发生变动，两边同时减少，减少的数额相等，但不影响会计等式的平衡。

3. 引起等式左边会计要素发生增减变动的经济业务。经济业务发生后，只引起会计等式左边的会计要素内部项目发生变动，一个项目增加，另一个项目减少，增减的数额相等。这类经济业务最终不会引起会计等式的总额发生变动，同样不影响会计等式的平衡。

4. 引起等式右边会计要素发生增减变动的经济业务。经济业务发生后，只引起会计等式右边的会计要素内部项目发生变动，一个项目增加，另一个项目减少，增减的数额相等。这类经济业务最终不会引起会计等式的总额发生变动，同样不影响会计等式的平衡。

由于上述四种类型经济业务的发生，“资产＝负债＋所有者权益”这一会计等式平衡不会被破坏，我们因此称其为会计恒等式。会计恒等式反映了企业经营过程中，在任何一个时点上资产和负债与所有者权益之间都保持着数额相等的平衡关系。

（二）经济业务对会计恒等式的影响

企业的经济业务多种多样，并且是不断变化的。随着经济业务的发生，企业的资产、负债和所有者权益会不断发生增减变化，但无论怎样变化，都不会破坏会计基本等式的平衡关系。

假设久安公司在××年7月31日有关资产、负债、所有者权益的情况如表2-1所示。

表2-1 资产、负债和所有者权益状况表 单位：元

资产项目	金额	负债及所有者权益项目	金额
库存现金	2 000	应付账款	600 000
银行存款	600 000	短期借款	131 000
库存商品	80 000	实收资本	700 000
应收账款	49 000		
固定资产	700 000		
合计	1 431 000	合计	1 431 000

8月发生下列经济业务：

(1) 8月5日收到兴盛公司投资60万元，其中，实物（房屋）投资价值折合人民币40万元，现金投资为人民币20万元，已存入银行。

该笔业务发生后，企业资产方的固定资产增加了40万元，银行存款增加了20万元。同时企业所有者权益中的实收资本增加了60万元。

(2) 8月15日，用银行存款10万元归还银行短期借款。

该笔业务发生后，企业资产方的银行存款减少了10万元，同时负债方的短期借款也减少了10万元。

(3) 8月28日，购入设备一台，价值5万元，以银行存款支付，设备已交付使用。

该笔业务发生后，企业资产方的固定资产增加了 5 万元，同时资产方的银行存款减少了 5 万元。

（4）8 月 28 日，向银行借入短期借款 20 万元，存入企业银行存款账户。

该笔业务发生后，企业负债方的短期借款增加了 20 万元，同时资产方的银行存款增加了 20 万元。

（5）8 月 30 日，从开户银行提取现金 2 000 元，以备零星开支。

该笔业务发生后，企业资产方的库存现金增加了 2 000 元，同时资产方的银行存款减少了 2 000 元。

（6）8 月 30 日，收回应收账款 3 万元，存入银行。

该笔业务发生后，企业资产方的银行存款增加了 3 万元，同时资产方的应收账款减少了 3 万元。

上述六笔经济业务所引起的资产、负债和所有者权益的增减变化情况如表 2－2 所示。

表 2－2　资产、负债和所有者权益状况变动表　　单位：元

资产	增减前金额	增加金额	减少金额	增减后金额	权益	增减前金额	增加金额	减少金额	增减后金额
库存现金	2 000	2 000		4 000	应付账款	600 000			600 000
银行存款	600 000	430 000	152 000	878 000	短期借款	131 000	200 000	100 000	231 000
库存商品	80 000			80 000	实收资本	700 000	600 000		1 300 000
应收账款	49 000		30 000	19 000					
固定资产	700 000	450 000		1 150 000					
合计	1 431 000	882 000	182 000	2 131 000	合计	1 431 000	800 000	100 000	2 131 000

由此可知，企业在正常的生产经营过程中发生了具体的经济业务，这些经济业务必然会引起各个会计要素数额的增减变动：或者是会计等式的左方（资产）内部要素项目的增减变化，或者是会计等式的右方（负债和所有者权益）内部要素项目的增减变化，或者是会计等式的左右两方同时发生增减变化。这些变化都不会破坏会计等式的平衡关系。这是因为根据数学原理进行逻辑分析，在等式的一端加上并减去同一个数额，并不破坏等式的平衡，在等式的两端同时加上或减去同一个数额，同样也不会破坏等式的平衡。

因此，经过变化的资产负债表左右两方仍然保持着平衡关系。在企业生产经营过程中发生各种各样的业务活动，都不会破坏会计等式的平衡。由此可以得出这样一个结论：资产和权益的平衡关系是客观存在的，无论经济业务发生何种变化，资产总额恒等于权益总额，经济业务的发生不会破坏会计恒等式。

据此，还可以将四种类型的经济业务进一步具体化，分为九种类型：

（1）一项资产增加，另一项资产减少；

（2）一项资产增加，一项负债增加；

（3）一项资产增加，一项所有者权益增加；

（4）一项负债减少，一项资产减少；

(5) 一项负债减少，另一项负债增加；

(6) 一项负债减少，一项所有者权益增加；

(7) 一项所有者权益减少，一项资产减少；

(8) 一项所有者权益减少，一项负债增加；

(9) 一项所有者权益减少，另一项所有者权益增加。

以上九种类型可用表2-3表示。

表2-3　会计等式的九种类型

经济业务	资产	负债	所有者权益
1	(+) (−)		
2	+	+	
3	+		+
4	−	−	
5		(+) (−)	
6		−	+
7	−		−
8		+	−
9			(+) (−)

从以上九种类型可以看出，经济业务的发生会引起会计等式左右两边发生等额增加或减少，或引起会计等式的左边或右边内部要素项目的等额增减，无论哪类经济业务发生都不会破坏会计等式的平衡关系。把握资产和权益的平衡关系这一理论依据，对于我们正确理解和运用复式记账法具有十分重要的意义。

□ 本章小结

会计要素是对会计内容的基本分类，是会计内容的具体化，是反映会计主体的财务状况和经营成果的基本单位，是设置账户、会计确认、会计计量和记录的基础。我国《企业会计准则》将会计要素分为资产、负债、所有者权益、收入、费用和利润六项。它们又可分为反映财务状况的会计要素（资产、负债、所有者权益）和反映经营成果的会计要素（收入、费用、利润）两大类。

会计等式表明了会计要素之间的基本关系，揭示了企业财务状况和经营成果的本质。会计等式有静态和动态之分。

静态会计等式：

资产＝负债＋所有者权益

动态会计等式：

收入－费用＝利润

将动态会计等式代入静态会计等式，可得出：

资产＝负债＋所有者权益＋收入－费用

这一等式表明，企业的收入能导致企业资产的增加和所有者权益的增加，而费用的发生会导致资产和所有者权益的减少。

□ 主要概念

会计要素　资产　负债　所有者权益　利得　收入
费用　利润　会计等式　损失

□ 复习思考题

1. 什么是会计要素？我国《企业会计准则》规定的会计要素有哪些？
2. 什么是资产？资产按其流动性可分为哪些类别？
3. 什么是负债？什么是所有者权益？两者有何区别与联系？
4. 什么是收入？收入通常包括哪些内容？
5. 什么是费用？费用与成本有何关系？
6. 收入和费用的发生对资产、负债和所有者权益会产生哪些影响？
7. 什么是会计等式？它有哪几种不同的表达方式？
8. 为什么说“资产＝负债＋所有者权益”是会计恒等式？

□ 复习巩固题

单项选择题

1. 资产按其流动性分为（　　）。

A. 有形资产与无形资产　B. 货币资产与非货币资产
C. 流动资产与非流动资产　D. 本企业资产与租入的资产

2. 下列各项目中属于所有者权益的是（　　）。

A. 长期股权投资　B. 长期应付款　C. 固定资产　D. 实收资本

3. 下列经济业务中，导致会计等式两边总额增加的是（　　）。

A. 以银行存款 5 000 元偿还借款
B. 购买机器设备 20 000 元，货款未付
C. 从银行提取现金 40 000 元
D. 收回客户所欠的货款 30 000 元

4. 下列经济活动中，引起资产和负债同时减少的是（　　）。
A. 以银行存款偿付前欠货款　　B. 购买材料，货款尚未支付
C. 收回应收账款　　D. 接受其他单位捐赠的新设备
5. 流动资产是指其变现或耗用期在（　　）。
A. 一年内
B. 一年内或超过一年的一个营业周期内
C. 一个营业周期内
D. 超过一年的一个营业周期内
6. 下列引起资金进入企业的业务是（　　）。
A. 从银行提取现金　　B. 预收商品货款
C. 用银行存款缴纳税金　　D. 分派股票股利
7. 所有者权益是企业投资者对企业净资产的所有权，在数量上等于（　　）。
A. 全部资产减去流动负债　　B. 企业的新增利润
C. 全部资产减去全部负债　　D. 全部资产加上全部负债
8. 某公司的所有者权益为10万元，即（　　）。
A. 该公司的投入资本为10万元　　B. 该公司的资产总额为10万元
C. 该公司的权益总额为10万元　　D. 该公司的净资产总额为10万元

多项选择题

1. 下列项目中属于所有者权益的有（　　）。
A. 实收资本　　B. 资本公积　　C. 未分配利润　　D. 应付股利
E. 应收利息
2. 下列各项目中属于期间费用的有（　　）。
A. 制造费用　　B. 劳务成本　　C. 管理费用　　D. 财务费用
E. 销售费用
3. 财务费用一般包括（　　）。
A. 职工工资　　B. 广告费用
C. 银行借款利息　　D. 发行债券手续费
E. 职工差旅费
4. 下列各项目中属于流动资产的是（　　）。
A. 应收账款　　B. 预付账款　　C. 预收账款　　D. 应收票据
E. 存货
5. 在下列各项业务中，不影响资产总额的有（　　）。
A. 用银行存款偿还借款　　B. 从银行提取现金
C. 用银行存款购入A公司股票　　D. 用银行存款预付材料订金
E. 用银行存款偿还货款

判断题

1. “资产＝负债＋所有者权益”这个平衡公式是企业资金运动的动态

表现。(　　)

2. 负债是企业过去的交易或事项所引起的潜在义务。(　　)

3. 应收及预收款是资产，应付及预付款是负债。(　　)

4. 凡不引起企业资产、负债、所有者权益、收入、费用和利润这六大会计要素增减变动的事项都不属于企业的会计事项。(　　)

5. 某一财产物资要成为企业的资产，其所有权必须属于企业。(　　)

6. 若某项资产不能为企业带来经济利益，即使是由企业拥有或控制的，也不能作为企业的资产在资产负债表中列示。(　　)

7. 未分配利润是企业留给以后年度分配的利润或待分配利润。(　　)

8. 当企业本期收入大于费用时. 表示企业盈利，最终导致企业所有者权益增加。(　　)

实务练习题一

一、目的：练习会计要素的分类。

二、资料：某企业某月末各项目余额如下：

1. 银行存款 2 939 300 元。
2. 出纳员处存放现金 1 700 元。
3. 向银行借入长期借款 500 000 元。
4. 向银行借入短期借款 300 000 元。
5. 投资者投入资本金 13 130 000 元。
6. 库存原材料 417 000 元。
7. 生产车间半成品 584 000 元。
8. 库存产成品 520 000 元。
9. 应收外单位货款 43 000 元。
10. 应付外单位材料款 45 000 元。
11. 从二级市场购入打算在近期内出售的某公司股票 60 000 元。
12. 办公楼价值 6 350 000 元。
13. 机器设备价值 4 200 000 元。
14. 运输设备价值 530 000 元。
15. 资本公积 960 000 元。
16. 盈余公积 440 000 元。
17. 应付票据 200 000 元。
18. 上年尚未分配的利润 70 000 元。

三、要求：

1. 划分各项目的类别（资产、负债或所有者权益），并将各项目的金额填入下表。
2. 计算资产、负债、所有者权益各会计要素金额合计。

单位：元

项目序号	金额		
	资产	负债	所有者权益
合计			

实务练习题二

一、目的：练习会计等式。

二、资料：某企业月初负债总额6 500万元，所有者权益总额8 000万元。该企业本月发生下列经济业务：

1. 购入材料一批，价值100万元，货款尚未支付。
2. 向银行借款500万元，存入银行。
3. 以银行存款3万元上缴未交税金。
4. 以银行存款60万元偿还银行短期借款。
5. 将库存现金10万元存入银行。
6. 以银行存款400万元购置一项固定资产。
7. 以资本公积200万元转增实收资本。
8. 经协商将应付甲公司货款12万元转为甲公司对企业的投资。

三、要求：计算该企业在上述各项经济业务发生后的资产总额。

实务练习题三

一、目的：掌握经济业务的类型。

二、资料：某企业发生如下经济业务：

1. 用银行存款购买原材料。
2. 用银行存款支付欠长江公司货款。
3. 公司决定向投资者分配利润。
4. 向银行借入周转资金，存入开户银行。
5. 收到投资者投入的房屋一栋。
6. 向东方公司购买设备，款项未付。
7. 用银行存款归还长期借款。
8. 以固定资产向外单位投资。
9. 用商业汇票归还欠东方公司设备款。
10. 企业所有者代企业归还银行借款，并将其转为投资。
11. 用盈余公积转增实收资本。
12. 经批准，用银行存款代所有者李明以资本金偿还其应付给其他单位的欠款。

三、要求：分析上述各项经济业务的类型，将其序号填入下表。

类型	经济业务序号
(1) 一项资产增加，另一项资产减少	
(2) 一项资产增加，一项负债增加	
(3) 一项资产增加，一项所有者权益增加	
(4) 一项负债减少，一项资产减少	
(5) 一项负债减少，另一项负债增加	
(6) 一项负债减少，一项所有者权益增加	
(7) 一项所有者权益减少，一项资产减少	
(8) 一项所有者权益减少，一项负债增加	
(9) 一项所有者权益减少，另一项所有者权益增加	

第三章 账户与复式记账

Chapter 3

学习目标

本章重点介绍会计核算的基本方法——设置会计科目和账户、复式记账。学习目的是使学习者掌握会计核算所采用的基本方法，为以后处理会计实务打下坚实的基础。本章要求学习者理解设置会计科目的意义，熟悉账户的基本结构和复式记账法的基本内容，掌握借贷记账法的运用。

第一节 会计科目

一、会计科目的含义

我们把会计对象的内容具体分为资产、负债、所有者权益及收入、费用、利润等六个会计要素以后，并没有从根本上解决信息分类问题。为了系统、连续地核算和监督企业资金运动的过程和结果，必须根据会计对象的具体内容和经营管理的要求把每个会计要素细分为若干项目，项目的名称就是会计科目。

企业的生产经营活动必然会引起同一会计要素内部项目之间或不同会计要素项目之间的数量、金额的增减变动。例如，用银行存款购进原材料，使得资产要素内部的原材料增加，银行存款减少；用银行存款偿还应付账款，使得资产要素中的银行存款与负债要素中的应付账款同时减少；等等。企业的经济活动纷繁复杂，所引起的各个会计要素内部构成以及各个会计要素之间的增减变化也错综复杂，并且表现为不同的形式。有些业务可能会引起会计恒等式两边的变化，有些业务则只是在某一会计要素内部引起增减变动。为了对会计对象的具体内容进行核算和监督，就需要根据会计对象不同的特点，分门别类地确定项目，设置会计科目。设置会计科目，就是根据会计对象的具体内容和经济管理的要求，事先规定分类核算项目的一种专门的方法。在设置会计科目时，需要将会计对象中具体内容相同的归为一类，设立一个会计科目，凡是具备这类信息特征的经济业务，都应该在这个科目下进行核算，会计对象中具体内容不同的归为另外一类，设立相应的会计科目。例如，根据资产这一会计要素的具体内容以及经济管理的要求，可以设置“库存现金”“银行存款”“原材料”“固定资产”等会计科目，这样才能够对资产这一会计要素的具体内容进行核算，反映资产的构成情况。而根据负债这一会计要素的具体内容以及经济管理的要求，可以设置“短期借款”“应付账款”“应交税费”等会计科目。通过设置会计科目，对会计要素的具体内容进行科学分类，可以为会计信息使用者提供科学、详细的分类指标体系。在会计核算的各种具体方法中，设置会计科目占有重要位置，它决定着账户开设、报表结构设计，是一种基本的会计核算方法。

二、会计科目的内容和级次

（一）会计科目的内容

我国会计科目及核算内容都是由财政部统一规定的，现摘要列示财政部制定的《企业会计准则——应用指南》中的会计科目，如表 3－1 所示。

表 3－1　会计科目表（简化格式）

编号	名称	编号	名称
	一、资产类		
1001	库存现金	1602	累计折旧
1002	银行存款	1604	在建工程
1101	交易性金融资产	1701	无形资产
1121	应收票据	1801	长期待摊费用
1122	应收账款	1901	待处理财产损溢
1123	预付账款		二、负债类
1131	应收股利	2001	短期借款
1132	应收利息	2201	应付票据
1221	其他应收款	2202	应付账款
1231	坏账准备	2203	预收账款
1401	材料采购	2211	应付职工薪酬
1403	原材料	2221	应交税费
1404	材料成本差异	2231	应付利息
1405	库存商品	2232	应付股利
1411	周转材料	2241	其他应付款
1471	存货跌价准备	2501	长期借款
1511	长期股权投资	2502	应付债券
1601	固定资产		三、共同类

续表

编号	名称	编号	名称
	四、所有者权益类	6111	投资收益
4001	实收资本	6301	营业外收入
4002	资本公积	6401	主营业务成本
4101	盈余公积	6402	其他业务成本
4103	本年利润	6403	税金及附加
4104	利润分配	6601	销售费用
	五、成本类	6602	管理费用
5001	生产成本	6603	财务费用
5101	制造费用	6701	资产减值损失
	六、损益类	6711	营业外支出
6001	主营业务收入	6801	所得税费用
6051	其他业务收入	6901	以前年度损益调整

说明：在本书中，有关《企业会计准则——应用指南》中第三大类“共同类”的会计科目没有涉及。

由以上会计科目表可知，为了便于会计处理，提高工作效率，所使用的会计科目应依照一定标准排列，而且，每个会计科目均对应一个编号，每个编号的第一位数字表示类别。如“1”代表资产类会计科目，“2”代表负债类会计科目，“4”代表所有者权益类会计科目，“5”代表费用（成本）类会计科目，“6”代表损益类会计科目。第二位数字及以后的数字则表示会计科目在这一类别中的顺序，这一顺序通常是分类账中账户排列的次序，也是将来财务报表上排列的次序，其中各会计科目之间应保留若干空号，以便适应企业将来发展增添新会计科目。会计科目的编号对于会计电算化尤为便利。

（二）会计科目级次

各个会计科目并不是彼此孤立的，而是相互联系、相互补充地组成了一个完整的会计科目体系。通过这些会计科目，可以全面、系统、分类核算和监督会计要素的增减变动情况及其结果，为经济管理提供所需要的一系列核算指标。在生产经营过程中，由于经济管理的要求不同，所需要的核算指标的详细程度也不同。根据经济管理要求，既要设置提供总括核算资料的一级科目，又要设置提供详细核算资料的二级科目和三级科目。

1. 一级科目。一级科目即总分类科目，也称总账科目，是指对会计要素的具体内容进行总括分类的会计科目，是进行总分类核算的依据。为了满足国家宏观经济管理的需要，一级科目原则上由国家统一规定。表3－1中列示了《企业会计准则——应用指南》中规定的常用的一级会计科目。

2. 二级科目。二级科目即二级明细分类科目，也称子目，是指在一级科目的基础上，对一级科目所反映的经济内容进行较为详细分类的会计科目。有些二级科目也是由国家统一规定的，如“应交税费”一级科目下应设的二级科目；有些二级科目是企业根据经营管理需要自行设置的，如在“原材料”科目下，按材料类别开设“原料及主要材料”“辅助材料”“燃料”等二级科目。

3. 三级科目。三级科目即明细科目，也称细目，是指在二级科目基础上，对二级科目所反映的经济内容进一步详细分类的会计科目。例如，在“原材料及主要材料”二级科目下，按材料品种、规格开设明细科目。大多数明细科目由企业依据国家统一规定的会计科目和要求，根据经营管理的需要自行设置，但也有明细科目是国家统一规定的。例如，“应交税费”是一级科目，下设的“应交增值税”是二级科目，二级科目下还规定了应该设置的三级科目。

综上所述，一级科目是最高层次的会计科目，控制或统驭二级科目和明细科目；二级科目是对一级科目的补充说明，控制或统驭明细科目，是介于一级科目和明细科目之间起沟通作用的会计科目；明细科目是对二级科目或一级科目更为详细的补充说明。应当说明的是，并不是所有的一级科目都需分设二级和三级科目，根据会计信息使用者所需信息的详细程度，有些只需设置一级科目，有些只需设置一级科目和明细科目而不需设置二级科目。

第二节　账　户

一、账户的含义及分类

设置会计科目只是规定了对会计对象的具体内容进行分类核算的项目。为了对会计科目反映的经济内容进行全面、系统和连续的记录、计算，为经济管理提供各种信息资料，还必须根据规定的会计科目在账簿中开设账户，对各项经济业务进行分类核算。

账户是根据会计科目开设的，具有一定结构，用以连续、系统地核算和监督会计要素的一种专门方法。在实际工作中，会计科目就是账户的名称。为此，与会计科目的分类相适应，账户按其核算的经济内容可分为资产类账户、负债类账户、共同类账户、所有者权益类账户、成本类账户和损益类账户。

账户按其提供核算资料的详略程度可分为总分类账户和明细分类账户。总分类账户是根据总分类会计科目开设的，提供各种总括核算资料。明细分类账户是根据二级会计科目或明细科目开设的，提供各种具体详细的核算资料。

二、账户的结构

账户的结构是指账户设置哪几个部分，每一部分反映什么内容。企业任何经济业务的发生，都必然引起会计要素数量的变动，这种最基本的数量变动不外乎增加、减少及其增减结果三个方面。因此，每个账户的基本结构也必须相应地分为三个部分，一部分登记增加额，另一部分登记减少额，还有一部分登记结果，以便及时反映各账户经济内容的增减变动结果。这三部分构成了账户的基本结构。

在会计工作中，账户的格式一般包括以下内容：(1) 账户的名称（会计科目）；(2) 日期，即经济业务的发生时间；(3) 摘要，即经济业务内容的概括说明；(4) 凭证编号，即账户记录的来源和依据；(5) 增加和减少的金额及余额，具体内容详见表3-2。

表3-2 账户的格式

会计科目：

年		凭证		摘要	借方	贷方	余额
月	日	字	号				

为了便于教学和学生练习手工记账，在教学中常用T字形来说明账户的基本结构，称为T形账户。经济业务的发生会引起会计要素各具体项目数量上的增加、减少变动，我们暂且以左方、右方来体现这一增减相反的数量变动，此时，T形账户的格式如下所示。

左方	账户名称（会计科目）	右方

账户的左右两方是按相反方向来记录增加数和减少数的。如果规定在账户左方记录增加数，就应该在账户右方记录减少数；反之，如果在账户右方记录增加数，就应该在账户左方记录减少数。在每一个具体账户的左右两方中，究竟哪一方记录增加数，哪一方记录减少数，取决于所采用的记账方法和账户所记录的经济内容。

如果以账户的左方登记增加数额，账户的右方登记减少数额，账户的结构如下所示。

左方	账户名称（会计科目） 右方
期初余额	
增加数	减少数
⋮	⋮
本期增加发生额	本期减少发生额
期末余额	

如果以账户的右方登记增加数额，账户的左方登记减少数额，账户的结构如下所示。

左方	账户名称（会计科目）右方
	期初余额
减少数	增加数
⋮	⋮
本期减少发生额	本期增加发生额
	期末余额

账户左方、右方记录的主要内容包括期初余额、本期增加发生额、本期减少发生额及期末余额。本期增加发生额是对账户在本会计期间内所记录的增加数的合计结果，本期减少发生额是对账户在本会计期间内所记录的减少数的合计结果。对于一个新成立的单位来讲，本期增加发生额和本期减少发生额相抵后的金额就是本期的期末余额。从时间连续性上讲，本期的期末余额转入下一期，就是下一期的期初余额，账户的余额一般与记录的增加数在同一方向。期初余额、本期增加发生额、本期减少发生额及期末余额的关系可以用下列公式来表示：

期末余额＝期初余额＋本期增加发生额－本期减少发生额

第三节　复式记账

一、记账方法

为了对会计要素进行核算与监督，在按一定原则设置了会计科目，并按会计科目开设了账户之后，需要采用一定的记账方法将会计要素的增减变动登记在账户中。记账方法就是在账户中记录经济业务的方法。记账方法经历了由单式记账法到复式记账法的演变过程。

（一）单式记账法

单式记账法是对经济业务发生之后所引起会计要素的增减变动，一般只在一个账户中进行登记的记账方法。例如，用现金购买办公用品，仅在现金账上记录一笔现金的减少，相关的其他信息反映得并不充分，也有同时在现金账与实物账记录的，但两个账户之间没有必然的联系。这种记账方法不能全面、系统地反映经济业务的来龙去脉，也不便于检查账户记录的正确性、真实性。在会计工作中，对表外科目的核算通常采用单式记账法。

（二）复式记账法

复式记账法是指对发生的每一项经济业务，都以相等的金额，同时在相互联系的两个或两个以上的账户中进行登记的记账方法。

与单式记账法相比较，复式记账法有如下基本特征：（1）采用复式记账法对每一项经济业务都要在相互联系的两个或两个以上的账户中记录，根据账户记录的结果，不仅可以了解每一项经济业务的来龙去脉，而且可以通过会计要素的增减变动全面、系统地了解经济活动的过程和结果。(2) 存在全部账户体系的平衡关系。由于复式记账要求以相等的金额在两个或两个以上的账户中同时记账，因此可以对账户记录的结果进行试算平衡，以检查账户记录的正确性。目前，我国企业和行政事业单位所采用的记账方法都属于复式记账法。

复式记账法是以价值运动和会计等式为理论基础的。会计核算和会计监督的内容是能够用货币表现的经济活动，而任何一项经济活动的发生都有其来源和去向，涉及相互联系的各个方面。例如，有资产，必然有资产提供者对资产的要求权，资产和权益形成了相对的双方，或者因果关系的双方。每一项经济业务都会引起有关会计要素之间或某项会计要素内部至少两个项目发生增减变化，而且金额相等。结合会计等式来看，或者是会计等式两边的会计要素有关项目同增或同减，或者是资产、负债或所有者权益有关项目一增一减。如购买设备业务，一方面，收到设备，资产增加，另一方面，付出现金，资产减少，即资产项目一增一减。因此，为了全面、系统地反映会计要素有关具体项目的增减变动情况及其结果，对于任何一笔经济业务都要用相等的金额，在两个或两个以上的有关账户中做相互联系的登记，即用复式记账法记账。

复式记账法按其记账符号的不同分为借贷记账法、增减记账法、收付记账法等。其中，借贷记账法是世界各国普遍采用的一种记账方法，也是在我国应用最广泛的一种记账方法。我国的《企业会计准则》规定，中国境内的所有企业统一使用借贷记账法。用借贷记账法在相关账户中记录各项经济业务，可以清晰地表明经济业务的来龙去脉，同时便于试算平衡和检查账户记录的正确性。所以本节重点介绍借贷记账法。

二、借贷记账法

借贷记账法是以“借”“贷”二字作为记账符号，记录会计要素增减变动情况的一种复式记账法。国际上广泛采用的借贷记账法源于13—15世纪的意大利，主要产生并流行于当时的佛罗伦萨和威尼斯。在这个时期，西方资本主义国家的商品经济有了长足的发展，在商品交换中，为了适应商业资本和借贷资本经营者管理的需要，逐步形成了借贷记账法。“借”“贷”二字的含义最初是从借贷资本家的角度来解释的，借贷资本家以经营货币资金的借入和贷出为主要业务，他们把吸收的存款记在贷主的名下，表示债务；把付出的放款记在借主的名下，表示债权，“借”“贷”二字表示债权、债务关系的变化。随着商品经济的发展，经济活动的内容日趋复杂化，记录的经济业务也不再仅限于货币资金的借贷业务，而逐渐扩展到财产物资、经营损益和经营资本等的增减变化。这时，为了求得记账的一致，对于非货币资金借贷业务，也利用“借”“贷”二字说明经济业务的变化情况。因此，“借”“贷”二字逐渐失去了其本来含义，变成了纯粹的记账符号。与此同时，西方国家的会计学者提出了借贷记账法的理论依据，即“资产＝负债＋所有者权益”的平衡公式（亦称会计方程式）。根据这个理论确立了借贷记账法的记账规则，使借贷记账法成为一种科学的记账方法，并被世界上的许多国家广泛采用，也使得会计成为一种国际商业语言。要学习借贷记账法，必须认真掌握它的记账符号、账户结构、记账规则和试算平衡。

（一）借贷记账法的内容

1. 记账符号。借贷记账法以“借”“贷”作为记账符号，表明的是记账方向。在借贷记账法下，“借”“贷”二字只是两个抽象的符号，在不同性质的账户中所反映的经济业务的内容是不同的。一个账户中究竟是借方记录表示增加还是贷方记录表示增加，由账户的性质来决定。

2. 账户结构。借贷记账法的账户基本结构是：每一个账户都分为“借方”和“贷方”，一般来说规定账户的左方为“借方”，账户的右方为“贷方”。如果我们在账户的借方记录经济业务，可以称为借记某科目，在账户的贷方记录经济业务，则可以称为贷记某科目。

采用借贷记账法时，账户的借贷两方必须做相反方向的记录。即对于每一个账户来说，如果规定借方用来登记增加数，则贷方用来登记减少数，如果规定借方用来登记减少数，则贷方用来登记增加数。不同性质的账户，其结构是不同的。

（1）资产类账户。资产类账户的结构是：账户的借方记录资产的增加额，贷方记录资产的减少额。在一个会计期间（月、季、半年、年）内，借方记录的合计数额称作本期借方发生额，贷方记录的合计数额称作本期贷方发生额，在每一个会计期间的期末将借方、贷方发生额进行比较，其差额称作期末余额。资产类账户的期末余额一般在借方，借方期末余额转到下一期就成为借方期初余额。用公式可以表示如下：

$$\begin{matrix}\text{资产类账户}\\\text{借方期末余额}\end{matrix}=\begin{matrix}\text{借方}\\\text{期初余额}\end{matrix}+\begin{matrix}\text{借方}\\\text{本期发生额}\end{matrix}-\begin{matrix}\text{贷方}\\\text{本期发生额}\end{matrix}$$

用T形账户表示如下：

借方	资产类账户		贷方
期初余额	×××		
（1）增加数	×××	（1）减少数	×××
（2）增加数	×××	（2）减少数	×××
本期发生额	×××	本期发生额	×××
期末余额	×××		

（2）负债及所有者权益类账户。根据会计平衡公式“资产＝负债＋所有者权益”，负债及所有者权益类账户的结构与资产类账户正好相反，其贷方记录负债及所有者权益的增加数，借方记录负债及所有者权益的减少数，很明显贷方发生额要大于（或等于）借方发生额，期末余额一般在贷方。用公式表示如下：

$$\text{负债及所有者权益类账户贷方期末余额} = \text{贷方期初余额} + \text{贷方本期发生额} - \text{借方本期发生额}$$

用T形账户表示如下：

借方	负债及所有者权益类账户		贷方
		期初余额	×××
（1）减少数	×××	（1）增加数	×××
（2）减少数	×××	（2）增加数	×××
本期发生额	×××	本期发生额	×××
		期末余额	×××

（3）损益类账户。损益类账户按反映的具体内容不同，可以分为反映各项收入的账户和反映各项费用支出的账户。企业在经济活动过程中要不断地取得收入，必然有各种耗费，有成本费用发生，在成本费用抵消收入后，形成企业的利润。利润在分配以前，可以看作所有者权益的增加。所以，收入类账户的结构与所有者权益类账户的结构基本相同，收入的增加数记入账户的贷方，收入转出数（减少）则应记入账户的借方，由于贷方记录的收入增加数一般要通过借方转出，因此该类账户通常没有期末余额。如果某种情况下有余额，应表现为贷方余额。

成本费用类账户的结构与资产类账户的结构基本相同，账户的借方记录成本费用的增加数，账户的贷方记录成本费用转入收益类账户（减少）的数额，由于借方记录的成本费用的增加数一般都要通过贷方转出，因此该类账户通常没有期末余额。如果某种情况下有余额，应表现为借方余额。

收入类与成本费用类账户结构如下：

借方	收入类账户		贷方
（1）转出数	×××	（1）增加数	×××
		（2）增加数	×××
本期发生额	×××	本期发生额	×××

借方	成本费用类账户		贷方
（1）增加数	×××	（1）转出数	×××
（2）增加数	×××		
本期发生额	×××	本期发生额	×××

“借”“贷”作为记账符号，表示账户记录的方向。一般来说，各类账户的期末余额与记录增加数的一方都在同一方向，即资产类账户的期末余额一般在借方，负债及所有者权益类账户的期末余额一般在贷方。因此，根据账户余额所在方向来判定账户性质，成为借贷记账法的一个重要特点。

3. 记账规则。记账规则是指运用记账方法记录经济业务时应当遵循的规律，是记账方法本质的体现。借贷记账法的记账规则用最为简洁的语言可以概括为：有借必有贷，借贷必相等。

下面举例说明借贷记账法的记账规则。

【例 3－1】　久安工厂××年 4 月 5 日接受新华集团公司的投资款 300 万元，款项存入银行。

分析：这笔业务的发生，涉及资产类的“银行存款”及所有者权益类的“实收资本”两个账户。一方面接受外来投资使所有者权益增加，应该在“实收资本”账户的贷方做记录；另一方面款项存入银行使资产增加，应该在“银行存款”账户的借方做记录。

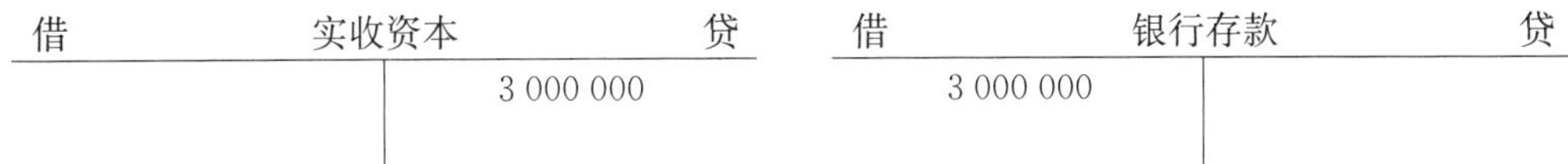

【例 3－2】　4 月 8 日，久安工厂从银行取得临时周转借款 200 万元，银行通知款项已经划入单位银行存款账户。

分析：这笔业务的发生，涉及资产类的“银行存款”和负债类的“短期借款”两个账户。一方面应该在“银行存款”账户的借方做记录，另一方面应该在“短期借款”账户的贷方做记录。

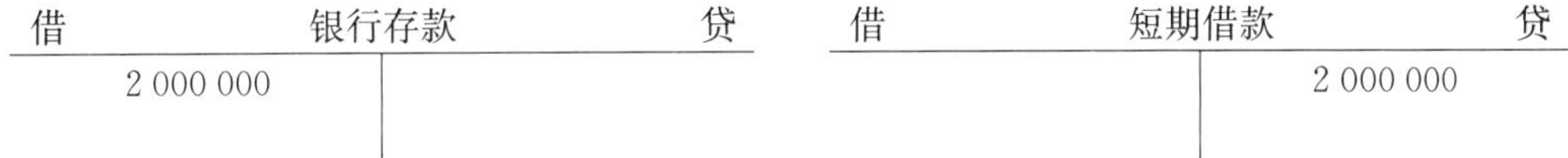

【例 3－3】　4 月 11 日，久安工厂购入新机器设备一台，价款 18 万元，已安装完毕，价款已开出转账支票付讫（不考虑相关税费）。

分析：这笔业务的发生，涉及资产类的“固定资产”和“银行存款”两个账户。一方面购入机器设备使固定资产增加，应该在“固定资产”账户的借方做记录；另一方面付出款项使银行存款减少，应该在“银行存款”账户的贷方做记录。

【例 3－4】　4 月 30 日，久安工厂以银行存款 70 000 元支付本期应交税费 70 000 元。

分析：这笔业务的发生，涉及资产类的“银行存款”和负债类的“应交税费”两个账户。一方面应该在“银行存款”账户的贷方做记录；另一方面应该在“应交税费”账户的借方做记录。

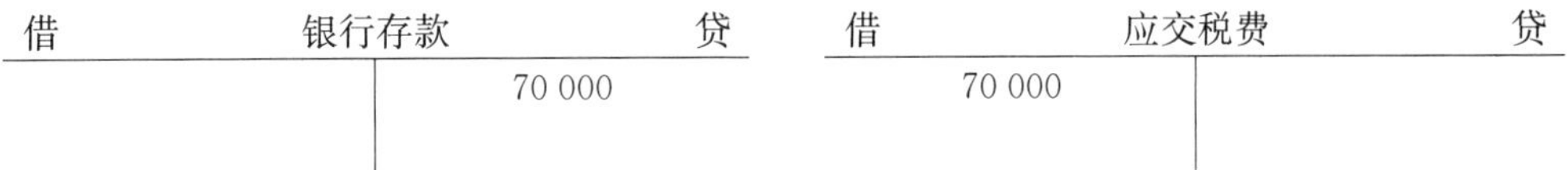

【例 3－5】　5 月 10 日，久安工厂用银行存款偿还到期的应付账款 50 000 元。

分析：这笔业务的发生，涉及资产类的“银行存款”和负债类的“应付账款”两个账户。一方面银行存款减少，应在“银行存款”账户的贷方做记录；另一方面偿还欠款使应付账款减少，应在“应付账款”账户的借方做记录。

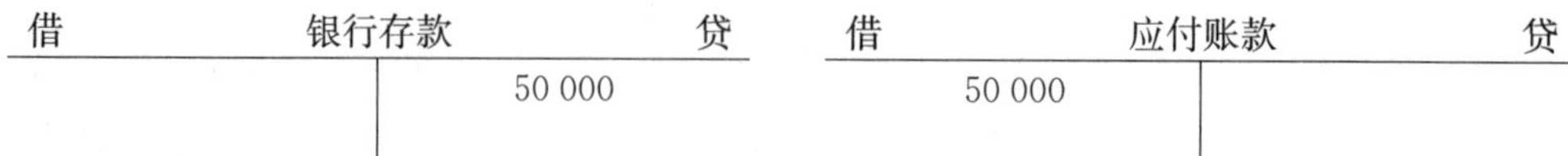

借	银行存款	贷	借	应付账款	贷
		50 000	50 000		

【例3-6】 5月17日，久安工厂销售产品取得产品销售收入120 000元，款项已全部存入银行（不考虑相关税费）。

分析：这笔业务的发生，涉及资产类的“银行存款”和收入类的“主营业务收入”两个账户。一方面银行存款因存入而增加，应该在“银行存款”账户的借方做记录；另一方面销售收入增加，应该在“主营业务收入”账户的贷方做记录。

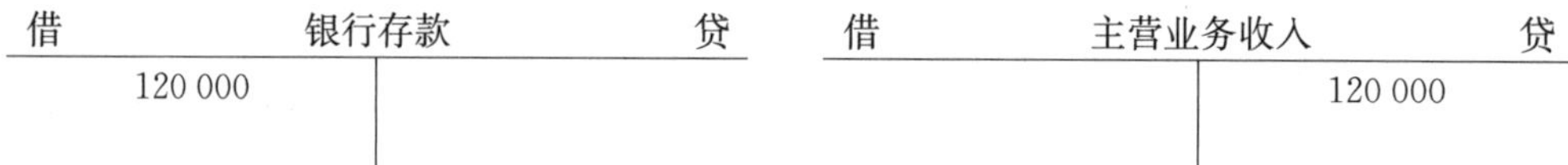

借	银行存款	贷	借	主营业务收入	贷
120 000					120 000

【例3-7】 5月20日，久安工厂本期发生办公费用20 000元，已用企业的银行存款支付。

分析：这笔业务的发生，涉及资产类的“银行存款”和成本费用类的“管理费用”两个账户。一方面因用银行存款支出而使银行存款减少，应该在“银行存款”账户的贷方做记录；另一方面支付办公费用使管理费用增加，应该在“管理费用”账户的借方做记录。

借	银行存款	贷	借	管理费用	贷
		20 000	20 000		

通过上述例题我们可以看到，不管是资产类与负债及所有者权益类项目同增或同减的业务，还是在资产类项目内部或者负债及所有者权益类项目内部此增彼减的业务，都同样适用“有借必有贷，借贷必相等”的记账规则。

4. 会计分录和账户的对应关系。为了保证账户记录的正确性，对于每一项经济业务，在记入有关账户之前，首先根据经济业务编制会计分录，然后据以登记账户。

会计分录（简称分录）是列示某项经济业务应借、应贷账户的名称及其金额的记录。在将各项经济业务登记到账户之前，要先根据经济业务的内容，运用借贷记账法的记账规则，确定所涉及的账户及其应借、应贷的方向和金额。在实际工作中，这项工作是通过记账凭证的编制完成的。

编制会计分录应按下列步骤进行：

(1) 一项经济业务发生后，首先分析这项经济业务涉及的账户名称，判断其变化是增加还是减少；

（2）判断应记账户的性质，按账户的结构确定应记入有关账户的借方还是贷方；

（3）根据借贷记账法的记账规则，确定应记入每个账户的金额；

（4）分录编好后，应检查分录中应借、应贷科目是否正确，借贷方金额是否相等，有无错误。

会计分录书写的格式是：先写借后写贷，借贷上下要错开。

【例3-8】 久安工厂购进一台设备价款50 000元，设备已交付使用，已经用银行存款支付30 000元，尚有20 000元未支付。根据这笔业务可以编制会计分录如下：

	借方	贷方
借：固定资产	30 000	
贷：银行存款		30 000
借：固定资产	20 000	
贷：应付账款		20 000

会计分录有简单会计分录与复合会计分录两种类型。简单会计分录是由一个账户与另一个账户相对应组成的会计分录，上述分录就属于简单会计分录。复合会计分录是由两个以上账户相对应组成的分录。上述会计分录可以合并如下：

	借方	贷方
借：固定资产	50 000	
贷：应付账款		20 000
银行存款		30 000

复合会计分录实际上是由几个简单会计分录组合而成的。编制复合会计分录，可以集中、全面地反映某项经济业务的整体情况，简化记账手续。简单会计分录反映问题直观，便于检查。在实际工作中，如果一项经济业务涉及多借多贷的科目，为全面反映此项经济业务，可以编制多借多贷的复合会计分录，但不允许将几项不同类型的经济业务合并编制复合会计分录。

现以前面记账规则中所举的七项经济业务为例，编制会计分录如下：

		借方	贷方
例3-1	借：银行存款	3 000 000	
	贷：实收资本		3 000 000
例3-2	借：银行存款	2 000 000	
	贷：短期借款		2 000 000
例3-3	借：固定资产	180 000	
	贷：银行存款		180 000
例3-4	借：应交税费	70 000	
	贷：银行存款		70 000
例3-5	借：应付账款	50 000	
	贷：银行存款		50 000
例3-6	借：银行存款	120 000	
	贷：主营业务收入		120 000
例3-7	借：管理费用	20 000	
	贷：银行存款		20 000

通过上述举例可以看出，采用借贷记账法记账时，当某项经济业务发生时，总会在有关账户之间形成应借、应贷的关系。我们把账户之间应借、应贷的相互关系叫作账户的对应关系，存在对应关系的账户称为对应账户。例如，从银行提取现金 5 000 元，要在“库存现金”账户的借方和“银行存款”账户的贷方进行记录。这样“库存现金”与“银行存款”账户就发生了对应关系，两个账户也就成为对应账户。认识和掌握账户的对应关系非常重要，通过账户的对应关系不仅可以了解经济业务的内容，同时还可以检查对经济业务的处理是否合理合法。

5. 试算平衡。试算平衡是指为保证会计处理的正确性，根据会计平衡公式，按照复式记账原理与记账规则，来检查和验证账户记录正确性、完整性的一种方法。

在实际工作中，试算平衡工作是通过编制试算平衡表完成的。每个会计期间结束时，在结出各个账户的本期发生额和期末余额后，可以完成试算平衡表的编制。试算平衡表分两种：一种是将本期发生额和期末余额试算平衡分别列表编制，见表 3 - 3 和表 3 - 4；另一种是将本期发生额和期末余额合并在一张表上进行试算平衡，见表 3 - 5。

表 3 - 3　总分类账户本期发生额试算平衡表

年　月　日　　　　单位：元

会计科目	借方发生额	贷方发生额
合计		

表 3 - 4　总分类账户余额试算平衡表

年　月　日　　　　单位：元

会计科目	借方余额	贷方余额
合计		

表 3 - 5　总分类账户本期发生额及余额试算平衡表

年　月　日　　　　单位：元

会计科目	期初余额		本期发生额		期末余额	
	借方	贷方	借方	贷方	借方	贷方
合计						

应当注意，通过试算平衡只能检查账簿记录是否正确。如果借贷不平衡，可以肯定账户的记录或计算有错误，应进一步查明原因，予以更正。但即使借贷平衡，也不能完全肯定记账没有错误，这是因为有些错误并不影响借贷双方平衡，如某项

经济业务在有关账户中重记或漏记，或者将借贷记账方向记反等，诸如此类的错误就不能通过试算平衡来发现。

（二）借贷记账法记账举例

对一个会计期间来说，应用借贷记账法记账，一般按以下步骤进行：

第一步，根据该会计主体的有关上期期末资料开设各相关账户，并填入其期初余额；

第二步，根据该会计主体本期发生的经济业务，编制会计分录并过入各有关账户；

第三步，结算各有关账户的本期发生额和期末余额；

第四步，编制试算平衡表检查账簿记录的正确性。

下面列举久安工厂某个会计期间的经济业务情况进行说明。

【例 3-9】 久安工厂上月末各账户的期末余额如表 3-6 所示。

表 3-6 各账户的期末余额列表

××年 5 月 31 日　　单位：元

账户	期末余额	
	借方	贷方
库存现金	2 000	
银行存款	23 000	
库存商品	8 600	
原材料	12 000	
生产成本	6 000	
固定资产	100 000	
短期借款		10 000
应付账款		6 600
实收资本		105 000
资本公积		30 000
合计	151 600	151 600

该企业本月发生下列经济业务：

（1）用银行存款购买材料一批，价值 6 000 元，材料已验收入库。

（2）从银行提取现金 600 元备用。

（3）用银行存款偿还到期的应付账款 5 000 元。

（4）生产产品耗用材料 2 000 元。

（5）收到投资者投入的设备一台，价值 50 000 元。

（6）销售产品一批，货款 9 000 元已收存银行。

根据上述经济业务编制会计分录如下：

（1）借：原材料　　6 000

　　　贷：银行存款　　6 000

分析：这项经济业务，一方面使“银行存款”账户减少 6 000 元，另一方面使“原材料”账户增加 6 000 元，“原材料”账户属于资产类账户，增加记在借方，“银行存款”账户属于资产类账户，减少记在贷方。

（2）借：库存现金　600

　　贷：银行存款　600

分析：这项经济业务，一方面使“库存现金”账户增加600元，另一方面使“银行存款”账户减少600元，“库存现金”账户属于资产类账户，增加记在借方，“银行存款”账户属于资产类账户，减少记在贷方。

（3）借：应付账款　5 000

　　贷：银行存款　5 000

分析：这项经济业务，一方面使“应付账款”账户减少5 000元，另一方面使“银行存款”账户减少5 000元，“应付账款”账户属于负债类账户，减少记在借方，“银行存款”账户属于资产类账户，减少记在贷方。

（4）借：生产成本　2 000

　　贷：原材料　2 000

分析：这项经济业务，一方面使“生产成本”账户增加2 000元，另一方面使“原材料”账户减少2 000元，“生产成本”账户属于成本类账户，增加记在借方，“原材料”账户属于资产类账户，减少记在贷方。

（5）借：固定资产　50 000

　　贷：实收资本　50 000

分析：这项经济业务，一方面使“固定资产”账户增加50 000元，另一方面使“实收资本”账户增加50 000元，“固定资产”账户属于资产类账户，增加记在借方，“实收资本”账户属于所有者权益类账户，增加记在贷方。

（6）借：银行存款　9 000

　　贷：主营业务收入　9 000

分析：这项经济业务，一方面使“银行存款”账户增加9 000元，另一方面使“主营业务收入”账户增加9 000元，“银行存款”账户属于资产类账户，增加记在借方，“主营业务收入”账户属于收入类账户，增加记在贷方。

根据上述会计分录登记账户，期末结算各账户的本期发生额和期末余额如下：

借	库存现金		贷
期初余额	2 000		
(2)	600		
本期发生额	600	本期发生额	
期末余额	2 600		

借	银行存款		贷
期初余额	23 000	(1)	6 000
(6)	9 000	(2)	600
		(3)	5 000
本期发生额	9 000	本期发生额	11 600
期末余额	20 400		

借	库存商品		贷
期初余额	8 600		
本期发生额		本期发生额	
期末余额	8 600		

借	原材料		贷
期初余额	12 000		
(1)	6 000	(4)	2 000
本期发生额	6 000	本期发生额	2 000
期末余额	16 000		

借	生产成本		贷
期初余额	6 000		
(4)	2 000		
本期发生额	2 000	本期发生额	
期末余额	8 000		

借	固定资产		贷
期初余额	100 000		
(5)	50 000		
本期发生额	50 000	本期发生额	
期末余额	150 000		

借	短期借款		贷
		期初余额	10 000
本期发生额		本期发生额	
		期末余额	10 000

借	应付账款		贷
		期初余额	6 600
(3)	5 000		
本期发生额	5 000	本期发生额	
		期末余额	1 600

借	实收资本		贷
		期初余额	105 000
		(5)	50 000
本期发生额		本期发生额	50 000
		期末余额	155 000

借	资本公积		贷
		期初余额	30 000
本期发生额		本期发生额	
		期末余额	30 000

借	主营业务收入		贷
		(6)	9 000
本期发生额		本期发生额	9 000
		期末余额	9 000

根据各账户的登记结果进行试算平衡，如表 3－7 所示。

表 3－7　总分类账户本期发生额及余额试算平衡表

××年 6 月 30 日　　单位：元

账户名称	期初余额		本期发生额		期末余额	
	借方	贷方	借方	贷方	借方	贷方
库存现金	2 000		600		2 600	
银行存款	23 000		9 000	11 600	20 400	
库存商品	8 600				8 600	
原材料	12 000		6 000	2 000	16 000	
生产成本	6 000		2 000		8 000	
固定资产	100 000		50 000		150 000	
短期借款		10 000				10 000
应付账款		6 600	5 000			1 600
实收资本		105 000		50 000		155 000
资本公积		30 000				30 000
主营业务收入				9 000		9 000
合计	151 600	151 600	72 600	72 600	205 600	205 600

□ 本章小结

会计科目是对会计要素进行分类形成的具体项目。设置会计科目并在此基础上设置会计账户是会计核算的一种专门方法。账户都要分设“借方”和“贷方”，但哪一方登记增加数，哪一方登记减少数，则要视账户的性质和记账方法而定。

复式记账法就是任何一笔经济业务的发生都要在两个或两个以上的账户中，用相等的金额进行相互联系的登记。以“借”“贷”作为记账符号的复式记账法，简称为借贷记账法。要学会运用借贷记账法，必须认真掌握它的记账符号、账户结构、记账规则和试算平衡。

为了保证账户记录的正确性，应先根据原始凭证编制会计分录。会计分录是标明某项经济业务应借、应贷账户的名称及其金额的记录。会计分录分为简单会计分录和复合会计分录。采用借贷记账法记账时，总会在有关账户之间形成应借、应贷的关系，我们把账户之间应借、应贷的相互关系叫作账户的对应关系，存在对应关系的账户称为对应账户。

□ 主要概念

会计科目　账户　复式记账　借贷记账法　会计分录
账户的对应关系　对应账户　试算平衡

□ 复习思考题

1. 什么是会计科目？会计科目包括哪些基本内容？
2. 什么是账户？账户的基本结构是怎样的？
3. 什么是复式记账？复式记账的理论基础是什么？
4. 借贷记账法的内容包括哪些方面？
5. 什么是会计分录？会计分录有哪些类型？
6. 什么是账户的对应关系？什么是对应账户？认识账户的对应关系与对应账户有何意义？
7. 试说明会计分录与账户的关系。
8. 什么是试算平衡？如何进行试算平衡？

复习巩固题

单项选择题

1. 会计科目与账户的本质区别在于（　　）。

A. 反映的经济内容不同

B. 记录资产和权益的内容不同

C. 记录资产和权益的方法不同

D. 会计账户有结构，而会计科目无结构

2. 我国《企业会计准则》规定，中国境内的所有企业统一使用（　　）进行会计核算。

A. 借贷记账法　　B. 增减记账法　　C. 收付记账法　　D. 加减记账法

3. 对于负债类会计账户而言（　　）。

A. 增加记借方　　B. 增加记贷方　　C. 减少记贷方　　D. 期末无余额

4. 借贷记账法的发生额试算平衡是指（　　）。

A. 资产借方发生额等于负债贷方发生额

B. 资产借方发生额等于所有者权益贷方发生额

C. 全部会计账户的借方发生额等于全部会计账户的贷方发生额

D. 资产借方发生额等于资产贷方发生额

5. 借贷记账法记账符号“借”表示（　　）。

A. 资产增加，权益减少　　B. 资产减少，权益增加

C. 资产增加，权益增加　　D. 资产减少，权益减少

6. 采用借贷记账法，哪方记增加，哪方记减少，是根据（　　）。

A. 每个账户的基本性质　　B. 企业习惯的记法

C. 贷方记增加，借方记减少的规则　　D. 借方记增加，贷方记减少的规则

7. 账户的对应关系是指（　　）。

A. 总分类账户和明细分类账户之间的关系

B. 有关账户之间的应借、应贷关系

C. 资产类账户与负债类账户之间的关系

D. 成本类账户与损益类账户之间的关系

8. 以银行存款 2 000 元偿还前欠货款，这一事项对会计平衡公式的影响是（　　）。

A. 资产和负债同时减少 2 000 元，不破坏会计平衡公式

B. 资产和负债同时增加 2 000 元，不破坏会计平衡公式

C. 资产的不同项目此增彼减，资产总额不变

D. 负债与所有者权益此增彼减，权益总额不变

多项选择题

1. 在下列账户中，与资产账户结构相反的有（　　）。
A. 负债　　B. 费用　　C. 收入　　D. 支出
E. 所有者权益
2. 按借贷记账法的要求，下列会计事项登记在贷方的有（　　）。
A. 资产增加　　B. 负债增加
C. 费用增加　　D. 所有者权益增加
E. 收入增加
3. 在下列账户中，属于损益类账户的有（　　）。
A. 所得税费用　　B. 投资收益　　C. 制造费用　　D. 生产成本
E. 管理费用
4. 所有者权益的构成项目有（　　）。
A. 实收资本　　B. 资本公积　　C. 盈余公积　　D. 未分配利润
E. 应收账款
5. 属于引起会计等式左右两边会计要素变动的经济业务有（　　）。
A. 收到某单位前欠货款2万元，存入银行
B. 以银行存款偿还银行借款
C. 某单位投入机器一台，价值80万元
D. 以银行存款偿还前欠货款10万元
E. 购买材料8 000元，以银行存款支付货款

判断题

1. 所有账户都是依据会计科目开设的。（　　）
2. 借贷记账法的“借”和“贷”只表示记账方向，无其本身的汉字含义。（　　）
3. 根据明细分类科目开设的账户叫明细账户。（　　）
4. 采用复式记账法时，任何经济业务都必须在两个账户中登记。（　　）
5. 在交易和事项的处理过程中所形成的账户之间的应借、应贷关系称为账户的对应关系。（　　）
6. 编制复合分录简化了记账手续，节约了时间，因此应尽可能合并简单分录。（　　）
7. 收入类账户与费用类账户一般没有期末余额，但有期初余额。（　　）
8. 一笔复合会计分录可以分解成几笔简单会计分录。（　　）

实务练习题一

一、目的：熟悉会计科目的内容。
二、资料：长城公司5月1日有关资金内容及金额如下：

1. 存放在公司的现款 1 000 元；
2. 存放在银行的款项 300 000 元；
3. 库存的各种材料 99 000 元；
4. 房屋 900 000 元；
5. 机器设备 800 000 元；
6. 投资者投入资本 1 605 000 元；
7. 从银行借入的半年期借款 120 000 元；
8. 库存的完工产品 50 000 元；
9. 拖欠供货方货款 350 000 元；
10. 公司留存的盈余公积 75 000 元。

三、要求：根据所给资料，利用下表说明每一项资金内容应属于资产、负债和所有者权益中哪一类会计要素，具体应归属于哪一个会计科目。

作业用表 单位：元

资料序号	应归属会计要素类别及金额			应归属会计科目
	资产	负债	所有者权益	
例：(1)	1 000			库存现金
合计				—

实务练习题二

一、目的：熟悉会计科目的级次。

二、资料：长城公司现在采用的会计科目如下：

应交税费	主要材料	应付股利
原材料	甲产品	应付永安公司股利
应交所得税	库存商品	利润分配
辅助材料	生产成本	乙产品
应交增值税	提取法定盈余公积	提取任意盈余公积
钢材	汽油	应付职工薪酬

三、要求：根据上述资料列出总账科目及其所属的明细科目。

实务练习题三

一、目的：掌握借贷记账法下的账户结构及账户金额指标的计算。

二、资料：长城公司某年3月31日有关账户部分资料如下：

账户名称	期初余额		本期发生额		期末余额	
	借方	贷方	借方	贷方	借方	贷方
原材料	100 000		（ ）	80 000	40 000	
银行存款	（ ）		50 000	120 000	60 000	
库存现金	500		200	500	（ ）	
应付账款		14 500	（ ）	60 000		30 000
短期借款		50 000	72 000	（ ）		90 000
应收账款	26 300		2 700	（ ）	12 350	

三、要求：根据上述账户的有关数据计算每个账户的未知数据并填入括号内。

实务练习题四

一、目的：练习编制会计分录。

二、资料：长城公司某年8月发生以下经济业务：

1. 国家投入资金300 000元，存入公司账户。
2. 通过银行转账支付前欠大华厂购料款8 000元。
3. 从银行提取现金10 000元，准备发放工资。
4. 收到应收销售货物款项87 000元，存入银行。
5. 以银行存款30 000元归还短期借款。
6. 上级以投资方式投入新机器一台，价值78 000元。
7. 从银行借入临时周转款项100 000元，已存入公司账户。
8. 以资本公积150 000元转增实收资本。

三、要求：根据上述经济业务编制会计分录。

实务练习题五

一、目的：熟悉账户结构，掌握试算平衡方法。

二、资料：长城公司某年5月1日各总分类账账户余额如下（单位：元）：

库存现金	1 000	短期借款	190 000
银行存款	64 500	应付账款	78 000
应收账款	86 000	其他应付款	21 500
库存商品	140 000	应付职工薪酬	10 000
固定资产	600 000	实收资本	400 000
无形资产	8 000	资本公积	200 000

该公司5月份发生下列经济业务（不考虑相关税费）：

1. 从银行借入短期借款100 000元，存入银行存款账户。

2. 从银行存款中提取现金200元备用。

3. 购进甲材料10吨，每吨单价100元，货款以银行存款支付，材料已验收入库。

4. 以银行存款偿还前欠长江公司材料款50 000元。

5. 车间生产产品领用丙材料5吨，每吨成本400元。

6. 销售A产品25台，每台售价400元，收到货款并存入银行。

7. 购进乙材料100吨，每吨单价300元，货款尚未支付，材料已验收入库。

8. 销售A产品6台，每台售价400元，销货款尚未收到。

9. 以银行存款购进设备一台，价值50 000元。

10. 从银行存款中支付应计入管理费用的公司本月水电费1 250元。

11. 公司接受阳光集团追加的投资款100万元，存入银行。

12. 以银行存款20 000元归还银行短期借款。

三、要求：

1. 根据长城公司5月1日有关资料开设各有关账户并填入期初余额（用T形账户）。

2. 根据长城公司5月份的经济业务，编制会计分录并记入各有关账户。

3. 结算各账户的本期发生额和期末余额。

4. 编制长城公司5月份的总分类账户本期发生额及余额试算平衡表，进行试算平衡。

第四章 企业主要经济业务的核算

Chapter 4

学习目标

本章以制造企业经济业务核算为例，阐述上一章所学会计核算方法的实际应用。学习目的是通过实践提高应用会计核算方法的能力。本章要求学习者掌握制造企业主要经济业务核算设置的账户及其用途和结构，主要经济业务会计分录的编制，材料采购成本、产品生产成本的基本构成，正确区分成本和费用的概念，掌握利润总额的构成及其核算方法。

本章将以制造企业日常发生的主要经济业务为例，系统地说明借贷记账法的具体运用。由于制造企业的主要经营活动是组织产品的生产和销售，因而其主要经济业务包括以下几方面：(1) 资金筹集的业务，主要包括吸收投资者投入资金、从银行等金融机构取得借款等业务；(2) 资金在企业经营中周转的业务，主要包括生产准备、产品生产、产品销售及财务成果形成与分配等业务；(3) 资金退出企业的业务，主要包括偿还各项债务、上交各项税费、向投资者分配利润等业务。

第一节 资金筹集业务的会计处理

企业筹集资金的渠道是多种多样的，主要有以下两种方式：一是吸收投资；二是取得借款。企业通过发行股票或签订投资协议等形式吸收投资所获得的资金，通常称为实收资本（或股本），其所有权归属于企业的投资者，它属于企业的所有者权益；企业通过向银行借款或发行债券等形式所获得的资金，体现了企业和债权人之间的债权与债务关系，它属于企业的负债。从不同渠道筹集到的资金在会计上的处理也略有不同。资金筹集业务的核算程序如图 4－1 所示。

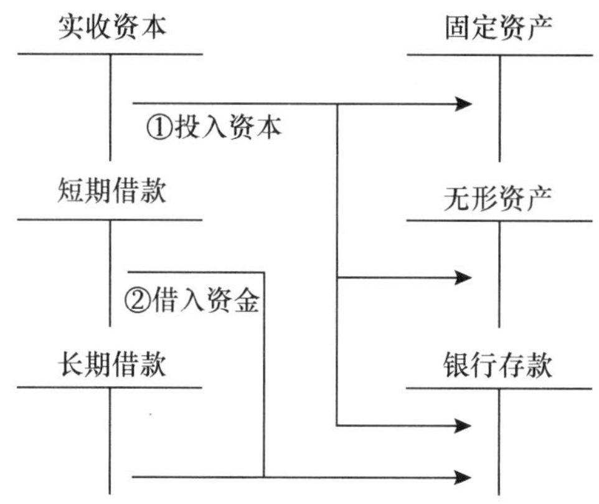

图 4－1 资金筹集业务的核算程序

一、实收资本的会计处理

企业接受投资者作为资本投入的资金，对于企业而言，称为实收资本；对于投资者而言，称为投入资本。二者在数量上相等，性质一样，只是角度不同。因此，企业的实收资本也常称为投入资本。企业接受投资者投入的资本，按照投资主体（即由谁投资）的不同，可分为国家投入资本、法人投入资本、个人投入资本和外商投入资本等；按投入资产的形态（即投入的是什么）可分为货币资金投资、实物资产投资和无形资产投资等。

（一）账户设置

为了核算和监督企业实收资本的增减变动情况及其结果，应设置“实收资本”账户，它属于所有者权益类账户。该账户的贷方反映企业实际收到投资者作为资本投入的资金数额，借方反映实收资本的减少额，期末余额在贷方，表示企业期末实有的资本数额（即期末投资者的实际投资数额）。该账户应按投资者的名称设置明细账，进行明细分类核算。对于股份有限公司，应将“实收资本”账户改为“股本”账户。

除上述账户外，企业还应按照投入资本的形态和用途分别设置“库存现金”“银行存款”“固定资产”“无形资产”等资产类账户。

（二）会计处理

1. 接受货币资金投资。企业接受投资者以现金投入的资本，应以实际收到或者存入企业开户银行的金额，借记“银行存款”账户，贷记“实收资本”账户。

【例 4－1】 永安企业于××年 12 月 1 日收到甲公司作为资本投入的资金 700 000 元和乙公司作为资本投入的资金 1 000 000 元，款项已存入银行。

分析：这项经济业务的发生，一方面使企业的资产增加了 1 700 000 元，应记入“银行存款”账户的借方；另一方面使企业的投资者甲公司和乙公司的权益分别增加了700 000元和1 000 000元，应记入“实收资本”账户的贷方。应编制如下会计分录：

借：银行存款　　1 700 000

　贷：实收资本——甲公司　　700 000

　　　　　　——乙公司　　1 000 000

2. 接受实物资产投资。企业收到投资者的实物资产投资，如原材料、固定资产等，应按投资各方确认的价值，借记“原材料”“固定资产”等账户，贷记“实收资本”账户。

【例4-2】 永安企业于××年12月2日收到丙公司作为资本投入的房屋一栋和设备一台，确认的价值分别为800 000元和200 000元，共计1 000 000元。

分析：这项经济业务的发生，一方面使企业的资产增加了1 000 000元，应记入“固定资产”账户的借方；另一方面使企业的投资者丙公司的权益增加了1 000 000元，应记入“实收资本”账户的贷方。应编制如下会计分录：

借：固定资产　　1 000 000

　贷：实收资本——丙公司　　1 000 000

3. 接受无形资产投资。企业接受投资者投入的专利权、非专利技术、商标权等无形资产，应按投资各方确认的价值，借记“无形资产”账户，贷记“实收资本”账户。

【例4-3】 永安企业于××年12月3日收到甲公司作为资本投入的一项专利权，确认的价值为300 000元。

分析：这项经济业务的发生，一方面使企业的资产（专利权）增加了300 000元，应记入“无形资产”账户的借方；另一方面使企业的投资者甲公司的权益增加了300 000元，应记入“实收资本”账户的贷方。应编制如下会计分录：

借：无形资产　　300 000

　贷：实收资本——甲公司　　300 000

二、银行借款的会计处理

利用银行借款是企业筹集资金的重要方式。银行借款是企业根据与银行或其他金融机构签订的借款合同向银行或其他金融机构借入的约定在一定期限内还本付息的款项。根据借款偿还期的不同，可将银行借款分为短期借款和长期借款两大类。

（一）账户设置

为了核算和监督银行借款的取得和归还情况，企业应设置“短期借款”账户和“长期借款”账户，它们都属于负债类账户。

1.“短期借款”账户。该账户用来反映企业向银行或其他金融机构借入的期限在一年以下（含一年）的各种借款。短期借款一般是企业为维持正常的生产经营所需资金而借入的，或者是为抵偿某项债务而借入的，它形成企业的流动负债。企业取得短期借款，应记入“短期借款”账户的贷方；偿还短期借款，应记入“短期借款”账户的借方；“短期借款”账户的期末余额在贷方，表示企业期末尚未偿还的短期借款本金。该账户应按债权人设置明细账，并按借款种类进行明细分类核算。

2. “长期借款”账户。该账户用来反映向银行或其他金融机构借入的期限在一年以上（不含一年）的各种借款。长期借款一般是企业为购建固定资产、扩大再生产规模或研究开发新技术等所需资金而借入的，它形成企业的长期负债。企业取得长期借款，应记入“长期借款”账户的贷方；偿还长期借款，应记入“长期借款”账户的借方；“长期借款”账户的期末余额在贷方，表示企业期末尚未偿还的长期借款本息。该账户应按债权人设置明细账，并按借款种类进行明细分类核算。

（二）会计处理

1. 短期借款取得的会计处理。

【例 4－4】 永安企业于××年 12 月 10 日向银行借入期限为 3 个月、年利率为 6%的借款 100 000 元，所得款项存入银行存款账户。

分析：这项经济业务的发生，一方面使企业的资产增加了 100 000 元，应记入“银行存款”账户的借方；另一方面使企业的债务增加了 100 000 元，应记入“短期借款”账户的贷方。应编制如下会计分录：

借：银行存款　　100 000
　贷：短期借款　　100 000

2. 长期借款取得的会计处理。

【例 4－5】 永安企业于××年 12 月 11 日与银行签订的借款协议中规定：借款本金为 800 000 元，期限为 5 年，年利率为 10%，按年支付利息。当日银行已将全部款项划入企业存款账户。

分析：这项经济业务的发生，一方面使企业的资产增加了 800 000 元，应记入“银行存款”账户的借方；另一方面使企业的债务增加了 800 000 元，应记入“长期借款”账户的贷方。应编制如下会计分录：

借：银行存款　　800 000
　贷：长期借款　　800 000

第二节　生产准备业务的会计处理

企业通过一定的渠道依法筹集到所需资金后，应立即开展生产经营活动，着手进行产品的生产。在生产产品之前，必须为生产做好准备，这些准备工作包括建造厂房、建筑物，购置机器设备，购入原材料等。因此，企业生产准备业务的主要内容包括固定资产的购置业务和材料的采购业务两方面。

一、固定资产购置业务的会计处理

固定资产一般是指使用年限较长，单位价值较高，并且在使用过程中保持原有实物形态的资产，包括房屋、建筑物、机器设备、运输工具以及其他与生产经营有关的设备、器具、工具等。固定资产应按取得时的实际成本（即原始价值）作为入账价值，取得时的实际成本包括买价、进口关税、运输费和保险费等相关费用，以及使固定资产达到预定可使用状态之前所发生的必要支出（如安装费、调试费等）。

（一）账户设置

为了核算和监督固定资产的增减变动情况以及变动后的结果，企业应设置下列账户。

1.“固定资产”账户。它属于资产类账户。该账户的借方登记增加的固定资产的原始价值，贷方登记减少的固定资产的原始价值，期末余额在借方，表示企业期末现有固定资产的账面原始价值。该账户应按固定资产的种类设置明细账，进行明细分类核算。

2.“应交税费——应交增值税”账户。该账户用来核算企业按照税法等规定应缴纳的增值税，属于负债类账户。增值税是国家税务部门就企业的货物或劳务的增值部分征收的一种税。《中华人民共和国增值税暂行条例》将纳税人按其经营规模大小以及会计核算是否健全划分为一般纳税人和小规模纳税人。一般纳税人增值税的计算采用抵扣的方式，即应纳增值税额＝当期销项税额－当期进项税额。企业购买固定资产、材料等时可抵扣的增值税称为进项税额，记入该账户的借方；企业销售商品时在专用发票上注明的增值税称为销项税额，记入该账户的贷方；期末余额如果在贷方，表示企业应交而未交的增值税；期末余额如果在借方，则表示企业本期尚未抵扣的增值税。

（二）会计处理

企业购入的固定资产，有的不需要安装即可投入生产使用，有的则需要经过安装调试后才能交付使用。如果购入的是需要安装的固定资产，则应将该固定资产在达到预定可使用状态之前所发生的除增值税进项税额外的一切支出，先全部记入“在建工程”账户借方；待安装完毕交付使用时，再将已记入“在建工程”账户借方的金额作为固定资产的原始价值从其贷方转入“固定资产”账户的借方。因此，固定资产购入的核算应区分以下两种情况。

1. 购入不需要安装的固定资产。

【例4－6】 ××年12月14日，永安企业购入一台不需要安装的设备，买价300 000元，增值税税额39 000元，运杂费和包装费19 000元，全部款项以转账支票支付。该设备已运达企业并投入使用。

分析：这项经济业务的发生，一方面使企业的固定资产增加了 319 000 元（300 000＋19 000），应记入“固定资产”账户的借方，同时产生了增值税的进项税额支出 39 000 元，应记入“应交税费——应交增值税（进项税额）”账户的借方；另一方面使企业的银行存款减少了 358 000 元，应记入“银行存款”账户的贷方。应编制如下会计分录：

借：固定资产　319 000
　　应交税费——应交增值税（进项税额）　39 000
　贷：银行存款　358 000

2. 购入需要安装的固定资产。假定上例中的设备运回后需要安装才能使用，且用银行存款支付的安装调试费为 30 000 元，则该设备在达到预定可使用状态前的支出共计 388 000 元（358 000＋30 000）。所以，企业应编制如下会计分录：

（1）购入时。

借：在建工程　319 000
　　应交税费——应交增值税（进项税额）　39 000
　贷：银行存款　358 000

（2）以银行存款支付安装调试费时。

借：在建工程　30 000
　贷：银行存款　30 000

（3）安装完毕交付使用时，应将 349 000 元作为固定资产的原始价值从“在建工程”账户的贷方转入“固定资产”账户的借方。

借：固定资产　349 000
　贷：在建工程　349 000

二、材料采购业务的会计处理

材料是生产产品不可缺少的物质要素。在生产过程中，生产者利用其先进的生产技术，借助机器设备和厂房，对材料进行加工并改变其原来的实物形态，从而生产出社会需要的产品。因此，企业应组织好材料的采购工作，既要保证能够及时按质按量地满足生产的需要，又要避免储备过多，形成不必要的资金占用。

（一）材料采购业务会计处理的主要内容

在材料的采购过程中，一方面是企业购入各种材料并运回企业验收入库，另一方面是企业要为所购材料支付各种费用，并与供应商发生货款的结算关系。因此，材料采购业务会计处理的主要内容包括计算材料的采购成本、与供应商的货款结算和材料的验收入库三方面。

1. 计算材料的采购成本。材料的采购成本由买价和采购费用组成。买价是指企业采购材料时，按发票价格支付的货款。采购费用是指企业在采购材料过程中支付的各项费用，包括材料的运输费、装卸费、保险费、包装费、仓储费、运输途中的合理损耗以及入库前的挑选整理费等。但在实际会计工作中，为了简化核算，常把某些本应计入材料采购成本的采购费用，如采购人员的差旅费、市内采购材料的运输费、专设采购机构的经费等，列作管理费用支出。在计算材料采购成本时，凡能分清是为采购哪种材料所支付的费用，应直接计入该种材料的采购成本；凡不能分清的，如为运输多种材料所支付的运输费等，应采用合理的分配标准（如按各种材料的重量比例或价格比例等），分配计入各种材料的采购成本。

2. 与供应商的货款结算。企业采购材料后，与供应商之间的货款结算是必不可少的一项活动。货款结算的方式是多种多样的，常见的方式有以下几种：

(1) 现款交易，即钱货两清。此种方式表现为企业购入材料后，即以现金或银行存款支付货款。

(2) 票据结算。即企业购入材料后，以银行汇票、本票、支票等票据支付货款。

(3) 赊购。即企业购入材料后，货款暂欠。

3. 材料的验收入库。企业所购材料运回后，应根据事先签订的购销合同进行验收，如符合合同要求，则应将材料放入仓库中储存保管。同时还应确认入库材料的价值，并在账面上予以反映。对于已验收入库的材料，其采购成本可以在平时的每一批材料入库时进行结转，也可以平时不结转而在月末时将本月所有的已入库材料的采购成本一次性结转，这样可以简化会计核算手续。

（二）账户设置

为了核算和监督企业材料采购过程中经济业务的发生和完成情况，应设置下列账户。

1. “材料采购”账户。该账户用来反映材料的实际采购成本，属于资产类账户。该账户的借方反映所购材料的实际采购成本，即不论材料是否运达企业，是否验收入库，其采购成本都要记入该账户的借方；贷方登记已验收入库材料的实际采购成本；期末该账户可能有余额，也可能没有余额。如果有余额，则期末余额在借方，表示已结算货款但尚未运达企业或虽已运达企业但尚未办理验收入库手续的在途材料的实际采购成本。该账户应按材料品种设置明细账，进行明细分类核算。

2. “原材料”账户。该账户用来反映和监督企业库存材料增减变动和结存情况，属于资产类账户。该账户的借方登记已验收入库材料的实际成本；贷方登记发出材料的实际成本；期末余额在借方，表示期末结存材料的实际成本。该账户应按材料的保管地点、类别、品种和规格设置明细账，进行明细分类核算。

3. “应付票据”账户。该账户用来核算企业为购买材料、商品或接受劳务供应等而开出并承兑的商业汇票（包括银行承兑汇票和商业承兑汇票），属于负债类账户。商业汇票实际上是企业延期付款的一种证明。企业开出承兑的商业汇票时，应按其面值记入该账户的贷方；商业汇票到期偿还票款时，记入该账户的借方；期末余额在贷方，表示企业尚未到期的应付票据。企业应当设置“应付票据备查簿”，详细登记每一应付票据的种类、号数、签发日期、到期日、票面金额、票面利率、交易合同号、收款人以及付款日期和金额等资料。

4.“应付账款”账户。该账户用来核算企业因购买材料、商品或接受劳务供应等而应付给供应单位的款项，属于负债类账户。该账户的贷方登记应付给供应单位的款项（包括买价、增值税、供应单位代垫的运杂费等）；借方登记已向供应单位偿还的款项；期末余额在贷方，表示企业尚未归还的应付账款。该账户应按供应单位的名称设置明细账，进行明细分类核算。

（三）会计处理

【例 4－7】　××年 12 月 15 日，永安企业从大华工厂购入 A 材料 1 000 千克，并收到大华工厂开出的增值税专用发票，发票上注明：价款 20 000 元，增值税税率为 13%，增值税税额为 2 600 元，合计 22 600 元；购入材料的运杂费 2 000 元。上述款项共计 24 600 元，以转账支票支付，材料已运达企业并验收入库。

分析：这项经济业务的发生，一方面使企业的材料采购支出增加了 22 000 元（其中买价 20 000 元，运杂费 2 000 元），应作为材料采购成本记入“材料采购”账户的借方，同时产生了增值税的进项税额支出 2 600 元，应记入“应交税费——应交增值税（进项税额）”账户的借方；另一方面使企业的银行存款减少了 24 600 元，应记入“银行存款”账户的贷方。应编制如下会计分录：

借：材料采购——A 材料　　22 000
　　应交税费——应交增值税（进项税额）　　2 600
　贷：银行存款　　24 600

【例 4－8】　××年 12 月 16 日，永安企业分别从新华公司和红星公司购入 B 材料共 600 千克。其中从新华公司购入 100 千克，价款 10 000 元，增值税税额 1 300 元；从红星公司购入 500 千克，价款 50 000 元，增值税税额 6 500 元。全部款项共计 67 800 元，尚未支付。材料已运达企业并验收入库。

分析：这项经济业务的发生，一方面使企业的材料采购支出增加了 60 000 元，应作为材料采购成本记入“材料采购”账户的借方，同时产生了增值税的进项税额支出 7 800 元，应记入“应交税费——应交增值税（进项税额）”账户的借方；另一方面因购料款项未付而使企业的负债（应付供应商的款项）增加了 67 800 元，应记入“应付账款”账户的贷方。应编制如下会计分录：

借：材料采购——B 材料　　60 000
　　应交税费——应交增值税（进项税额）　　7 800
　贷：应付账款——新华公司　　11 300
　　　　　　　——红星公司　　56 500

【例 4－9】　××年 12 月 17 日，永安企业从前进工厂购入 A，C 两种材料，前进工厂代垫材料的运杂费 3 600 元。全部款项共计 82 700 元，永安企业以开出并承兑的商业汇票支付，两种材料均未到达企业（材料的运杂费按材料的重量比例分配计入各材料成本）。A，C 两种材料的买价和增值税税额见表 4－1。

表4-1

材料	数量（千克）	金额（元）	税款（元）	合计（元）
A	2 000	30 000	3 900	33 900
C	4 000	40 000	5 200	45 200
总计		70 000	9 100	79 100

分析：企业购入A，C两种材料时发生了共同的运杂费3 600元，不能直接确认该计入哪种材料的采购成本，因此应进行分配，分配标准为材料的重量比例。所以

费用分配率＝运杂费÷材料重量总额

＝3 600÷(2 000＋4 000)＝0.6(元/千克)

A材料应分配的运杂费＝A材料的重量×费用分配率

＝2 000×0.6＝1 200(元)

C材料应分配的运杂费＝3 600－1 200＝2 400(元)

由以上计算可知，A材料的采购成本为31 200元（其中，买价30 000元，运杂费1 200元）；C材料的采购成本为42 400元（其中，买价40 000元，运杂费2 400元）。这项经济业务的发生，一方面使企业的材料采购支出增加了73 600元，应作为材料采购成本记入“材料采购”账户的借方，产生增值税进项税额支出9 100元，应记入“应交税费——应交增值税（进项税额）”账户的借方；另一方面使企业的负债增加了82 700元，应记入“应付票据”账户的贷方。应编制如下会计分录：

借：材料采购——A材料　　31 200

　　　　　——C材料　　42 400

　　应交税费——应交增值税（进项税额）　　9 100

　贷：应付票据　　82 700

【例4-10】 ××年12月29日，永安企业开出转账支票一张，偿还所欠华美公司的购料款46 400元。

分析：这项经济业务的发生，一方面企业因开出转账支票而使银行存款减少了46 400元，应记入“银行存款”账户的贷方；另一方面使企业的债务（所欠货款）减少了46 400元，应记入“应付账款”账户的借方。应编制如下会计分录：

借：应付账款——华美公司　　46 400

　贷：银行存款　　46 400

【例4-11】 ××年12月31日，永安企业计算并结转本月已验收入库材料的实际采购成本。

分析：本月采购材料共3次，其中已验收入库的有2次：12月15日购入的A材料，成本22 000元；12月16日购入的B材料，成本60 000元。入库的材料共增加了82 000元，应记入“原材料”账户的借方；入库材料采购成本的结转，应记入“材料采购”账户的贷方。应编制如下会计分录：

借：原材料——A 材料　　22 000
　　　　　——B 材料　　60 000
　贷：材料采购——A 材料　　22 000
　　　　　　　——B 材料　　60 000

月末将入库材料的采购成本结转之后，我们可以发现，“材料采购”账户在月末出现了借方余额 73 600 元，表示企业在途材料的实际成本，即在 12 月 17 日购入但月末尚未运达企业的 A，C 两种材料的采购成本。

生产准备业务的核算程序如图 4－2 所示。

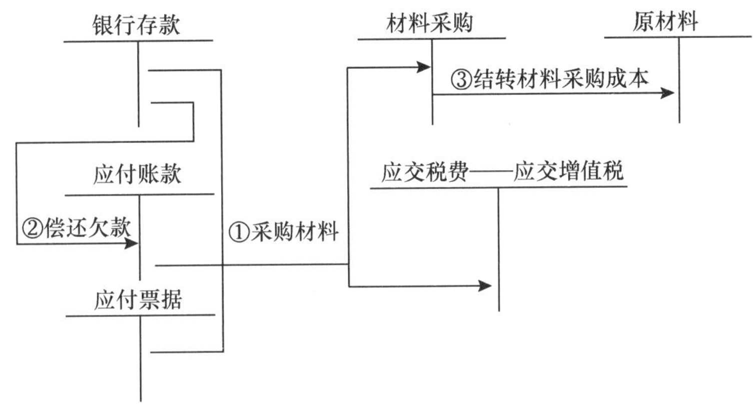

图 4－2　生产准备业务的核算程序

第三节　产品生产业务的会计处理

制造企业的主要经营活动就是生产出符合市场需求的产品，然后将其销售以便获得收益。在产品的生产过程中，会发生各种各样的耗费，这些耗费都是为产品的生产而发生的，因此称为生产费用。它主要包括：直接材料费用、直接人工费用和制造费用。这些费用构成了产品的生产成本，所以，在产品生产过程中生产费用的发生、归集和分配，以及产品成本的形成，便是产品生产业务会计处理的主要内容。

一、直接材料费用归集和分配的会计处理

直接材料，是指直接用于产品生产，构成产品实体的原料、主要材料，以及有助于产品形成的辅助材料。原材料一旦被产品的生产耗用，其价值就一次性地转移到产品中去，并构成产品成本的一个组成部分。一般而言，凡属于某种产品单独耗用的直接材料，其价值应直接归集到该产品的成本中；凡属于几种产品共同耗用的直接材料，则应采用适当的分配方法将其价值分配计入各产品的成本中。

（一）账户设置

为了正确核算企业产品的生产成本，应设置“生产成本”账户。该账户用来归集和分配企业在产品生产过程中发生的各项费用，并正确计算产品的生产成本，属于成本类账户。该账户的借方登记生产过程中发生的各项费用，包括直接材料费用、直接人工费用和经过分配计入产品生产成本的制造费用；贷方登记完工产品的生产成本；期末该账户如果有余额，则余额在借方，表示企业尚未完工产品（即在产品）的生产成本。该账户应按产品名称设置明细账，进行明细分类核算。

（二）会计处理

【例4-12】 ××年12月31日，经汇总计算，永安企业本月生产领用材料共计70 000元，其中：1 000千克的A材料20 000元全部用于01产品的生产，500千克的B材料50 000元全部用于02产品的生产。

分析：这项经济业务的发生，一方面使企业的材料费用支出增加了70 000元，其中直接用于01产品生产的A材料20 000元，应作为生产成本直接记入“生产成本——01产品”账户的借方，直接用于02产品生产的B材料50 000元，应作为生产成本直接记入“生产成本——02产品”账户的借方；另一方面使企业的库存材料减少了70 000元，应记入“原材料”账户的贷方。应编制如下会计分录：

借：生产成本——01产品	20 000	
——02产品	50 000	
贷：原材料——A材料		20 000
——B材料		50 000

二、直接人工费用归集和分配的会计处理

直接人工费用，是指直接参加产品生产的工人工资以及其他职工薪酬。由于生产工人直接从事产品的生产，因此企业付给他们的各种劳动报酬都是产品成本的组成部分。同样，单独生产某一产品的生产工人的人工成本，应直接归集到该产品的成本中；同时生产多种产品的生产工人的人工成本，则应采用适当的分配方法进行分配后再计入各产品的成本中。

（一）账户设置

企业应设置“应付职工薪酬”账户核算企业根据有关规定应付给职工的各种薪酬。该账户的贷方登记已分配计入有关成本费用项目的职工薪酬的数额，借方登记实际发放职工薪酬的数额，期末余额在贷方，反映企业应付未付的职工薪酬。“应付职工薪酬”账户应按照“工资”“职工福利”“社会保险费”等项目设置明细账，进行明细分类核算。

（二）会计处理

【例4-13】　××年12月31日，经结算，永安企业本月应付生产工人工资34 200元，其中，生产01产品工人工资11 400元，生产02产品工人工资22 800元。

分析：这项经济业务的发生，一方面使企业本月应负担的工资费用增加了34 200元，这些工资费用应计入企业当期的成本或费用，其中，生产01产品工人工资11 400元，应直接记入“生产成本——01产品”账户的借方，生产02产品工人工资22 800元，应直接记入“生产成本——02产品”账户的借方；另一方面使企业的债务（应付职工的工资）增加了34 200元，应记入“应付职工薪酬”账户的贷方。应编制如下会计分录：

借：生产成本——01产品	11 400	
——02产品	22 800	
贷：应付职工薪酬		34 200

【例4-14】　××年12月31日，永安企业从银行提取现金47 000元，并于当日发放职工工资。

分析：该项经济业务包括两方面的内容：一是从银行提取现金；二是用现金发放工资。从银行提取现金时，一方面使企业的库存现金增加了47 000元，应记入“库存现金”账户的借方；另一方面使企业的银行存款减少了47 000元，应记入“银行存款”账户的贷方。同时，以库存现金发放工资时，一方面使企业的资产减少了47 000元，应记入“库存现金”账户的贷方；另一方面使企业的债务减少了47 000元，应记入“应付职工薪酬”账户的借方。应编制如下会计分录：

（1）提取现金。

借：库存现金	47 000	
贷：银行存款		47 000

（2）发放工资。

借：应付职工薪酬	47 000	
贷：库存现金		47 000

【例4-15】　××年12月31日，永安企业以库存现金支付某职工生活困难补助费1 000元。

分析：这项经济业务的发生，一方面使企业的资产减少了1 000元，应记入“库存现金”账户的贷方；另一方面企业因实现对职工在福利待遇方面的承诺而使其债务减少了1 000元，应记入“应付职工薪酬”账户的借方。应编制如下会计分录：

借：应付职工薪酬	1 000	
贷：库存现金		1 000

三、制造费用归集和分配的会计处理

制造费用即间接费用，是指应计入企业产品生产成本，但其发生时不能直接计入某一产品生产成本的有关费用。一般情况下，这些费用需要进行汇总，再用一定的方法在各种产品之间进行分配，然后才能计入相关产品的成本。制造费用与直接材料费用和直接人工费用的区别在于，制造费用不像直接材料费用和直接人工费用那样，在发生时直接计入各产品的成本，需要采用适当的分配方法进行分配后才能计入各产品的成本。也就是说，制造费用是间接计入产品生产成本的。

（一）账户设置

1.“制造费用”账户。该账户用来核算企业生产车间为生产产品而发生的各项间接费用，包括职工薪酬、折旧费、修理费、办公费、水电费、机物料消耗、劳动保护费、季节性和修理期间的停工损失等，但不包括企业行政管理部门为组织和管理生产经营活动而发生的费用。它是成本类账户。该账户的借方登记实际发生的各项制造费用，贷方登记经过分配而转入“生产成本”账户的制造费用，期末结转后一般无余额。该账户应按不同的车间部门设置明细账，进行明细分类核算。

2.“累计折旧”账户。该账户用来核算企业的固定资产累计折旧的情况，属于资产类账户，同时又是固定资产的备抵账户。固定资产在较长的使用期内仍保持原有的实物形态，但其价值却随着使用中发生的损耗而逐渐减少。固定资产这种因损耗而减少的价值，就是固定资产的折旧。必须指出的是，固定资产因折旧而减少的价值，并不能直接记入“固定资产”账户的贷方。这是因为固定资产能多次使用且不改变其原有的形态，为了体现固定资产的这一特点，“固定资产”账户的借方、贷方是按照固定资产的原始价值来反映其增减变动情况的。那么对于固定资产因折旧而减少的价值，就必须单设一个账户来反映，即“累计折旧”账户。该账户的贷方登记企业每期期末计提的固定资产折旧，借方登记固定资产折旧的减少或注销，期末余额在贷方，表示现有的固定资产已提取的累计折旧额。将“固定资产”账户的期末借方余额减去“累计折旧”账户的期末贷方余额，即可求得期末固定资产的净值。

（二）会计处理

【例4-16】 ××年12月31日，永安企业以银行存款支付车间办公费500元、水电费600元、劳动保险费800元，共计1 900元。

分析：这项经济业务的发生，一方面使企业的制造费用增加了1 900元，应记入“制造费用”账户的借方；另一方面使企业的银行存款减少了1 900元，应记入“银行存款”账户的贷方。应编制如下会计分录：

借：制造费用　　1 900

　　贷：银行存款　　1 900

【例4-17】 ××年12月31日，永安企业车间管理耗用仓库C材料310千克，价值3 100元。

分析：这项经济业务的发生，一方面使企业车间的材料消耗增加了3 100元，应记入“制造费用”账户的借方；另一方面使企业库存的材料减少了3 100元，应记入“原材料”账户的贷方。应编制如下会计分录：

借：制造费用　　3 100

　贷：原材料——C 材料　　3 100

【例 4-18】　永安企业生产车间租入机器设备一台，租期半年，每月租金 1 700 元。按合同规定，租金按月支付。××年 12 月 31 日，企业以银行存款支付应由本月负担的机器设备租金 1 700 元。

分析：这项经济业务的发生，一方面使企业的生产车间本月因使用租入设备负担租金费用 1 700 元，应记入“制造费用”账户的借方；另一方面根据合同规定，企业本月支付租金 1 700 元，应记入“银行存款”账户的贷方。应编制如下会计分录：

借：制造费用　　1 700

　贷：银行存款　　1 700

【例 4-19】　××年 12 月 31 日，永安企业以银行存款支付应由本月负担的车间保险费 1 100 元。

分析：这项经济业务的发生，一方面使企业本期应负担的车间保险费增加了 1 100 元，应记入“制造费用”账户的借方；另一方面使企业的银行存款减少了 1 100 元，应记入“银行存款”账户的贷方。应编制如下会计分录：

借：制造费用　　1 100

　贷：银行存款　　1 100

【例 4-20】　××年 12 月 31 日，经计算，永安企业本期应付车间管理人员工资共计 5 000 元。

分析：这项经济业务的发生，一方面使企业本期应负担的车间管理人员工资费用增加了 5 000 元，应记入“制造费用”账户的借方；另一方面使企业的债务（应付职工薪酬）增加了 5 000 元，应记入“应付职工薪酬”账户的贷方。应编制如下会计分录：

借：制造费用　　5 000

　贷：应付职工薪酬　　5 000

【例 4-21】　××年 12 月 31 日，永安企业计提本期车间使用的房屋、机器设备等固定资产的折旧 8 000 元。

分析：这项经济业务的发生，一方面使企业的当期制造费用增加了 8 000 元。从本质上讲，折旧是一种费用，它是固定资产价值发生转移的一种形式。因此，折旧费应计入各期产品的成本和当期的期间费用，从而使固定资产损耗的价值从相应的收入中获得补偿。所以，车间发生的固定资产折旧费应记入“制造费用”账户的借方。另一方面表明企业本月固定资产在使用过程中发生损耗 8 000 元，从而使固定资产价值减少，即折旧增加了 8 000 元，应记入“累计折旧”账户的贷方。应编制如下会计分录：

借：制造费用　　8 000

　贷：累计折旧　　8 000

【例4-22】 ××年12月31日，永安企业汇总本期制造费用20 800元，其中01产品应负担制造费用8 500元，02产品应负担制造费用12 300元。

分析：这项经济业务的发生，一方面使企业产品的成本增加了20 800元，应记入“生产成本”账户的借方；另一方面使企业的制造费用因分配结转而减少了20 800元，应记入“制造费用”账户的贷方。应编制如下会计分录：

借：生产成本——01产品	8 500	
——02产品	12 300	
贷：制造费用		20 800

四、完工产品入库的会计处理

按照产品品种来计算产品的生产成本，一般是在期末进行的。期末，企业生产的某一产品可能会全部完工，也可能只是部分完工，还有可能是全部未完工。完工产品称为产成品，未完工产品称为在产品。如果期末某种产品全部完工，那么本期为该产品归集的生产费用总额即该完工产品的总成本，再除以该产品的总产量即可计算该产品的单位成本；如果期末某种产品全部未完工，那么本期为该产品归集的生产费用总额即该产品的期末在产品总成本；如果期末某种产品出现部分完工、部分未完工的情况，那么本期为该产品归集的生产费用总额应采用适当的分配方法在完工产品和在产品之间进行分配，然后才能计算出完工产品的总成本和单位成本。

（一）账户设置

为了反映和监督企业产成品的增减变动和结存情况，应设置“库存商品”账户，它属于资产类账户。该账户的借方登记已完工并验收入库的产成品的实际成本，贷方登记出库产品的实际成本，期末余额在借方，表示企业库存产品的实际成本。该账户应按产成品的品种和规格设置明细账，进行明细分类核算。

（二）会计处理

【例4-23】 沿用例4-12、例4-13、例4-22的资料。××年12月31日，永安企业本期投产的01产品和02产品全部完工并验收入库，结转其实际成本。

分析：企业本期生产的01产品的总生产成本为39 900元（其中，直接材料费用20 000元，直接人工费用11 400元，制造费用8 500元），因其全部完工验收入库，所以库存的01产品的价值也为39 900元；企业本期生产的02产品的总生产成本为85 100元（其中，直接材料费用50 000元，直接人工费用22 800元，制造费用12 300元），因其全部完工验收入库，所以库存的02产品的价值也为85 100元。完工产品验收入库时，一方面应记入“库存商品”账户的借方，另一方面应记入“生产成本”账户的贷方。应编制如下会计分录：

借：库存商品——01 产品　　39 900
　　　　　　——02 产品　　85 100
　贷：生产成本——01 产品　　39 900
　　　　　　——02 产品　　85 100

假定企业的 01 产品在期末全部未完工，则形成企业的期末在产品，其实际成本为 39 900 元，即“生产成本”账户应出现期末借方余额 39 900 元。因此，企业在期末只需结转已完工验收入库的 02 产品的总生产成本 85 100 元即可，会计分录为：

借：库存商品——02 产品　　85 100
　贷：生产成本——02 产品　　85 100

产品生产业务的核算程序如图 4－3 所示。

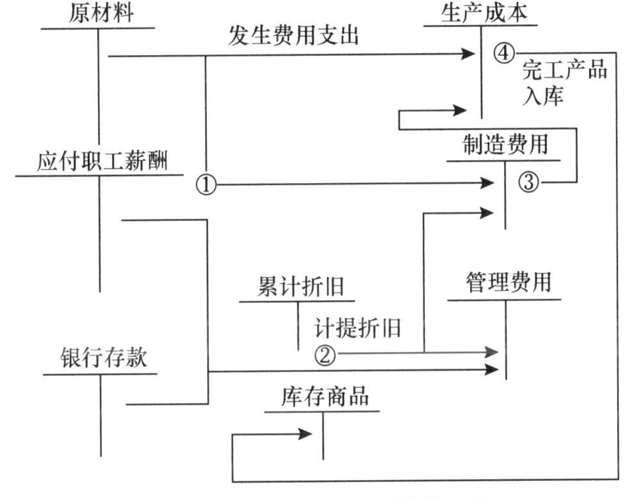

图 4－3　产品生产业务的核算程序

第四节　商品销售业务的会计处理

销售是企业商品价值和经营成果的实现过程，企业只有将生产出来的产品通过销售提供给购货方，才能为企业的持续经营和再生产规模的扩大提供物质保障，因此，企业需加强和重视销售业务的管理组织工作和会计核算。

一、销售业务会计处理的主要内容

追求利润最大化是企业开展生产经营活动的主要目标，而收入是利润的来源，没有收入就谈不上盈利。企业通过商品的销售获取收入，在补偿为此发生的支出后便能获得一定的利润。因此，在商品销售过程中，企业确认商品销售收入的实现，与购货方办理款项结算并收回货款，结转商品销售成本，支付商品销售费用，计算和缴纳商品销售税费，最后确定销售利润等事宜，便构成了销售业务会计处理的主要内容。

（一）商品销售收入的确认

商品销售收入只有同时满足下列条件，才能予以确认：

1. 企业已将商品所有权上的主要风险和报酬转移给购货方。与商品所有权有关的风险，是指商品可能发生减值或毁损等形成的损失；与商品所有权有关的报酬，是指商品价值增值或通过使用商品等形成的经济利益。企业已将商品所有权上的主要风险和报酬转移给购货方，构成确认商品销售收入的重要条件。

2. 企业既没有保留通常与所有权相联系的继续管理权，也没有对售出的商品实施有效控制。通常情况下，企业售出商品后不再保留与商品所有权相联系的继续管理权，也不再对售出商品实施有效控制，商品所有权上的主要风险和报酬已经转移给购货方，应在发出商品时确认收入，否则不应确认收入，如售后租回业务。

3. 相关的经济利益很可能流入企业。在销售商品的交易中，相关的经济利益很可能流入企业，是指销售商品价款收回的可能性大于不能收回的可能性，即销售商品价款收回的可能性大于50%。企业在销售商品时，如果估计销售价款收回的可能性不大，即使收入确认的其他条件均已满足，也不应当确认收入。

4. 收入的金额能够可靠地计量。收入金额能否合理地估计是确认收入的基本前提，如果收入的金额不能合理地估计，就无法确认收入。

5. 相关的已发生或将发生的成本能够可靠地计量。相关的已发生或将发生的成本能够可靠地计量，是指与销售商品有关的已发生或将发生的成本能够合理地估计，如库存商品成本、运输费用等。企业应在确认收入的同时或同一会计期间结转相关的成本。若成本不能可靠地计量，相关的收入就不能确认。

（二）与购货方的款项结算

企业将商品销售给购货方，应及时办理款项的结算并收回货款。货款结算的方式多种多样，常见的方式有以下几种：

（1）现款交易，即钱货两清。此种方式表现为企业销售商品后，马上收到购货方支付的现款。

（2）票据结算。即企业销售商品后，收到购货方提交的用以结算货款的商业票据（如汇票、本票、支票）。

（3）赊销。即企业销售商品后，货款暂未收到。

（三）商品销售成本、费用的确认

根据会计核算的配比原则，一个会计期间的商品销售收入与其相关的成本和费用，应当在同一会计期间进行确认、计量和记录。商品的销售成本、销售过程中发生的费用和税金支出都是企业为获取销售收入而必须付出的代价，因此这些支出必须从销售收入中获得补偿，并在销售收入确认的会计期间同时予以确认。企业只有正确地核算商品的销售成本、销售费用以及销售税金，并将它们与销售收入相配比，才能合理地计算出当期销售利润，为企业的生产经营决策提供必要的信息。

二、商品销售收入的会计处理

（一）账户设置

企业为了核算和监督销售商品和提供劳务所发生的收入，以及因销售商品而与购买单位之间发生的货款结算业务，应设置下列账户。

1. “主营业务收入”账户。该账户用来核算企业在销售商品、提供劳务以及让渡资产使用权等日常活动中产生的收入，属于损益类账户。制造业的主营业务收入就是指产品的销售收入。该账户的贷方登记企业实现的产品销售收入，借方登记需冲减的产品销售收入和期末转入“本年利润”账户的产品销售收入，结转后应无期末余额。该账户应按主营业务的种类设置明细账，进行明细分类核算。

2. “应收票据”账户。该账户用来核算企业因销售商品、提供劳务等而收到的商业汇票（包括银行承兑汇票和商业承兑汇票），属于资产类账户。该账户的借方登记企业收到的商业汇票的面值，贷方登记因商业汇票到期收回票款或背书转让等情况而减少的商业汇票的面值；期末余额在借方，表示企业持有的尚未到期的商业汇票的面值。企业应设置“应收票据备查簿”，逐笔登记每一应收票据的种类、号码、出票日期、票面金额、交易合同号和付款人、承兑人等详细资料，应收票据到期结清票款后，应在备查簿内逐笔注销。

3. “应收账款”账户。该账户核算企业因销售商品、提供劳务等应向购货单位或接受劳务单位收取的款项，属于资产类账户。该账户的借方登记企业发生的应收账款，其中包括企业代购货单位垫付的包装费、运杂费等，贷方登记因收回欠款等情况而减少的应收账款；期末余额在借方，表示企业尚未收回的应收账款。该账户应按不同的购货单位或接受劳务单位设置明细账，进行明细分类核算。

（二）会计处理

【例 4-24】　××年 12 月 13 日，永安企业向某公司销售 100 件 01 产品，每件售价 300 元。开出的增值税专用发票上注明：价款 30 000 元，税款 3 900 元。全部款项共计 33 900 元，已通过银行转账收讫。

分析：这项经济业务的发生，一方面使企业的银行存款增加了 33 900 元，应记入“银行存款”账户的借方；另一方面使企业因销售产品而获得收入 30 000 元，应记入“主营业务收入”账户的贷方，专用发票上注明的增值税税额，则应作为增值税的销项税额记入“应交税费——应交增值税（销项税额）”账户的贷方。应编制如下会计分录：

借：银行存款	33 900
贷：主营业务收入	30 000
应交税费——应交增值税（销项税额）	3 900

【例4-25】 ××年12月17日，永安企业向宏远公司销售01产品50件，增值税专用发票上注明：价款15 000元，税款1 950元。在产品发运时以银行存款代垫运杂费500元，上述款项暂未收到。

分析：这项经济业务的发生，一方面，因赊销而使企业的债权增加了17 450元（15 000+1 950+500），应记入"应收账款"账户的借方。另一方面，使企业因销售产品而获得收入15 000元，应记入"主营业务收入"账户的贷方；专用发票上注明的增值税税额，则应作为增值税的销项税额记入"应交税费——应交增值税（销项税额）"账户的贷方；同时又因代垫运杂费而使银行存款减少了500元，应记入"银行存款"账户的贷方。应编制如下会计分录：

借：应收账款——宏远公司 17 450
　贷：主营业务收入 15 000
　　应交税费——应交增值税（销项税额） 1 950
　　银行存款 500

【例4-26】 ××年12月24日，永安企业采用商业汇票结算方式向南海公司销售02产品150件，每件售价240元，价款共计36 000元，应收取的增值税销项税额4 680元，收到南海公司签发的一张期限为6个月的商业承兑汇票。

分析：这项经济业务的发生，一方面，因销售产品而使企业收到面值40 680元（36 000+4 680）的商业汇票，应记入"应收票据"账户的借方。另一方面，使企业因销售产品而获得收入36 000元，应记入"主营业务收入"账户的贷方；应向南海公司收取的4 680元的增值税，则应作为增值税的销项税额记入"应交税费——应交增值税（销项税额）"账户的贷方。应编制如下会计分录：

借：应收票据 40 680
　贷：主营业务收入 36 000
　　应交税费——应交增值税（销项税额） 4 680

【例4-27】 ××年12月31日，永安企业持有的一张商业汇票到期，收回货款70 000元并存入银行。

分析：这项经济业务的发生，一方面使企业的银行存款增加了70 000元，应记入"银行存款"账户的借方；另一方面因商业汇票到期而使企业的债权减少了70 000元，应记入"应收票据"账户的贷方。应编制如下会计分录：

借：银行存款 70 000
　贷：应收票据 70 000

三、商品销售成本、费用和税金的会计处理

（一）账户设置

1."主营业务成本"账户。该账户核算企业因销售商品、提供劳务或让渡资产使用权等日常活动而发生的实际成本，属于损益类账户。制造业的主营业务成本就是指产品的销售成本。该账户的借方登记企业计算确定的已售产品的实际成本，贷

方登记需冲减的产品销售成本和期末转入“本年利润”账户的产品销售成本，结转后该账户应无期末余额。该账户应按主营业务的种类设置明细账，进行明细分类核算。

2. “销售费用”账户。该账户核算企业在商品销售过程中发生的费用，包括运输费、装卸费、包装费、保险费、展览费和广告费，以及专设销售机构的经营费用（如销售机构人员的职工薪酬、固定资产的折旧费、业务招待费等），属于损益类账户。该账户的借方登记企业发生的各种销售费用，贷方登记期末转入“本年利润”账户的销售费用，结转后该账户应无期末余额。该账户应按费用项目设置明细账，进行明细分类核算。

3. “税金及附加”账户。该账户核算企业在销售商品等日常活动中应负担的税金及附加，包括消费税、城市维护建设税、资源税和教育费附加及房产税、城镇土地使用税、车船税、印花税等，属于损益类账户。该账户的借方登记企业按照规定计算出来的应负担的税金及附加，贷方登记需冲减的税金及附加和期末转入“本年利润”账户的税金及附加，结转后该账户应无期末余额。

4. “应交税费”账户。该账户核算企业按照税法等规定应缴纳的各种税费，如增值税、消费税、所得税、城市维护建设税、资源税、教育费附加等，属于负债类账户。企业按规定计算出来的各种应缴纳的税费，应记入该账户的贷方；实际向税务部门缴纳的各种应交税费，记入该账户的借方；期末余额若在贷方，表示企业尚未缴纳的税费；期末余额若在借方，表示企业多缴或尚未抵扣的税费。该账户应按缴纳的税费种类设置明细账，进行明细分类核算。

（二）会计处理

【例 4-28】 ××年 12 月 19 日，永安企业开出转账支票一张，支付产品的电视广告费 4 000 元。

分析：这项经济业务的发生，一方面使企业本期为产品做广告而增加销售费用 4 000 元，应记入“销售费用”账户的借方；另一方面使企业因开出转账支票而减少银行存款 4 000 元，应记入“银行存款”账户的贷方。应编制如下会计分录：

借：销售费用	4 000	
贷：银行存款		4 000

【例 4-29】 ××年 12 月 31 日，永安企业按规定计算出本期应负担的城市维护建设税 5 300 元。

分析：这项经济业务的发生，一方面使企业本月应负担的城市维护建设税增加了 5 300 元，应记入“税金及附加”账户的借方；另一方面使企业因该笔城市维护建设税尚未缴纳而增加了负债，应记入“应交税费”账户的贷方。应编制如下会计分录：

借：税金及附加	5 300	
贷：应交税费——应交城市维护建设税		5 300

【例 4-30】 ××年 12 月 31 日，经计算，永安企业本期应付给销售机构人员工资 2 280 元。

分析：这项经济业务的发生，一方面使企业本期需负担的销售机构经费增加了2 280元，应记入“销售费用”账户的借方；另一方面使企业对销售人员的债务增加了2 280元，应记入“应付职工薪酬”账户的贷方。应编制如下会计分录：

借：销售费用	2 280	
贷：应付职工薪酬		2 280

【例4-31】 ××年12月31日，永安企业计提本期销售机构所使用固定资产的折旧费1 200元。

分析：这项经济业务的发生，一方面使企业当期销售费用增加了1 200元，应记入“销售费用”账户的借方；另一方面表明企业本期固定资产在使用过程中发生损耗1 200元，从而使固定资产价值减少，即折旧增加了1 200元，应记入“累计折旧”账户的贷方。应编制如下会计分录：

借：销售费用	1 200	
贷：累计折旧		1 200

【例4-32】 ××年12月31日，经计算，永安企业本期已销01产品150件，其单位成本为100元；已销02产品250件，其单位成本为80元。

分析：在计算本期已售产品的成本时，由于所销售的产品不一定都是本期生产完工的，而各期生产的同一种产品的单位生产成本也不一定完全相同，因此应采用一定的计价方法（如先进先出法、加权平均法等）来确定本期产品的销售成本。结转已售产品的成本，一方面使企业产品的销售成本增加了35 000元，应记入“主营业务成本”账户的借方；另一方面使企业库存商品由于销售而减少了35 000元，应记入“库存商品”账户的贷方。应编制如下会计分录：

借：主营业务成本	35 000	
贷：库存商品——01产品		15 000
——02产品		20 000

商品销售业务的核算程序如图4-4所示。

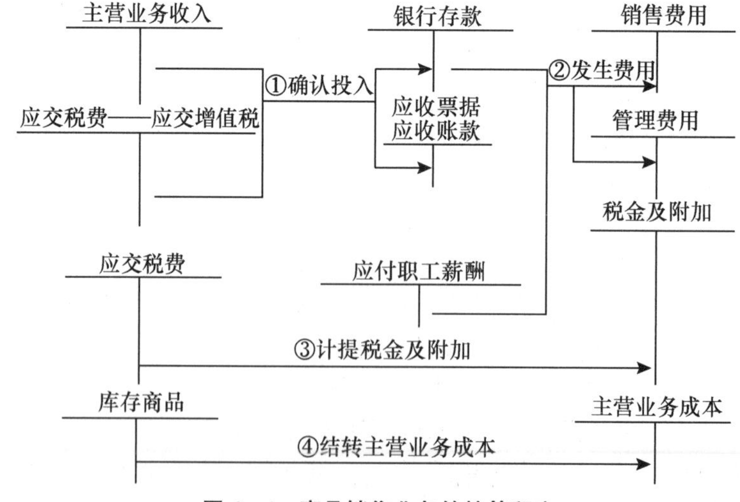

图4-4 商品销售业务的核算程序

第五节　财务成果业务的会计处理

企业作为独立的经济实体，应当以自己的经营收入抵补支出，并为投资者提供一定的投资报酬。企业盈利的大小很大程度上反映了企业生产经营的经济利益，表明企业在某一会计期间的最终财务成果，即利润或亏损，统称为盈亏。财务成果是一个计算的结果，正确计算盈亏的关键在于合理地确认企业的收入和费用，并使二者正确地配比。企业实现的利润要按照国家的有关规定进行分配。因此，确定企业实现的利润并对其进行分配，便成了财务成果业务的会计处理的主要内容。

一、利润形成的会计处理

（一）利润的计算

企业在生产经营过程中，通过销售将商品卖给购买方，实现收入。收入扣除与其相配比的费用，再加减非经营性质的收支及投资收益（或损失），即为企业的利润总额或亏损总额。有关的计算公式为：

1. 利润总额的计算。

利润总额＝营业利润＋营业外收入－营业外支出

营业利润＝营业收入－营业成本－税金及附加－销售费用－管理费用
　　　　　－财务费用－资产减值损失＋公允价值变动收益
　　　　　－公允价值变动损失＋投资收益－投资损失

2. 净利润的计算。

净利润＝利润总额－所得税费用

所得税费用＝利润总额(或应纳税所得额)×所得税税率

从以上计算公式中可以发现，企业在一定会计期间形成的利润（或发生的亏损）取决于该期间全部收入和全部费用的配比，因而正确计算某一会计期间的盈亏的关键在于合理确认该会计期间的收入和费用。其中有关主营业务收入和销售费用的会计处理已在上一节说明，本节主要介绍管理费用、财务费用、营业外收入、营业外支出以及利润总额和净利润的会计处理。

（二）账户设置

为了核算和监督企业利润的构成部分以及形成过程，应设置下列账户。

1. “管理费用”账户。该账户核算企业在生产经营中发生的管理费用，包括企业的董事会和行政管理部门在企业的经营管理中发生的，或者应由企业统一负担的公司经费（包括行政管理部门人员的职工薪酬、修理费、折旧费、物料消耗、低值易耗品摊销、办公费和差旅费等）、董事会费、业务招待费、房产税、车船税、土地使用税、印花税等。它属于损益类账户。该账户的借方登记企业发生的各项管理费用，贷方登记需冲减的管理费用和期末转入“本年利润”账户的管理费用，结转后该账户应无期末余额。该账户应按费用项目设置明细账，进行明细分类核算。

2.“财务费用”账户。该账户核算企业为筹集生产经营所需资金而发生的各项费用，包括银行借款的利息支出（减银行存款的利息收入）以及相关的手续费等。它属于损益类账户。该账户的借方登记企业发生的各项财务费用，贷方登记需冲减的财务费用（如银行存款的利息收入）和期末转入“本年利润”账户的财务费用，结转后该账户应无期末余额。该账户应按费用项目设置明细账，进行明细分类核算。

3.“营业外收入”账户。该账户核算企业发生的与生产经营无直接关系的各项收入和利得，包括处置固定资产净收益、出售无形资产净收益、罚款净收入、教育费附加返还款等。它属于损益类账户。营业外收入并不是由企业资金耗费所产生的，不需要企业付出代价，实际上是一种纯收入，不可能也不需要与有关费用配比。该账户的贷方登记企业发生的各项营业外收入，借方登记期末转入“本年利润”账户的营业外收入，结转后该账户应无期末余额。该账户应按收入项目设置明细账，进行明细分类核算。

4.“营业外支出”账户。该账户核算企业发生的与生产经营无直接关系的各项支出和损失，包括固定资产盘亏、处置固定资产净损失、出售无形资产净损失、罚款支出、捐赠支出、非常损失等。它属于损益类账户。该账户的借方登记企业发生的各项营业外支出，贷方登记期末转入“本年利润”账户的营业外支出，结转后该账户应无期末余额。该账户应按支出项目设置明细账，进行明细分类核算。

5.“所得税费用”账户。该账户核算企业按规定计算出来的应由企业负担并计入损益的所得税费用，属于损益类账户。企业所得税是企业在生产经营过程中的一部分耗费，是企业的一项费用支出。企业所得税通常是按年计算、分期预缴的。该账户的借方登记企业应计入本期损益的所得税税额，贷方登记期末转入“本年利润”账户的所得税税额，结转后该账户应无期末余额。

6.“本年利润”账户。该账户核算企业实现的净利润（或发生的净亏损），它属于所有者权益类账户。该账户的借方登记从各费用账户转入的本期发生的各种费用；贷方登记从各收入账户转入的本期发生的各种收入。将收入与费用相抵后，若收入大于费用，即为贷方余额，表示本期实现的净利润；若收入小于费用，即为借方余额，表示本期发生的净亏损。在各会计年度的1—11月，该账户的余额保留在本账户，不予转账，表示截至本期末本年度累计实现的净利润或发生的净亏损；年末，应将该账户的余额转入“利润分配”账户，结转后该账户应无年末余额。

（三）会计处理

【例4-33】 ××年12月9日，永安企业的行政管理部门耗用仓库的A材料50千克，价值为950元。

分析：这项经济业务的发生，一方面使企业行政管理部门的材料消耗增加了950元，应记入“管理费用”账户的借方；另一方面使企业库存材料减少了950元，应记入“原材料”账户的贷方。应编制如下会计分录：

借：管理费用　　950

　贷：原材料——A 材料　　950

【例 4-34】　××年 12 月 11 日，永安企业用转账支票购入行政管理部门需用的办公用品 1 350 元。

分析：这项经济业务的发生，一方面使企业的办公费用增加 1 350 元，应记入“管理费用”账户的借方；另一方面企业因开出支票而使银行存款减少了 1 350 元，应记入“银行存款”账户的贷方。应编制如下会计分录：

借：管理费用　　1 350

　贷：银行存款　　1 350

【例 4-35】　××年 12 月 17 日，永安企业的王明理预借差旅费 1 000 元，以库存现金支付。

分析：这项经济业务的发生，一方面使企业获得了一项债权（应收王明理的借款）1 000 元，应记入“其他应收款”账户的借方；另一方面使企业的库存现金减少了 1 000 元，应记入“库存现金”账户的贷方。应编制如下会计分录：

借：其他应收款——王明理　　1 000

　贷：库存现金　　1 000

【例 4-36】　××年 12 月 23 日，永安企业的王明理报销差旅费 750 元和医药费 150 元（原借支 1 000 元），余款以现金退回。

分析：这项经济业务的发生，一方面使企业应负担的职工差旅费增加了 750 元，应记入“管理费用”账户的借方，同时又因报销医药费使职工享受了福利 150 元，应记入“应付职工薪酬”账户的借方，收到王明理退回的现金 100 元，应记入“库存现金”账户的借方；另一方面企业因王明理报销差旅费而减少了债权 1 000 元，应记入“其他应收款”账户的贷方。应编制如下会计分录：

借：管理费用　　750

　　应付职工薪酬　　150

　　库存现金　　100

　贷：其他应收款——王明理　　1 000

【例 4-37】　××年 12 月 31 日，永安企业计提本期行政管理部门所使用的固定资产的折旧费 2 000 元。

分析：这项经济业务的发生，一方面使企业应负担的行政管理部门固定资产的折旧费增加了 2 000 元，应记入“管理费用”账户的借方；另一方面使企业固定资产的损耗增加了 2 000 元，应记入“累计折旧”账户的贷方。应编制如下会计分录：

借：管理费用　　2 000

　贷：累计折旧　　2 000

【例 4-38】　××年 12 月 31 日，永安企业结算和分配本期应付行政管理人员工资 11 400 元。

分析：这项经济业务的发生，一方面使企业应负担的行政管理部门职工的工资费用增加了11 400元，应记入“管理费用”账户的借方；另一方面使企业对行政管理部门职工的债务增加了11 400元，应记入“应付职工薪酬”账户的贷方。应编制如下会计分录：

借：管理费用　　11 400
　贷：应付职工薪酬　　11 400

【例4-39】 ××年12月31日，永安企业计提本期银行短期借款利息600元。

分析：这项经济业务的发生，一方面使企业短期借款的利息支出增加了600元，应记入“财务费用”账户的借方；另一方面使企业的债务（欠银行的利息）增加了600元，应记入“应付利息”账户的贷方。应编制如下会计分录：

借：财务费用　　600
　贷：应付利息　　600

【例4-40】 ××年12月28日，永安企业在一项经济交易中因对方违约而获得罚款收入10 000元，存入银行。

分析：这项经济业务的发生，一方面使企业的银行存款增加了10 000元，应记入“银行存款”账户的借方；另一方面使企业增加了收入10 000元，应记入“营业外收入”账户的贷方。应编制如下会计分录：

借：银行存款　　10 000
　贷：营业外收入　　10 000

【例4-41】 ××年12月29日，永安企业开出转账支票一张，向希望工程捐款2 000元。

分析：这项经济业务的发生，一方面使企业无偿捐赠支出增加了2 000元，应记入“营业外支出”账户的借方；另一方面企业因开出转账支票而使银行存款减少了2 000元，应记入“银行存款”账户的贷方。应编制如下会计分录：

借：营业外支出　　2 000
　贷：银行存款　　2 000

【例4-42】 ××年12月31日，为了计算本期损益，永安企业将本期实现的主营业务收入81 000元、营业外收入10 000元转入“本年利润”账户。

分析：这项经济业务的发生，要求企业进行期末收入的结转，即从“主营业务收入”账户和“营业外收入”账户的借方转入“本年利润”账户的贷方。应编制如下会计分录：

借：主营业务收入　　81 000
　　营业外收入　　10 000
　贷：本年利润　　91 000

【例4-43】 ××年12月31日，为了计算本期损益，永安企业将本期发生的主营业务成本35 000元、税金及附加5 300元、销售费用7 480元、管理费用16 450元、财务费用600元和营业外支出2 000元转入“本年利润”账户。

分析：这项经济业务的发生，要求企业进行期末费用的结转，即从“主营业务成本”“税金及附加”“销售费用”“管理费用”“财务费用”“营业外支出”账户的贷方转入“本年利润”账户的借方。应编制如下会计分录：

借：本年利润　　66 830
　贷：主营业务成本　　35 000
　　税金及附加　　5 300
　　销售费用　　7 480
　　管理费用　　16 450
　　财务费用　　600
　　营业外支出　　2 000

【例 4-44】 ××年 12 月 31 日，永安企业按 25%的税率计算本期应缴纳的所得税费用 6 042.5 元。

分析：这项经济业务的发生，一方面使企业应承担的所得税费用增加了 6 042.5 元，应记入“所得税费用”账户的借方；另一方面使企业应缴纳的税金增加了 6 042.5 元，应记入“应交税费——应交所得税”账户的贷方。应编制如下会计分录：

借：所得税费用　　6 042.5
　贷：应交税费——应交所得税　　6 042.5

【例 4-45】 ××年 12 月 31 日，永安企业将本期应计入损益的所得税费用 6 042.5 元转入“本年利润”账户。

分析：这项经济业务的发生，要求企业进行期末费用的结转，即从“所得税费用”账户的贷方转入“本年利润”账户的借方。应编制如下会计分录：

借：本年利润　　6 042.5
　贷：所得税费用　　6 042.5

通过期末对应计入损益的收入、费用进行结转，我们可以发现，本期实现的全部收入和本期发生的全部费用都汇集在“本年利润”账户，将收入和费用进行配比，其差额即为本期实现的净利润或发生的净亏损。根据以上数字计算，永安企业本期实现的利润总额为 24 170 元（91 000－66 830），扣除所得税费用 6 042.5 元后，本期实现的净利润为 18 127.5 元。

二、利润分配的会计处理

企业实现的净利润应当按照国家的有关规定进行分配。利润的分配过程和结果，不仅关系到所有者的合法权益是否得到保障，而且关系到企业能否长期、稳定地发展。

（一）利润分配的内容和程序

企业当期实现的净利润，加上年初未分配利润（或减去年初未弥补亏损）和其他转入数后的余额为可供分配的利润。可供分配的利润按以下顺序分配：提取盈余公积，向投资者分配利润等。

企业可供分配的利润经过上述分配后，为未分配利润（或未弥补亏损）。未分配利润可留待以后年度进行分配。企业若发生亏损，可以按规定由以后年度实现的利润进行弥补，也可以用以前年度提取的盈余公积弥补。

（二）账户设置

为了核算和监督企业利润的分配情况，应设置下列账户。

1. “利润分配”账户。企业进行利润分配，就意味着企业所实现的利润的减少，就应该直接冲减本年实现的利润，即记入“本年利润”账户的借方。但是，这样一来就会导致“本年利润”账户的期末余额只能表示未分配利润，不能提供本年实现的累计利润额的指标。为了既能反映企业实现利润的原始数据，又能提供未分配利润的数额，在会计核算中单独设置“利润分配”账户，用来反映企业利润的分配（或亏损的弥补）和历年分配（或弥补）后的结存余额。它属于所有者权益类账户。该账户的借方登记企业实际分配的利润数额，贷方登记可供分配的利润数额（即从“本年利润”账户转入的净利润数额）。因企业的利润分配是一年进行一次，平时只进行利润的预分，所以该账户的贷方平时一般不做登记，因而在会计年度的1—11月该账户出现月末借方余额，表示截至本期企业累计已分配的利润数额，将“本年利润”账户的期末贷方余额减去“利润分配”账户的期末借方余额，即当期的未分配利润余额。年末，企业将全年实现的净利润（或净亏损）从“本年利润”账户转入“利润分配”账户。结转后，“利润分配”账户如为贷方余额，表示企业年末未分配的利润数额；如为借方余额，表示企业年末未弥补的亏损数额。

2. “盈余公积”账户。该账户核算企业从税后利润中提取的盈余公积的增减变动情况和结余情况，属于所有者权益类账户。该账户的贷方登记从税后利润（即净利润）中提取的盈余公积；借方登记盈余公积的使用，如转增资本、弥补亏损等；期末余额在贷方，表示企业盈余公积的结存数。该账户应按盈余公积的种类（如法定盈余公积、任意盈余公积等）设置明细账，进行明细分类核算。

3. “应付股利”账户。该账户用来核算企业经董事会、股东大会或类似机构决议确定分配的现金股利或利润，属于负债类账户。该账户的贷方登记企业按照规定计算的应向投资者分配支付的利润，借方登记企业实际向投资者支付的利润，期末余额在贷方，表示企业尚未支付给投资者的应付股利或利润。

（三）会计处理

【例4-46】 ××年12月31日，永安企业按照税后利润的10%提取盈余公积。

分析：永安企业××年实现净利润（即税后利润）18 127.5元，所以应提取的盈余公积为1 812.75元（18 127.5×10%）。这项经济业务的发生，一方面使企业的利润减少1 812.75元，即实际分配利润1 812.75元，应记入“利润分配”账户的借方；另一方面使企业的盈余公积增加1 812.75元，应记入“盈余公积”账户的

贷方。应编制如下会计分录：

借：利润分配　　1 812.75

　　贷：盈余公积　　1 812.75

【例 4－47】　××年 12 月 31 日，永安企业决定向投资者分配利润 14 000 元。

分析：这项经济业务的发生，一方面使企业的利润减少了 14 000 元，即实际分配利润 14 000 元，应记入“利润分配”账户的借方；另一方面使企业应向投资者分配利润增加了 14 000 元，应记入“应付股利”账户的贷方。应编制如下会计分录：

借：利润分配　　14 000

　　贷：应付股利　　14 000

【例 4－48】　假定永安企业决定用 60 000 元的盈余公积转增资本。

分析：这项经济业务的发生，一方面使企业的盈余公积减少了 60 000 元，应记入“盈余公积”账户的借方；另一方面使企业的资本增加了 60 000 元，应记入“实收资本”账户的贷方。应编制如下会计分录：

借：盈余公积　　60 000

　　贷：实收资本　　60 000

财务成果业务的核算程序如图 4－5 所示。

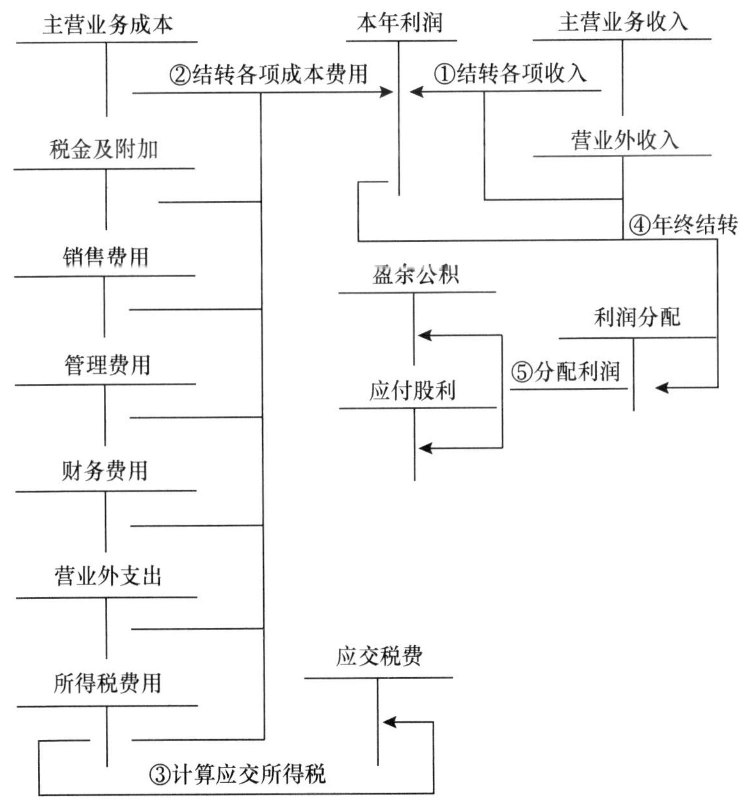

图 4－5　财务成果业务的核算程序

第六节 资金退出业务的会计处理

由于种种原因，企业的某些资金将不再参加周转，这时要按照规定的程序使资金退出企业，从而形成企业资金退出的业务，如银行借款的偿还、税金的解缴、利润或股利的分派等。

一、偿还银行借款的会计处理

在借款到期偿还时，根据借款合同的规定，企业需要用货币资金归还借款的本金和一定期限内的利息。这种业务的发生一般会使企业资产减少，同时也使企业的债务减少。会计处理时涉及的账户主要有“短期借款”“长期借款”“应付利息”“银行存款”“库存现金”等。

【例4-49】 ××年12月27日，永安企业开出转账支票一张，用以支付4个月前所借的现已到期的银行借款本金40 000元和全部已计提的利息800元。

分析：这项经济业务的发生，一方面使企业的银行存款减少了40 800元，应记入“银行存款”账户的贷方；另一方面使企业借款减少了40 000元，应记入“短期借款”账户的借方，同时也使企业所欠银行的借款利息减少了800元，应记入“应付利息”账户的借方。应编制如下会计分录：

借：短期借款　40 000
　　应付利息　800
　贷：银行存款　40 800

【例4-50】 ××年12月30日，接银行通知，永安企业向银行借入的长期借款已到期，本金和利息共计95 200元，已直接从银行存款中划转。

分析：这项经济业务的发生，一方面使企业的银行存款减少了95 200元，应记入“银行存款”账户的贷方；另一方面使企业所欠银行的长期借款的本金和利息共减少了95 200元，应记入“长期借款”账户的借方。应编制如下会计分录：

借：长期借款　95 200
　贷：银行存款　95 200

二、税费缴纳的会计处理

企业在生产经营过程中，根据国家税收法规的规定，应依法向国家缴纳各种税费，以保证国家的财政收入。企业一般先根据税法的规定计算出应纳税额，然后按确定的税额将货币资金支付给税务部门。由于纳税的义务贯穿企业的整个生产经营期间，而且是强制性的，因此企业也有可能在确定应纳税额之前先向税务部门预缴税费。但不管怎样，企业在依法纳税时都会引起资产的减少，进行会计处理时涉及的账户主要有"应交税费""银行存款"等。

【例 4－51】　××年 12 月 31 日，永安企业用银行存款缴纳本期的所得税 6 042.5 元。

分析：这项经济业务的发生，一方面使企业因纳税而减少债务 6 042.5 元，应记入"应交税费——应交所得税"账户的借方；另一方面使企业的银行存款减少了 6 042.5 元，应记入"银行存款"账户的贷方。应编制如下会计分录：

借：应交税费——应交所得税　　6 042.5

　贷：银行存款　　6 042.5

三、利润分配的会计处理

前已述及，企业资金的来源主要有两个方面：一是吸收投资；二是向银行借款。也就是说，投资者和债权人是企业资产的提供者，它们对企业有不同的要求（即权益），其中投资者的权益主要表现为分享企业的利润。因此，企业在生产经营中取得利润之后，根据协议的规定应该向投资者分配利润，这也是企业的一种责任和义务。这样一来，就会使资金从企业退出，从而减少企业的资金，但需要注意的是，这种资金减少的原因并不是企业向投资者归还其投入的本金，而是企业向投资者分配其投入的货币资金在生产经营过程中产生的增值。这类业务在进行会计处理时涉及的账户主要是"应付股利""银行存款"等。

【例 4－52】　××年 12 月 31 日，永安企业以银行存款向投资者支付本年应付利润 180 000 元。

分析：这项经济业务的发生，一方面使企业因向投资者支付利润而减少债务 180 000 元，应记入"应付股利"账户的借方；另一方面使企业的银行存款减少了 180 000 元，应记入"银行存款"账户的贷方。应编制如下会计分录：

借：应付股利　　180 000

　贷：银行存款　　180 000

□ 本章小结

制造企业是从事生产经营活动的主体，与其他类型企业相比，它的经营活动经历了生产准备、产品生产和产品销售三个完整的阶段，资金形态从货币资金开始，进入准备过程转化为固定资产和储备资金；进入生产过程转化为生产资金，生产过程结束后转化为成品资金；进入销售过程转化为货币资金。制造企业的经济业务主要有资金筹集业务、生产准备业务、产品生产业务、产品销售业务、财务成果形成与分配业务、资金退出业务等。

本章主要介绍制造企业主要经济业务的核算，要求掌握企业各项主要业务核算所需设置的主要账户及基本会计分录的编制方法。在学习过程中，首先应熟记各账户的性质、用途和借贷方登记的内容，以及账户之间的对应关系；其次要正确区分诸如生产成本和期间费用、主营业务收入和主营业务成本、本年利润和利润分配、实收资本和盈余公积等相关概念，这样才能熟练地运用账户进行核算。

□ 主要概念

短期借款	长期借款	实收资本	采购成本
生产成本	期间费用	主营业务收入	主营业务成本
营业外收入	营业外支出	利润总额	营业利润

□ 复习思考题

1. 企业筹集资金的主要方式有哪几种？如何对其进行核算？
2. 对于企业外购的固定资产应怎样进行会计核算？
3. 说明材料采购业务核算的主要内容，以及“材料采购”账户反映的经济内容。
4. 为什么要分别设置“生产成本”和“制造费用”账户归集生产费用？
5. 月末应如何进行制造费用的分配？分配的标准有哪些？
6. 简要说明在销售业务的核算中，收入账户与费用账户之间的关系。
7. 反映企业利润的指标有哪些？如何计算？
8. 什么是营业外收入和营业外支出？它们之间是否存在配比关系？
9. 企业应如何进行利润分配？怎样对其进行会计处理？
10. 对于资金退出业务，应如何进行会计核算？

□ 复习巩固题

单项选择题

1. 企业将2 000元现金存入银行，会使企业的资产总额（　　）。

A. 增加2 000元　B. 减少2 000元　C. 不变　D. 减少4 000元

2. 企业生产车间使用的固定资产计提折旧，应借记的账户是（　　）。

A. 生产成本　B. 管理费用　C. 销售费用　D. 制造费用

3. 某企业12月1日原材料账户借方金额为1万元，12月发生以下业务：购入原材料，价值20万元，其中16万元以银行存款支付，其余货款暂欠；车间领用原材料，价值15万元。根据以上资料，该企业12月31日原材料账户余额为（　　）。

A. 借方 2 万元　　B. 贷方 4 万元　　C. 借方 6 万元　　D. 贷方 10 万元

4. 甲企业为增值税一般纳税人，本期外购原材料一批，买价为 1 万元，增值税为 1 300 元，已取得增值税专用发票，入库前发生挑选整理费 500 元。该原材料的入账价值为（　　）元。

A. 10 000　　B. 11 300　　C. 10 500　　D. 11 800

5. 某一般纳税人企业购进材料一批，货款 70 000 元，增值税 9 100 元，对方代垫运杂费 500 元，则该笔业务“应付账款”的入账价值为（　　）元。

A. 79 600　　B. 70 500　　C. 70 000　　D. 79 100

6. 已售产品成本的结转应从（　　）账户转入主营业务成本账户。

A. 制造费用　　B. 生产成本　　C. 材料采购　　D. 库存商品

7. “本年利润”账户年内的贷方余额表示（　　）。

A. 利润分配额　　B. 未分配利润额　　C. 净利润额　　D. 亏损额

8. 下列费用中，不构成产品成本的有（　　）。

A. 直接材料费　　B. 直接人工费　　C. 制造费用　　D. 期间费用

多项选择题

1. 计提固定资产折旧应借记的会计科目有（　　）。

A. 制造费用　　B. 销售费用

C. 管理费用　　D. 其他业务成本

E. 财务费用

2. 下列关于固定资产特征的表述中，正确的有（　　）。

A. 固定资产为有形资产

B. 固定资产的变现能力很弱

C. 固定资产属于长期资产

D. 固定资产的使用寿命超过一个会计年度

E. 固定资产是为生产商品、提供劳务、出租或经营管理而持有的劳动基础

3. 下列关于“材料采购”账户的表述中，正确的有（　　）。

A. 是计算材料采购成本的账户　　B. 借方登记材料的买价和采购费用

C. 属于资产类账户　　D. 贷方登记入库材料的实际成本

E. 期末如有余额在借方，表示在途材料的实际成本

4. 下列费用中，应计入制造费用的有（　　）。

A. 车间办公费　　B. 车间设备折旧费

C. 车间机物料消耗　　D. 车间管理人员的工资

E. 企业财产保险费

5. 产品在生产过程中发生的各项生产费用按其经济用途分类构成产品成本项目，具体包括（　　）。

A. 直接材料　　B. 直接人工　　C. 管理费用　　D. 销售费用

E. 制造费用

判断题

1. 企业收到产品预收款时应立即确认为产品销售收入。(　　)

2. 企业接受捐赠机器一台，计价10万元，该项经济业务会引起收入增加，权益增加。(　　)

3. 企业的资金筹集业务按其资金来源通常分为所有者权益筹资和负债筹资。(　　)

4. 生产成本账户借方余额表示在产品的生产成本。(　　)

5. 管理费用是企业行政管理部门为组织和管理生产经营活动而发生的各项费用，包括行政人员的工资薪酬、办公费、折旧费、广告宣传费、借款利息等。(　　)

6. 利润总额扣除所得税费用后的利润为净利润，也称税后利润。(　　)

7. 某企业期初资产总额100万元，本期取得借款6万元，收回应收账款7万元，用银行存款8万元偿还应付款，该企业期末资产总额为105万元。(　　)

8. 生产费用是指与企业日常生产经营活动有关的费用，按其经济用途可以分为直接材料、直接人工和制造费用。(　　)

实务练习题一

一、目的：练习资金筹集业务的核算。

二、资料：长城公司××年7月发生如下经济业务：

1. 收到某外商投入的大型设备一套，价值1 200 000元，增值税进项税额156 000元，设备已运达公司并投入生产。

2. 用银行存款归还到期的短期借款本金500 000元。

3. 收到某公司投入的原材料一批，确认的价值为800 000元。

4. 开出现金支票从银行提取现金10 000元备用。

5. 某企业投入商标权一项，双方确认的价值为60 000元。

6. 收到银行通知，某公司投入的资金700 000元已入账。

7. 由于需要临时资金，向银行借入期限为半年的借款70 000元，存入公司账户。

8. 以银行存款偿还到期的长期借款，共计910 000元。

三、要求：

1. 根据上述资料，编制会计分录。

2. 登记“银行存款”的总分类账。假定“银行存款”账户的期初余额为800 000元，计算其本期发生额和期末余额（采用T形账户）。

实务练习题二

一、目的：练习材料采购业务的核算。

二、资料：长城公司××年8月发生如下经济业务：

1. 从外地某工厂购入甲材料一批，买价40 000元，税款5 200元，全部款项以银行存款支付。

2. 上述甲材料运达公司并验收入库，以现金支付其运杂费200元。

3. 向某公司赊购乙材料20吨，单价5 000元，增值税税率为13%。材料已运抵并验收入库。

4. 以银行存款支付到期的商业汇票款60 000元。

5. 开出转账支票支付上个月应付久安公司的购料款23 400元。

6. 购入甲材料100千克，单价300元；丙材料500千克，单价200元。增值税税率为13%。全部款项用签发并承兑的商业汇票结算。

7. 上述材料运达公司验收入库时，以现金支付入库前的挑选整理费用，共计1 200元，按材料的重量比例计入甲、丙材料的采购成本。

8. 购入乙材料10吨，单价5 200元，增值税税率为13%，对方代垫运杂费1 000元。全部款项以银行存款支付，材料下个月才能运达公司。

9. 月末结转本月已验收入库材料的实际采购成本。

三、要求：

1. 根据上述材料，编制会计分录。

2. 登记“材料采购”的总分类账，假定本期期初无在途材料（采用T形账户）。

实务练习题三

一、目的：练习产品生产业务的核算。

二、资料：长城公司××年9月发生如下经济业务：

1. 车间管理人员报销办公费800元，以库存现金付讫。

2. 开出现金支票支付某生产工人生活困难补助1 500元。

3. 车间为管理产品的生产领用材料一批，价值2 400元。

4. 生产A产品领用材料150 000元，生产B产品领用材料190 000元。

5. 以银行存款支付应由本月车间负担的财产保险费500元。

6. 以银行存款支付本月车间水电费16 000元。

7. 以银行存款支付应由本月车间负担的房屋租金1 300元。

8. 从银行提现121 600元，以备发放工资。

9. 以现金支付职工工资121 600元。

10. 结转本月应付职工工资121 600元，其中A产品工人工资60 000元，B产品工人工资40 000元，车间人员工资21 600元。

11. 计提本月生产部门使用的固定资产折旧费17 000元。

12. 第二生产车间耗用材料一批，价值2 000元。

13. 按A，B产品的生产工时分配结转本月制造费用，其中A产品生产工时3 000小时，B产品生产工时2 000小时。

14. 本月生产的A产品全部完工验收入库，B产品全部未完工。结转本月完工产品的生产成本。

三、要求：根据上述资料，编制会计分录。

实务练习题四

一、目的：练习产品销售业务的核算。

二、资料：长城公司××年11月发生如下经济业务：

1. 收到银行转来的进账通知单，上月的销货款95 000元已收妥入账。

2. 以现金支付产品的包装费1 300元。

3. 向德宝公司销售产品一批，价款300 000元，增值税税额39 000元，用银行存款代垫运费2 500元，全部款项暂未收到。

4. 经计算，本月应负担的城市维护建设税为3 800元。

5. 为销售产品做宣传领用材料一批，价值14 000元。

6. 销售产品一批，价款200 000元，增值税税率为13%，收到对方签发并承兑的银行汇票一张。

7. 收到银行通知，到期的商业承兑汇票70 000元票款已收讫。

8. 销售产品开具的增值税专用发票注明：价款100 000元，增值税税额13 000元。收到对方签发的转账支票一张，用以支付全部款项。

9. 结转本月已售产品的实际生产成本320 000元。

10. 计提销售机构使用的固定资产折旧费1 700元。

11. 结转销售机构人员工资等职工薪酬1 710元。

12. 以现金支付专设销售机构的办公用品费950元。

三、要求：根据上述经济业务，编制会计分录。

实务练习题五

一、目的：练习财务成果业务的核算。

二、资料：长城公司××年12月发生如下经济业务：

1. 采购员陈明回公司报销差旅费1 600元（原借支2 000元），余款以现金退回。

2. 以银行存款缴纳上月的应交税费124 000元。

3. 用库存现金从税务机关购入印花税票400元。

4. 经计算，本期应付短期借款利息费用为35 000元。

5. 以银行存款支付产品的广告费20 000元。

6. 交易中因对方违约，公司获取罚款收入50 000元，存入银行。

7. 以银行存款支付因违约而发生的罚款支出30 000元。

8. 经计算，本月应交城市维护建设税3 400元。

9. 销售产品800件，单价500元，共计400 000元，增值税税率为13%，货款已通过银行收讫。

10. 经计算，本月应付职工工资262 800元，其中：生产甲产品工人工资180 000元，车间管理人员工资32 800元，公司管理人员工资50 000元。

11. 从银行提取现金 262 800 元，并发放工资。

12. 收到久安工厂通过银行转来的前欠货款 59 500 元。

13. 以银行存款支付前欠金星工厂货款 2 000 元，前欠大明工厂货款 15 000 元。

14. 销售给长安工厂产品 500 件，单价 400 元，共计 200 000 元，增值税税率为 13%，货款尚未收到。

15. 以银行存款支付本月电费 20 000 元，其中：生产车间耗用 18 000 元，公司管理部门耗用 2 000 元。

16. 以库存现金 600 元支付生产车间修理费。

17. 用库存现金 800 元为行政部门购买办公用品。

18. 经计算，本月已售产品的生产成本 430 000 元，予以结转。

19. 月末将本月应计入损益的收入予以结转。

20. 月末将本月应计入损益的费用予以结转。

21. 根据利润总额和 25% 的所得税税率计算并计提本月应缴纳的所得税。

22. 月末结转本月的所得税费用。

23. 按照本月实现的净利润的 10% 提取盈余公积。

24. 经计算，应向投资者分配利润 50 000 元。

25. 以银行存款支付应向投资者分配的利润 28 000 元。

三、要求：根据上述经济业务，编制会计分录。

第五章 Chapter 5 账户的分类

学习目标

本章在上一章学习和运用大量账户的基础上，介绍账户分类的两种基本方法，学习目的是通过研究账户的分类，加深对账户之间内在联系的认识。本章要求学习者明确各个账户在整个账户体系中的地位和作用，掌握各个账户在提供会计核算指标上的规律性，进一步提高运用账户的能力。

设置账户体系是分类记录各项经济业务，核算各项资产与权益增减变化和结果的一种专门方法。每个单位为了核算和监督会计要素的具体内容都要设置一套相互关联的账户，即账户体系。账户体系中的各个账户具有两个特征：第一，每个账户都反映特定的经济内容；第二，每个账户都具有一定的用途和结构。各个单位所设置的账户都可以按照账户的这两个特征进行分类。

第一节 账户按经济内容分类

账户的经济内容就是账户所反映的会计对象的具体内容。各个单位设置和运用什么账户，主要基于核算和监督会计要素具体内容的需要。从这个意义上说，账户的经济内容是账户分类的基础，所以，在进行账户分类时，应首先按其经济内容进行分类，然后在此基础上按其用途和结构进行分类。

账户按其经济内容或按其用途和结构所做出的分类，是以账户在经济内容或用途结构上的区别和联系为依据的。账户之间的区别是指各个账户或各组账户之间的不同点，账户之间的联系是指各个账户或各组账户之间的共同点。把握账户的具体分类，更方便、准确地使用账户，关键是弄清账户之间的区别和联系。任何一个企业要开展生产经营活动，都必须拥有厂房、办公设施、机器设备、材料、周转金等资产，因此，为了反映这些资产的增减变动及其结存情况，需要设置并运用一类账户，通过该类账户的发生额反映资产的增减变动情况，通过该类账户的余额反映资产的结存情况。

从会计基本等式"资产＝负债＋所有者权益"中已经了解到：企业的资产来源于向债权人借款和所有者投资。为了反映向债权人借入资金及其偿还等情况，需要设置并运用一类账户，通过其发生额反映负债的形成和偿还情况，通过其余额反映尚未偿还的债务的情况。

所有者权益是企业的资产总额减去负债总额之后的余额。在企业筹建之初，它仅仅是投资者投入企业的资本，而在企业开展生产经营活动并取得盈利以后，所有者权益就是投入资本与留存收益之和。这里所说的留存收益是指企业在一定时期内实现的利润在缴纳所得税后提取的盈余公积和未分配利润。为了反映投入资本和留存收益的增减变动及其结果，需要设置并运用一类账户，通过该类账户的发生额反映投入资本和留存收益的增减变动情况，通过该类账户的余额反映投入资本变动后的结果和留存收益的实际数额。

企业在取得各项资产后都要将其投入生产经营活动。在生产经营活动中，随着商品的销售和劳务的提供必然取得一定的收入，同时也必然发生一些耗费。企业取得的各项收入在补偿了与之配比的各项耗费后即形成利润。所以，企业在一定会计期间取得的收入和对应发生的费用，最终都体现在当期损益的计算中。为了反映当期损益的计算，需要设置并运用一类账户，通过该类账户的发生额，归集收入的实现和费用的发生，通过该类账户发生额的结转，结算出企业在一定期间的利润形成情况。

此外，对于产品制造、加工企业而言，为了进行产品成本和劳务成本的计算，需要专门设置一类用来核算产品制造成本的账户，通过该类账户的发生额归集产品生产和劳务供应的直接费用和间接费用，以及进行完工产品和劳务成本的结转，通过该类账户的余额反映企业尚未完成的产品或劳务的成本。

综上所述，账户按其所反映的经济内容分类，可以分为资产类、负债类、所有者权益类、成本类和损益类等五大类。

一、资产类账户

资产类账户是反映资产增减变动及其结余情况的账户。按资产的流动性，又可分为以下两类：

1. 反映流动资产的账户，如"库存现金""银行存款""应收账款""应收票据""其他应收款""预付账款""原材料""库存商品""材料采购"等账户。反映流动资产的账户还可以细分为货币资金账户、结算债权账户和存货账户。

2. 反映非流动资产的账户，如"固定资产""累计折旧""在建工程""工程物资”“无形资产”等账户。

二、负债类账户

负债类账户是反映负债增减变动及其结余情况的账户。按负债的偿还期长短，又可以分为以下两类：

1. 反映流动负债的账户，如“短期借款”“应付账款”“预收账款”“应付票据”“应交税费”“应付职工薪酬”“应付股利”等账户。

2. 反映非流动负债的账户，如“长期借款”“应付债券”等账户。

此外，负债类账户还可以按照形成负债原因的不同分为由于生产经营活动形成的负债账户和由于经营成果形成的负债账户。前者如“短期借款”“应付账款”“预收账款”“长期借款”等账户，后者如“应交税费”“应付股利”等账户。

三、所有者权益类账户

所有者权益类账户是反映所有者权益增减变动及其结余情况的账户。按照所有者权益的来源和构成，又可以分为以下两类：

1. 反映投入资本的账户，如“实收资本”“资本公积”账户。

2. 反映所有者投资收益和资本积累的账户，如“本年利润”“盈余公积”“利润分配”等账户。

四、成本类账户

成本类账户是反映从事产品生产的企业在产品生产过程中发生的料、工、费等耗费，并据以计算产品成本的账户，包括“制造费用”“生产成本”“劳务成本”三个账户。

成本类账户和资产类账户有密切的联系。资产一经耗用就转化为成本费用，所以，成本类账户的期末借方余额属于企业的资产，如“生产成本”账户的借方余额为在产品，在编制资产负债表时归入企业流动资产中的“存货”项目。

五、损益类账户

损益类账户是反映那些核算内容与损益的计算确定直接相关的账户。按照损益的性质和组成内容，又可分为以下四类：

1. 反映营业损益的账户，如“主营业务收入”“主营业务成本”“税金及附加”“销售费用”“管理费用”“财务费用”“其他业务收入”“其他业务成本”等账户。

2. 反映营业外收支的账户，如“营业外收入”“营业外支出”账户。

3. 反映对外投资损益的账户，如“投资收益”账户。

4. 反映所得税的账户，如“所得税费用”账户。

此外，损益类账户也可以划分为：(1) 反映收入的账户，如“主营业务收入”“其他业务收入”“投资收益”“营业外收入”等账户；(2) 反映费用的账户，如“主营业务成本”“税金及附加”“销售费用”“管理费用”“财务费用”“其他业务成本”“营业外支出”“所得税费用”等账户。

账户按经济内容的分类如图 5-1 所示。

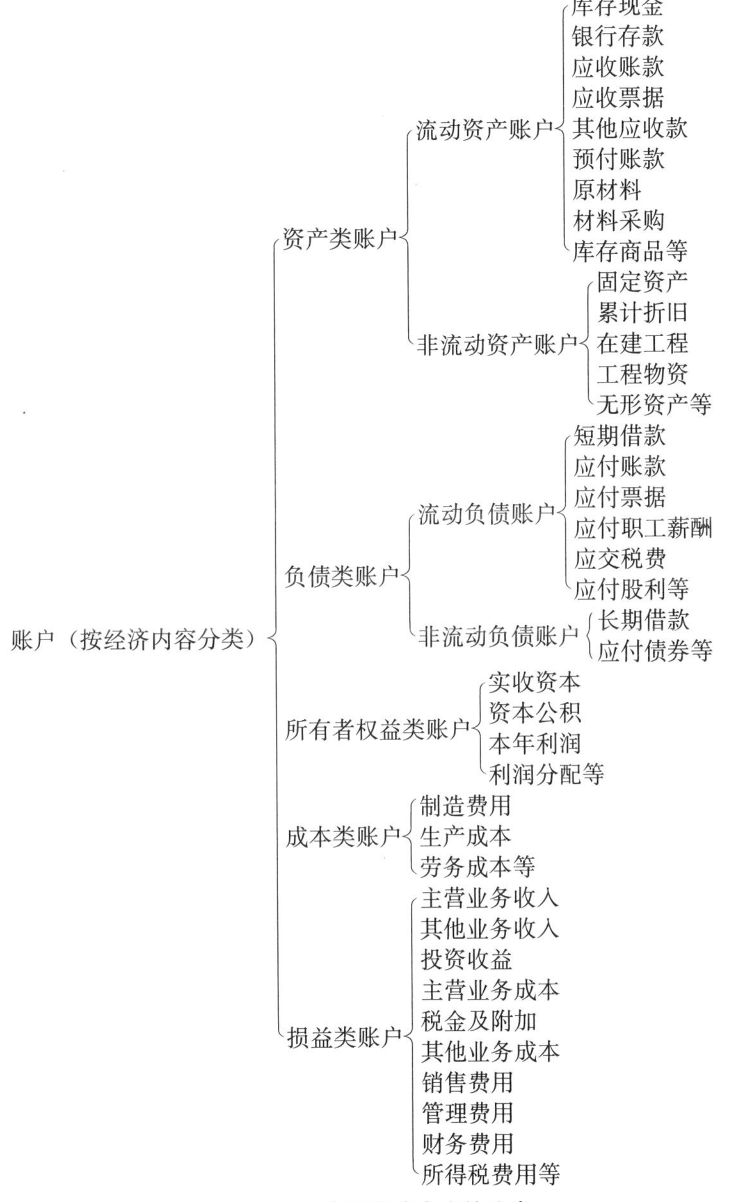

图 5-1　账户按经济内容的分类

第二节 账户按用途和结构分类

将账户按其反映的经济内容进行分类，对于正确区分账户的经济性质，合理设置和运用账户，提供企业经营管理和对外报告所需要的各种核算资料，具有重要的意义。但是，仅按经济内容对账户进行分类，还难以详细地了解各个账户的具体用途，以及如何提供管理上所需要的各项核算指标。因此，为了正确运用账户记录经济业务，掌握账户在提供核算指标方面的规律性，需要在按照经济内容对账户进行分类的基础上，进一步研究账户按照用途和结构进行的分类。

账户的用途，是指通过账户的记录能够提供的核算资料。账户的结构，是指在账户中如何提供核算资料。在采用借贷记账法的情况下，就是指账户的借方登记什么，贷方登记什么，怎样进行登记，期末余额应在哪一方，具体反映什么内容。

账户按用途和结构分类，可分为盘存账户、资本账户、结算账户、调整账户、集合分配账户、成本计算账户、期间汇转账户、财务成果计算账户等八类。

一、盘存账户

盘存账户，是用来反映各项货币资金及财产物资的增减变化及其实存数的账户。这类账户反映企业的主要资产，如“库存现金”“银行存款”“原材料”“库存商品”“周转材料”“固定资产”“工程物资”等账户。

盘存账户的特点是：(1) 除反映货币资金的账户外，其他账户通过设置明细账，一般都可同时提供实物计量和货币计量两项指标；(2) 各个账户的结存数，可以通过实物盘点等财产清查的方法来确定其实存数额，保证账实相符；(3) 在结构上都体现为：借方登记各种货币资金和财产物资的增加数，贷方登记各种货币资金和财产物资的减少数，余额一般在借方，反映各种货币资金和财产物资的期末实有数额。

盘存账户的结构如下所示。

借方　　　　盘存账户	贷方
期初余额：货币资金和财产物资的期初实有数额 发生额：货币资金和财产物资的增加数	发生额：货币资金和财产物资的减少数
期末余额：货币资金和财产物资的期末实有数额	

二、资本账户

资本账户，是用来核算和监督企业从外部取得的各种投资、增收的资本以及内部资本积累的增减变化及其结果的账户，包括“实收资本”“资本公积”“盈余公积”等账户。

资本账户的特点是：(1) 贷方登记各项投资和积累的增加数，借方登记各项投资和积累的减少数，余额在贷方，表示各项投资和积累的期末实有数额；(2) 只提供货币计量指标。

资本账户的结构如下所示。

资本账户

借方	贷方
	期初余额：投资和积累的期初实有数额
发生额：投资和积累的减少数	发生额：投资和积累的增加数
	期末余额：投资和积累的期末实有数额

三、结算账户

结算账户，是用来核算和监督企业同其他单位或个人以及企业内部各单位之间债权债务结算关系的账户。按照结算的性质又可分为债权结算账户、债务结算账户和债权债务结算账户三类。

(一) 债权结算账户

债权结算账户亦称资产结算账户，是用来核算和监督企业的债权增减变动及实有数额的账户，如“应收账款”“应收票据”“其他应收款”等账户。

债权结算账户的结构特点是：借方登记债权的增加数，贷方登记债权的减少数，余额一般在借方，表示债权的期末实有数额。

债权结算账户的结构如下所示。

债权结算账户

借方	贷方
期初余额：债权的期初实有数额	
发生额：债权的增加数	发生额：债权的减少数
期末余额：债权的期末实有数额	

(二) 债务结算账户

债务结算账户亦称负债结算账户，是用来核算和监督企业的债务增减变动及实有数额的账户，如“应付账款”“应交税费”“短期借款”“应付债券”等账户。

债务结算账户的结构特点是：贷方登记债务的增加数，借方登记债务的清偿数，余额在贷方，表示债务的期末实有数额。

债务结算账户的结构如下所示。

债务结算账户

借方	贷方
	期初余额：债务的期初实有数额
发生额：债务的清偿数	发生额：债务的增加数
	期末余额：债务的期末实有数额

（三）债权债务结算账户

债权债务结算账户亦称往来结算账户，是用来核算、监督企业同其他单位或个人之间的往来结算业务的账户。在实际工作中，某些与企业经常发生业务往来的单位，有时是企业的债权人，有时是企业的债务人，为了集中核算企业与这类单位之间发生的债权和债务的结算情况，有时需要在同一个账户中核算应收和应付该单位款项的增减变动及其余额。这类账户的特点是：借方登记债权的增加数和债务的偿还数，贷方登记债务的增加数和债权的减少数，期末余额既可能在借方，也可能在贷方。余额如在借方，表示期末尚未收回的债权净额；余额如在贷方，表示期末尚未偿付的债务净额。

另外，预付账款业务不多的企业，可以将预付账款直接并入"应付账款"账户核算；预收账款业务不多的企业，也可以将预收账款直接并入"应收账款"账户进行核算。此时的"应付账款"和"应收账款"账户都是债权债务结算账户。

债权债务结算账户的结构如下所示。

借方　　　　债权债务结算账户	贷方
期初余额：期初的债权净额 发生额：（1）债权的增加数 　　　　（2）债务的偿还数	期初余额：期初的债务净额 发生额：（1）债务的增加数 　　　　（2）债权的收回数
期末余额：期末尚未收回的债权净额	期末余额：期末尚未偿付的债务净额

需要进一步说明的是，结算账户中有许多是双重性质的账户，因此，在设置结算账户的企业中，不能只根据账户的名称来判断其性质，而应根据结算账户所属明细账的余额方向来判断是资产还是负债，从而在编制资产负债表时真实地反映债权债务的结算情况。

综上所述，结算账户的特点是：（1）应按照发生结算业务的对方单位或个人设置明细分类账户，以便及时进行结算和核对账目；（2）只提供货币计量指标。

四、调整账户

调整账户，是为了求得被调整账户的实际余额而设置的账户。在会计核算中，出于经营管理或其他方面的原因，有时需要对一些会计要素的具体项目用两种数字从不同的方面进行反映，因此需要设置两个账户，一个账户反映原始数字（该账户称为被调整账户），另一个账户反映对原始数字的调整数字，将原始数字与调整数字相加或相减，即可求得管理上所需要的某些特定指标的实际数额。

调整账户按其调整方式的不同，可以分为备抵账户、附加账户和备抵附加账户三类。

（一）备抵账户

备抵账户亦称抵减账户，是用来抵减被调整账户的余额以求得被调整账户实际余额的账户。备抵账户的调整方式可用下列计算公式表示：

被调整账户账面余额－备抵账户账面余额＝被调整账户的实际余额

备抵账户按被调整账户的性质和内容，又可分为资产类备抵账户和权益类备抵账户两类。

1. 资产类备抵账户。资产类备抵账户是用来抵减某一资产账户的数额，以求得该资产账户实有数额的账户。“累计折旧”账户就是一个典型的资产类备抵账户，它与“固定资产”账户之间的关系，就是调整与被调整的关系。属于该类备抵账户的包括“坏账准备”“商品进销差价”“存货跌价准备”“长期股权投资减值准备”“固定资产减值准备”“无形资产减值准备”等账户。现列举“累计折旧”账户和“固定资产”账户的相互关系和调整方式，如下所示。

固定资产
（被调整账户）

借方	贷方
余额：固定资产原始价值	

累计折旧
（资产类备抵账户）

借方	贷方
	余额：固定资产的累计折旧额

固定资产原始价值－累计折旧额＝固定资产实际价值(净值)

（1）“累计折旧”账户（调整账户）配合被调整的“固定资产”账户，从不同的角度描述了固定资产的情况，既有固定资产原始价值信息，用以揭示企业生产能力的大小、技术含量的高低，并作为计提折旧的依据，又有该固定资产的磨损价值和净值数额的相互对照，用以说明固定资产的新旧程度，为了解企业的生产规模，合理组织固定资产的更新改造，确保固定资产的有效利用等，提供了全面、系统的信息。

（2）“累计折旧”账户与“固定资产”账户的结构相反，余额方向相反。“固定资产”账户的余额一定在借方，“累计折旧”账户的余额一定在贷方。

2. 权益类备抵账户。权益类备抵账户是用来抵减某一权益（包括负债、所有者权益）账户（被调整账户）的数额，据以确定该权益账户的实际数额的账户。“利润分配”账户就是一个典型的权益类备抵账户，它与“本年利润”账户之间的关系，就是调整与被调整的关系，其相互关系和调整方式如下所示。

本年利润
（被调整账户）

借方	贷方
	余额：本年累计利润（原始数据）

利润分配
（权益类备抵账户）

借方	贷方
余额：累计已分配的利润	

本年累计利润－累计已分配的利润＝未分配利润

(1)“利润分配”账户（调整账户）配合被调整账户“本年利润”账户，从不同的角度揭示了企业的财务成果情况，既有利润总额信息，用以综合说明企业的经营业绩，又有累计实现利润和已分配利润的相互对照，据以确定尚未分配的利润数额。

(2)“利润分配”账户的结构取决于“本年利润”账户的结构。由于采用抵减方式，调整账户与被调整账户的结构正好相反。

备抵账户的特点是：调整账户与被调整账户的记账方向和余额方向相反。如果被调整账户以借方反映其增加额，贷方反映其减少额，余额在借方，则其调整账户以贷方反映其增加额，借方反映其减少额，余额在贷方。

（二）附加账户

附加账户，是用来增加被调整账户的余额，以求得被调整账户实际余额的账户。其调整方式可用下列计算公式表示：

被调整账户账面余额＋附加账户账面余额＝被调整账户的实际余额

附加账户在实际工作中运用较少，为了便于掌握其基本原理，这里仅以“应付债券”总账账户下的“应付债券——面值”和“应付债券——利息调整——债券溢价”两个明细账户为例加以说明。

如果企业通过发行债券来筹集资金，在溢价发行的情况下，为了同时反映债券的面值和债券实际价格超过债券面值的溢价金额，可分别设置“应付债券——面值”和“应付债券——利息调整——债券溢价”两个明细账户。在这里，“应付债券——面值”账户是被调整账户，其贷方余额反映发行在外的债券总面值，而“应付债券——利息调整——债券溢价”账户是附加账户，其贷方余额反映发行在外的债券溢价余额。两个账户的相互关系及调整方式如下所示。

应付债券——面值
（被调整账户）

借方	贷方
	余额：发行在外的债券总面值

应付债券——利息调整——债券溢价
（附加账户）

借方	贷方
	余额：发行在外的债券溢价余额

发行在外的债券总面值＋发行在外的债券溢价余额＝发行在外的债券实际余额

附加账户的特点是：被调整账户的记账方向和余额方向与调整账户一致。在实际的会计工作中，纯粹的附加账户很少运用。

（三）备抵附加账户

备抵附加账户，是既采用抵减调整方式，又采用附加调整方式，以求得被调整账户实际余额的账户。

备抵附加账户同时具备抵减和附加两种调整职能。这类账户在某一时刻执行的是哪一种调整职能，取决于该账户的余额与被调整账户的余额在方向上是否一致。当其余额与被调整账户的余额在不同方向时，它起的是备抵账户的作用；当其余额与被调整账户的余额在相同方向时，它起的是附加账户的作用。其调整方式可用下列计算公式表示：

被调整账户账面余额±调整账户账面余额＝被调整账户的实际余额

制造企业设置的“材料成本差异”账户就是一个典型的备抵附加账户。现以该账户为例，说明备抵附加账户的用途与结构。

制造企业在采用计划成本进行材料的日常收发核算时，“原材料”账户按计划成本计价核算。为了反映原材料的实际成本，需要设置“材料成本差异”账户，用以调整“原材料”账户的账面余额。这样，“材料成本差异”账户与“原材料”账户之间就建立了一种调整与被调整的关系。其调整方式如下所示。

原材料
（被调整账户）

借方	贷方
余额：结存材料的计划成本	

材料成本差异
（备抵附加账户）

借方	贷方
余额：结存材料的超支成本差异	

结存材料的计划成本＋结存材料的超支成本差异＝结存材料的实际成本

原材料
（被调整账户）

借方	贷方
余额：结存材料的计划成本	

材料成本差异
（备抵附加账户）

借方	贷方
	余额：结存材料的节约成本差异

结存材料的计划成本－结存材料的节约成本差异＝结存材料的实际成本

当“材料成本差异”账户出现借方余额时，以附加的方式，将“原材料”账户所反映材料的计划成本调整为实际成本；相反，当“材料成本差异”账户出现贷方余额时，则以抵减的方式，将“原材料”账户所反映材料的计划成本调整为实际成本。

“材料成本差异”账户的具体运用将在以后的专业会计中讲述，这里不再赘述。

综上所述，调整账户的特点是：（1）调整账户与被调整账户所反映的经济内容相同；（2）调整的方式是用原始数额加上或者减去调整数额，从而求得某一具有特定含义的指标的实际数额；（3）调整账户不能离开被调整账户而独立存在，有调整账户就一定有被调整账户。

五、集合分配账户

集合分配账户，是用来归集和分配生产经营过程中某一阶段所发生的某种费用的账户，如“制造费用”账户。

集合分配账户的特点是：（1）具有明显的过渡性；（2）借方登记费用的发生额，贷方登记费用的分配额，期末一般无余额。其结构如下所示。

借方　　　　集合分配账户	贷方
发生额：某种费用的发生额	发生额：某种费用的分配额

六、成本计算账户

成本计算账户，是用来归集和分配生产经营过程中某一阶段所发生的全部费用，并据以计算、确定各个成本计算对象实际成本的账户，如“生产成本”“劳务成本”“在建工程”等账户。

成本计算账户的特点是：（1）借方登记生产经营过程中发生的应计入成本的全部费用，贷方登记转出的实际成本，余额在借方，表示期末尚未完成生产经营过程某一阶段的成本计算对象的实际成本；（2）须按成本计算对象分别设置明细分类账户进行明细核算。

成本计算账户的结构如下所示。

借方　　　　成本计算账户	贷方
期初余额：期初尚未完成生产经营过程某一阶段的成本计算对象的实际成本 发生额：生产经营过程某一阶段所发生的全部费用数额	发生额：结转已完成某一阶段的成本计算对象的实际成本
期末余额：期末尚未完成生产经营过程某一阶段的成本计算对象的实际成本	

七、期间汇转账户

期间汇转账户，是用来核算和监督企业生产经营过程中某一会计期间发生的收入和费用，借以在期末计算确定经营财务成果的账户，包括期间收入汇转账户和期间费用汇转账户。

（一）期间收入汇转账户

期间收入汇转账户，是用来核算和监督企业生产经营过程中某一会计期间实现的收入、收益的账户，如“主营业务收入”“其他业务收入”“投资收益”“营业外收入”等账户。

期间收入汇转账户的特点是：借方登记收入、收益的减少数或转销数，贷方登记实现的收入、收益数，期末将当期汇集的净收入（收益）转入“本年利润”账户，结转后，该类账户无期末余额。

期间收入汇转账户的结构如下所示。

借方	期间收入汇转账户　　　　　　　　　　贷方
发生额：收入、收益的减少数和转入“本年利润”数	发生额：实现的收入、收益数

（二）期间费用汇转账户

期间费用汇转账户，是用来核算和监督企业生产经营过程中某一会计期间发生的费用的账户，如“管理费用”“财务费用”“销售费用”“主营业务成本”“税金及附加”“其他业务成本”“资产减值损失”“营业外支出”“所得税费用”等账户。

期间费用汇转账户的特点是：借方登记费用的发生数，贷方登记费用的冲销或转销数，期末将当期归集的费用结转到“本年利润”账户，结转后，该类账户无期末余额。

期间费用汇转账户的结构如下所示。

借方	期间费用汇转账户　　　　　　　　　　贷方
发生额：费用的发生数	发生额：冲销数和转入“本年利润”数

期间汇转账户的特点是：（1）期末没有余额；（2）只提供货币计量指标。

八、财务成果计算账户

财务成果计算账户，是用来核算和监督企业在一定时期内的财务成果并计算最终经营结果的账户。“本年利润”账户是财务成果计算账户的典型例子。

财务成果计算账户的特点是：借方登记一定时期内的各项成本、费用、税金及附加，贷方登记一定时期内的各项收入、收益，期末将借方发生额和贷方发生额进行比较，就可以确定本会计期间的财务成果，如为贷方余额，表示本期截至计算期实现的利润净额；如为借方余额，则表示本期截至计算期发生的亏损净额。年终决算时，将“本年利润”账户结转到“利润分配”账户，结转后该账户无年末余额。

财务成果计算账户的结构如下所示。

借方	财务成果计算账户 贷方
发生额：应计入本期损益的各项成本费用及税金	发生额：应计入本期损益的各项收入和收益
期末余额：发生的亏损净额	期末余额：实现的利润净额

综上所述，账户按用途和结构的分类如图5-2所示。

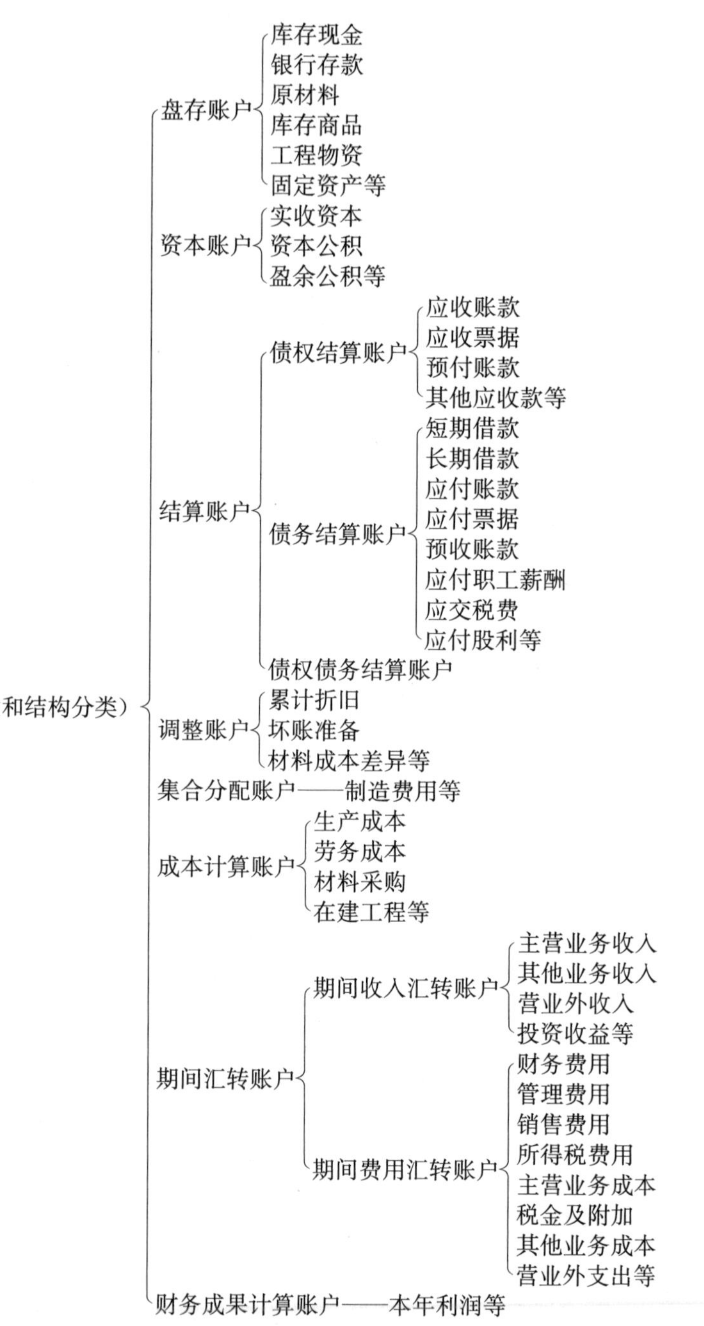

图5-2 账户按用途和结构的分类

需要说明的是，账户除了按经济内容分类及按用途和结构分类外，还可以按其他标准分类，如按所提供指标的详细程度分类，按列入会计报表项目分类，等等。

□ 本章小结

任何一个账户都有其独特的经济性质、用途和结构，一般不能用其他账户来替代。为了正确地设置和运用账户，需要从理论上进一步认识各个账户的经济内容、用途和结构及其在整个账户体系中的地位和作用。在了解各个账户特性的基础上，了解账户的共性和相互之间的联系，掌握各个账户在提供核算指标方面的规律性，科学地进行账户分类，以便正确设置账户体系和账簿格式，全面地反映企业单位的经营活动和资金运动情况。

账户的分类一般有按账户的经济内容分类、按账户的用途和结构分类两种。账户按其反映的经济内容不同，可分为资产类账户、负债类账户、所有者权益类账户、成本类账户和损益类账户等五种。账户按其用途和结构的不同，可分为盘存账户、资本账户、结算账户、调整账户、集合分配账户、成本计算账户、期间汇转账户和财务成果计算账户等八种。

□ 主要概念

账户的经济内容　　账户的用途　　账户的结构　　盘存账户
调整账户　　结算账户　　集合分配账户　　成本计算账户

□ 复习思考题

1. 账户按经济内容可分为哪几类?
2. 什么是账户的用途和结构? 账户按用途和结构可分为哪几类?
3. 什么是调整账户? 举例说明调整账户的调整方式及使用特点。
4. 什么是结算账户和集合分配账户? 各自有何特点?

□ 复习巩固题

单项选择题

1. 按用途和结构分类，“应付票据”账户属于（　　）账户。
A. 债务结算　　B. 债权结算　　C. 债权债务结算　　D. 附加调整

2. 按照经济内容分类，“预收账款”账户属于（　　）。
A. 资产类账户　B. 负债类账户　C. 费用类账户　D. 利润类账户
3. 在下列所有者权益账户中，反映所有者原始投资的账户是（　　）。
A. 实收资本　B. 盈余公积　C. 本年利润　D. 利润分配
4. 下列不属于抵减账户的是（　　）。
A. 利润分配　B. 坏账准备　C. 固定资产　D. 累计折旧
5. 按照账户的用途和结构分类，“固定资产”账户属于（　　）。
A. 资产类账户　B. 成本类账户
C. 盘存账户　D. 资本账户
6. 下列说法错误的是（　　）。
A. 抵减账户与其被抵减账户反映的经济内容相同
B. 抵减账户与其被抵减账户反映的经济内容不一定相同
C. 抵减账户不能离开被抵减账户而独立存在
D. 有抵减账户就有被抵减账户
7. 对于双重性质账户的期末余额，下列说法正确的是（　　）。
A. 一般有借方余额　B. 一般有贷方余额
C. 一定没余额　D. 余额可能在借方，也可能在贷方
8. 在企业不单设“预付账款”账户时，预付款业务可在（　　）账户中反映。
A. 应收账款　B. 预收账款　C. 应付账款　D. 其他往来

多项选择题

1. 下列反映流动资产的账户有（　　）。
A. 应收账款　B. 周转材料　C. 材料采购　D. 原材料
E. 库存商品
2. 为了核算企业利润分配的过程、去向和结果，企业应设置的科目有（　　）。
A. 利润分配　B. 管理费用　C. 盈余公积　D. 应付利润
E. 本年利润
3. 下列账户期末如有余额在借方的是（　　）。
A. 债权结算账户　B. 资本账户
C. 盘存账户　D. 成本计算账户
E. 期间收入汇转账户
4. 下列账户属于盘存账户的有（　　）。
A. 库存现金　B. 银行存款　C. 库存商品　D. 原材料
E. 累计折旧
5. 下列属于期间汇转账户的有（　　）。
A. 主营业务收入　B. 投资收益
C. 财务费用　D. 主营业务成本
E. 所得税费用

判断题

1. “固定资产”“累计折旧”“坏账准备”“应收账款”“材料成本差异”账户都属于调整账户。( )

2. “应收账款”账户的余额总是在借方。( )

3. 账户的用途和结构从根本上说是由账户的经济内容决定的。( )

4. “本年利润”账户和“利润分配”账户按其用途和结构分类同属于一个类别。( )

5. 集合分配类账户是用来归集应由某个成本计算对象负担的间接费用的账户，因而具有明显的过渡性质，期末一般都有余额。( )

6. 调整账户是为了求得被调整账户的实际余额而设置的账户。( )

7. 期间汇转账户期末一般无余额。( )

8. “固定资产”账户与“累计折旧”账户虽然同属于资产类账户，其用途和结构却完全不同。( )

实务练习题一

一、目的：练习账户按经济内容分类以及按用途和结构分类。

二、资料：某企业设置和运用下列账户：

银行存款、预收账款、应收账款、应付账款、坏账准备、所得税费用、库存现金、实收资本、本年利润、财务费用、其他应收款、主营业务成本、主营业务收入、在建工程、营业外支出、应交税费、管理费用、固定资产、税金及附加、应付职工薪酬、材料采购、盈余公积、投资收益、工程物资、其他应付款、生产成本、制造费用、长期借款、库存商品、应付票据。

三、要求：将上述账户名称填入下表相应栏目内。

账户类别	资产类账户	负债类账户	所有者权益类账户	成本类账户	损益类账户
盘存账户					
资本账户					
结算账户					
调整账户					
集合分配账户					
成本计算账户					
期间汇转账户					
财务成果计算账户					

实务练习题二

一、目的：了解“固定资产”账户和“累计折旧”账户之间的调整关系。

二、资料：长安公司本期“累计折旧”账户期初余额为 2 500 000 元，期末余额为 2 880 000 元。假定本期没有发生固定资产的增减变动情况，公司计提固定资产折旧的比率是5%（固定资产折旧额=固定资产原值×折旧率）。

三、要求：

1. 计算该公司本期计提的固定资产折旧额。
2. 计算该公司固定资产原值、期末净值。
3. 说明“固定资产”账户与“累计折旧”账户之间的关系。

第六章 Chapter 6 会计凭证

学习目标

本章的学习目的是掌握会计核算的基本方法——填制和审核凭证。本章要求学习者明确会计凭证的意义和作用，熟悉会计凭证的种类、原始凭证及记账凭证的基本格式与内容，掌握会计凭证的填制要求和填制方法，熟知会计凭证的审核要求。

第一节 会计凭证概述

一、会计凭证的意义和作用

在会计核算中，任何单位发生的经济业务，在时间、地点、性质、数量、金额、经办单位或人员等方面都各有不同。为了区别不同的经济业务，明确经办单位和相关人员的经济责任，必须办理凭证手续，即由执行或完成该项经济业务的有关人员填制或取得会计凭证，详细说明该项经济业务的内容，并在会计凭证上签名或盖章，明确经济责任。会计凭证就是用来记录经济业务、明确经济责任，按一定格式编制的、据以登记会计账簿的书面证明。

会计凭证的填制和审核，对于如实反映经济业务的内容，有效监督经济业务的合理性和合法性，保证会计核算资料的真实性、可靠性、合理性，发挥会计在经济管理中的作用具有重要意义。会计凭证的作用可以概括为以下几点：

1. 提供记账依据。会计凭证能够证明经济业务的发生或完成情况，每个企业在生产经营过程中会发生大量各种各样的经济业务，会计部门要及时、正确地记录这些经济业务，必须以会计凭证为依据。每当发生经济业务时，会计人员必须填制相应的会计凭证，真实反映经济业务的发生或完成情况，通过会计凭证的整理、分类、汇总和传递，及时地记录经济业务。提供记账依据是会计凭证在会计核算中的主要作用。

2. 明确经济责任。任何一项经济业务活动都要由经办人员填制凭证并签字盖章，这便于划清职责，明确责任；同时也便于发现问题，查明责任，从而有利于加强与改善经营管理，推行经济责任制。

3. 监督、控制经济活动。通过会计凭证的审核，可以监督各项经济业务的合法性，检查经济业务是否符合国家的有关法律制度，是否符合企业目标和财务计划；检查经济业务有无违法乱纪、违反会计制度的现象，有无铺张、浪费、贪污等损害公共财产的行为发生；对经济管理中存在的问题和管理制度中存在的疏漏，可以及时发现并加以制止和纠正，以改善经营管理，提高经济效益。

二、会计凭证的种类

在日常会计核算中，由于不同会计主体发生经济业务或事项的性质不同，管理上的要求不同，因此所形成的会计凭证的种类就会有所不同。为了正确使用会计凭证，充分发挥会计凭证的作用，必须按照一定的分类标准对其进行分类。通常情况下，会计凭证按其用途和填制程序的不同可以分为原始凭证和记账凭证。下面就这两类会计凭证的具体内容进行详细说明。

第二节 原始凭证

一、原始凭证的种类及内容

原始凭证是在经济业务发生或完成时取得或填制的，用以记录、证明经济业务已经发生或完成情况的书面文件。各个单位必须根据实际发生的经济业务取得或填制原始凭证，作为进行会计记账的原始资料和重要证据。例如，商品交易中的发票，生产活动中的领料单、产品验收入库单、工资结算单等，都属于原始凭证。凡不能证明经济业务发生或完成情况的单证都不能作为原始凭证并据以记账，如购销合同、购料申请单等。原始凭证是经济业务发生或完成情况的原始证明文件，记载着经济业务发生的时间、内容、金额、经办人等信息，与记账凭证相比，是具有法律效力的一种很重要的凭证。

（一）原始凭证的种类

1. 原始凭证按其来源不同分为外来原始凭证和自制原始凭证。

（1）外来原始凭证。外来原始凭证是会计主体与外部单位发生经济往来时从外部单位取得的原始凭证。其特点是由外部单位填制并签章，如购货时取得的发票、付款时取得的收据等。发票的一般格式见图6－1和表6－1。

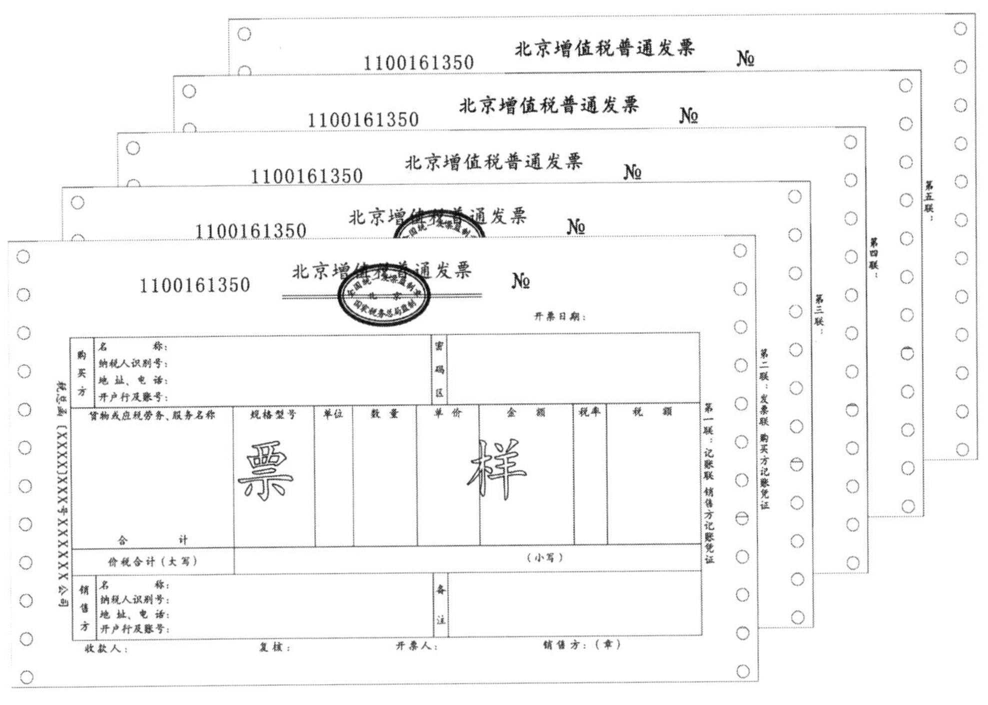

图 6-1　增值税普通发票

表 6-1　××市增值税专用发票

6100074410　　　　　　　　　　　　　　　　　　　　№ 20288555

抵　扣　联　　　　　开票日期：　　年　月　日

<table>
<tr><td>购货单位</td><td colspan="4">名　　称：长城公司
纳税人识别号：280602100200228
地址、电话：雁塔新村 5628347
开户行及账号：工商行二分行 20100355</td><td>密码区</td><td colspan="3"></td></tr>
<tr><td colspan="2">货物或应税劳务名称
风机</td><td>规格型号
E-10</td><td>单位
台</td><td>数量
5</td><td>单价
1 200</td><td>金额
6 000.00</td><td>税率
13%</td><td>税额
780.00</td></tr>
<tr><td colspan="2">合　计</td><td></td><td></td><td></td><td></td><td>6 000.00</td><td></td><td>780.00</td></tr>
<tr><td colspan="2">价税合计（大写）</td><td colspan="7">陆仟柒佰捌拾元整　　　　（小写）¥6 780.00</td></tr>
<tr><td>销货单位</td><td colspan="4">名　　称：永安公司
纳税人识别号：230102100120084
地址、电话：永安市和平路 13 号
开户行及账号：工商行五分行 211040003-52</td><td>备注</td><td colspan="3"></td></tr>
</table>

第二联：抵扣联　购货方扣税凭证

收款人：陈　明　　　复核：　　　开票人：张　敏　　　销货单位：（章）

（2）自制原始凭证。自制原始凭证是指会计主体内部发生经济业务时，由内部经办经济业务的部门或人员填制的凭证。其特点是由内部人员填制并签章，例如，商品、材料入库时，由仓库保管人员填制的入库单；商品销售或材料出库时，由业务部门开出的提货单、领料单等。其一般格式见表6-2至表6-4。

表6-2 收料单

供货单位： 年 月 日 凭证编号：
发票号码： 收料仓库：

<table>
<tr><th rowspan="2">材料编号</th><th rowspan="2">品名</th><th rowspan="2">规格</th><th rowspan="2">等级</th><th rowspan="2">单位</th><th colspan="2">数量</th><th rowspan="2">单价</th><th rowspan="2">金额</th><th rowspan="2">包装数量</th><th rowspan="2">件数</th></tr>
<tr><th>应收</th><th>实收</th></tr>
<tr><td></td><td></td><td></td><td></td><td></td><td></td><td></td><td></td><td></td><td></td><td></td></tr>
<tr><td></td><td></td><td></td><td></td><td></td><td></td><td></td><td></td><td></td><td></td><td></td></tr>
<tr><td colspan="8">合 计</td><td></td><td></td><td></td></tr>
</table>

验收单位（签章） 复核（签章） 记账员（签章） 制单（签章）

表6-3 限额领料单

领料单位： 编号：
用途： 材料单价：
计划产量： 年 月 单位消耗定额：

<table>
<tr><th colspan="3" rowspan="2">材料名称及规格</th><th rowspan="2">计量单位</th><th rowspan="2">全月领用限额</th><th colspan="2">全月实领</th></tr>
<tr><th>数量</th><th>金额</th></tr>
<tr><td colspan="3"></td><td></td><td></td><td></td><td></td></tr>
<tr><th>领料日期</th><th>请领数</th><th>实发数</th><th>结余数</th><th>领料人</th><th>领料单位主管</th><th>发料人</th></tr>
<tr><td></td><td></td><td></td><td></td><td></td><td></td><td></td></tr>
<tr><td></td><td></td><td></td><td></td><td></td><td></td><td></td></tr>
<tr><td></td><td></td><td></td><td></td><td></td><td></td><td></td></tr>
<tr><td>合 计</td><td></td><td></td><td></td><td></td><td></td><td></td></tr>
</table>

供应部门负责人： 生产部门负责人： 仓库：

表6-4 基本生产车间材料费用分配表

车间： 年 月

分配对象	分配标准	分配率	分配金额
合 计			

主管： 审核： 制表：

企业的自制原始凭证按其填制手续和内容的不同又可以分为一次凭证、累计凭证和汇总凭证。

1）一次凭证。一次凭证是一次记录一项或若干同类型经济业务的原始凭证，凭证的填制手续是一次完成的，不能重复使用。在自制的原始凭证中，大部分凭证的填制手续是一次完成的，如收料单、材料费用分配表等。其一般格式见表6-2、表6-4。

2）累计凭证。累计凭证是用来连续记录一定时期内若干同类经济业务的凭证。一些单位为了连续反映某一时期内不断重复发生而分次进行的特定业务，需要在一张凭证中连续、累计填列该项特定业务的具体情况，如限额领料单。该单标明了某种材料在规定期限内的领用额度，用料单位每次领料，都要由经办人员在限额领料单上逐笔记录、签章，并结出限额结余。使用这种凭证，既可以做到对领用材料的事前控制，又可减少凭证填制的手续。限额领料单的一般格式见表6－3。

3）汇总凭证。汇总凭证又称原始凭证汇总表，是用来汇总一定时期内反映同类经济业务的原始凭证。在实际工作中，为了既集中反映某项经济业务的总括情况，又简化记账凭证的填制工作，往往将一定时期内若干记录同类经济业务的原始凭证汇总编制成一张原始凭证。如收货汇总表、商品销货汇总表、发出材料汇总表（其一般格式见表6－5）等。汇总原始凭证只能汇总同类经济业务，不能汇总性质不同的经济业务。

表6－5　发出材料汇总表

年　月　日

会计科目	领料部门	原材料	…	合　计
基本生产成本	铸造车间			
	装配车间			
	小计			
辅助生产成本	供气车间			
	供水车间			
	小计			
制造费用	铸造车间			
	装配车间			
	小计			
合　计				

会计负责人：　　　　　　　　　　复核：　　　　　　　　　　制表：

2. 原始凭证按照格式不同可分为通用凭证和专用凭证。

（1）通用凭证。通用凭证是由有关部门统一印制、在一定范围内使用的具有统一格式和使用方法的原始凭证，如全国通用的增值税发票、银行转账结算凭证等。

（2）专用凭证。专用凭证是由单位自行印制，仅在本单位内部使用的原始凭证，如收料单、领料单、工资费用分配单、折旧计算表等。

（二）原始凭证的基本要素

企业的经济业务是多种多样的，反映其具体内容的原始凭证也是多种多样的。但是，无论哪一种原始凭证，都应该说明有关经济业务的执行和完成情况，明确有关经办人员和单位的经济责任。因此，各种原始凭证都必须具备一些相同的内容，这些内容称为原始凭证的基本要素。按照我国《会计基础工作规范》的规定，原始凭证必须具备以下基本要素：

1. 凭证的名称。
2. 填制凭证的日期。
3. 填制凭证单位名称或者填制人姓名。
4. 经办人员的签名或者盖章。
5. 接受凭证单位名称。
6. 经济业务内容。
7. 数量、单价和金额。

二、原始凭证的填制

（一）原始凭证的填制方法

填制原始凭证要由填制人员将各项原始凭证要素按规定方法填写齐全，办妥签章手续，明确经济责任。在会计实务中，原始凭证通常是按以下基本要素填写的：

1. 原始凭证的名称。任何原始凭证都应有名称，例如发票、领料单等。原始凭证的名称表明了该原始凭证的用途，例如，收料单是反映入库材料的原始凭证。

2. 填制凭证的日期。原始凭证必须写明填制的日期，以表明这项经济业务是在什么时候发生或完成的。原始凭证上写明的日期应是经济业务发生或完成的日期。

3. 凭证的编号。除已预先印定编号的凭证外，各种凭证必须连续编号，以便查验。

4. 填制和接受凭证的单位名称。编制原始凭证，一定要有接受单位。凭证的接受单位就是发生经济业务往来的单位。

5. 经济业务的基本内容。其中包括经济业务发生的数量和金额。因为原始凭证是用来证明经济业务的发生或完成情况的，所以，必须在凭证上写明经济业务的内容，包括经济业务所涉及的商品物资的品种、数量、单价和金额。

6. 填制单位和经办人员的签章等。为了明确经济责任，原始凭证要由编制单位加盖公章，并由经办人员签名或盖章。

此外，有些经济业务在不同单位中经常发生，为了使各单位填制的原始凭证能够提供统一管理所需要的资料，主管部门可制定统一的凭证格式，在特定单位和部门统一使用。例如，中国人民银行统一制定的现金支票、转账支票，中国铁路总公司统一制定的铁路运单，就是银行、铁路部门统一使用的原始凭证。

（二）原始凭证的填制要求

原始凭证的种类不同，其填制要求也不尽相同，但就原始凭证应反映的经济业务和应明确的经济责任而言，原始凭证填制的一般要求是相同的。为了确保会计核算资料的真实、正确和及时反映，应按下列要求填制原始凭证：

1. 记录真实。原始凭证所填列的经济业务内容和数字必须真实可靠，即符合国家有关政策、法令、法规、制度的要求，符合有关经济业务的实际情况，不得弄虚作假，更不得伪造凭证。

2. 内容完整。对原始凭证要求填列的项目必须逐项填列齐全，不得遗漏和省略；必须符合手续完备的要求，经办业务的有关部门和人员要认真审核，签名盖章。

3. 手续完备。单位自制的原始凭证必须有经办单位领导人或者其他指定的人员签名盖章；对外开出的原始凭证必须加盖本单位公章；从外部取得的原始凭证，必须盖有填制单位的公章；从个人取得的原始凭证，必须有填制人员的签名盖章。

4. 书写清楚、规范。原始凭证要按规定填写，文字要简洁，字迹要清楚，易于辨认，不得使用未经国务院公布的简化汉字。大小写金额必须相符且填写规范，小写金额用阿拉伯数字逐个书写，不得写连笔字，在阿拉伯数字金额前要填写人民币符号“¥”，人民币符号“¥”与阿拉伯数字之间不得留有空白，金额数字一律填写到角分，无角分的，写“00”或符号“一”，有角无分的，分位写“0”，不得用符号“一”；大写金额用汉字壹、贰、叁、肆、伍、陆、柒、捌、玖、拾、佰、仟、万、亿、元、角、分、零、整（正）等，一律用正楷或行书字书写，大写金额前未印有“人民币”字样的，应加写“人民币”三个字，“人民币”字样和大写金额之间不得留有空白，大写金额到元或角为止的，后面要写“整”（或“正”）字，有分的，不写“整”（或“正”）字。如小写金额为¥1 008.00，大写金额应写成“壹仟零捌元整（正）”。

5. 编号连续。如果原始凭证已预先印定编号，在写坏作废时，应加盖“作废”戳记，妥善保管。一式几联的发票和收据，必须用双面复写纸（发票和收据本身具备复写纸功能的除外）套写，并连续编号。作废时应当加盖“作废”戳记，连同存根一起保存，不得撕毁。

6. 不得涂改、刮擦、挖补。原始凭证有错误的，应当由出具单位重开或更正，并在更正处加盖出具单位印章。原始凭证金额有错误的，应当由出具单位重开，不得在原始凭证上更正。

7. 填制及时。各种原始凭证一定要及时填写，并按规定的程序及时送交会计机构、会计人员进行审核。

三、原始凭证的审核

原始凭证的审核应当按照国家统一会计准则的规定进行。只有经过审核确定无误的凭证，才能作为记账的依据。为了正确核算并监督各项经济业务，会计部门的经办人员必须严格审核各项原始凭证，以确保会计核算资料的合法、真实、合理、完整。

1. 审核原始凭证的合法性和真实性。审核所发生的经济业务是否符合国家有关规定的要求，是否有违反财经制度的现象；原始凭证中所列的经济业务事项是否真实，有无弄虚作假的情况。如审核原始凭证后发现有多计或少计收入、费用，擅自扩大开支范围、提高开支标准，巧立名目、虚报冒领、滥发奖金或津贴等违反财经制度和财经纪律的情况，不仅不能作为合法真实的原始凭证，而且要按规定进行处理。

2. 审核原始凭证的合理性。审核所发生的经济业务是否符合厉行节约、反对浪费、有利于提高经济效益的原则，是否有违反该原则的现象。如审核原始凭证后确定有突击使用预算结余购买不需要的物品，或对陈旧过时设备进行大修理等违反上述原则的情况，不能作为合理的原始凭证。

3. 审核原始凭证的完整性。审核原始凭证是否具备基本内容，是否有应填未填或填写不清楚的现象。如审核原始凭证后确定有未填写接受凭证单位名称，无填证单位或制证人员签章，业务内容与附件不符等情况，不能作为内容完整的原始凭证。

4. 审核原始凭证的正确性。审核原始凭证在计算方面是否存在失误。如审核原始凭证后确定有业务内容摘要与数量、金额不对应，业务所涉及的数量与单价的乘积与金额不符，金额合计错误等情况，不能作为正确的原始凭证。

对于审核后的原始凭证，如发现不符合上述要求，有错误或不完整之处，应当按照有关规定进行处理；如符合有关规定，就可根据审核无误的原始凭证来编制记账凭证。

第三节　记账凭证

一、记账凭证的种类及内容

在实际工作中，由于原始凭证来自不同的单位，种类繁多，数量庞大，格式、大小不一，不便于填列应借、应贷的会计科目和金额，不便于记账和查账。为了方便登记账簿，需要将原始凭证加以归类、整理，填制具有统一格式的记账凭证，确定会计分录，并将相关的原始凭证附在记账凭证后面。这样不仅可以简化记账工作，避免记账发生差错，而且有利于原始凭证的保管，便于对账和查账，提高会计工作质量。记账凭证就是会计人员根据审核无误的原始凭证，按照经济业务的性质和应用的会计科目加以归类整理，确定会计分录而编制的直接据以登账的会计凭证。

（一）记账凭证的种类

1. 记账凭证按其用途不同可分为通用记账凭证和专用记账凭证。

（1）通用记账凭证。通用记账凭证是指用来记录所有经济业务的记账凭证。通用记账凭证的一般格式见表 6－6。

表 6－6 记账凭证

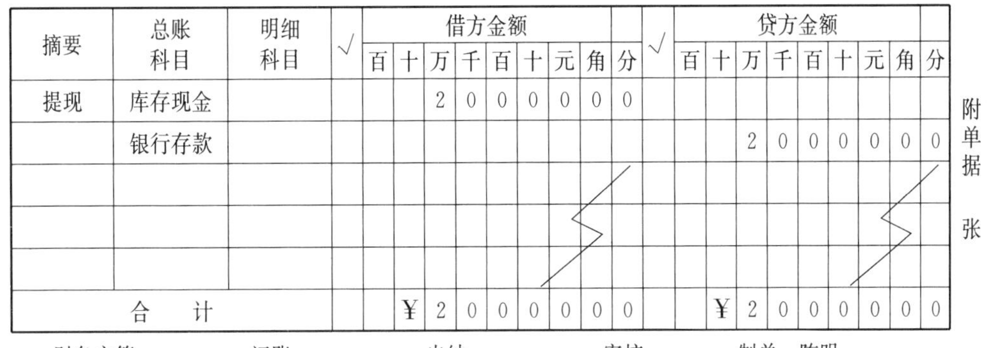

××年 7 月 13 日 凭证编号 8 号

摘要	总账科目	明细科目	√	借方金额									√	贷方金额								
				百	十	万	千	百	十	元	角	分		百	十	万	千	百	十	元	角	分
提现	库存现金					2	0	0	0	0	0	0										
	银行存款															2	0	0	0	0	0	0
合 计					¥	2	0	0	0	0	0	0			¥	2	0	0	0	0	0	0

附单据 张

财务主管： 记账： 出纳： 审核： 制单：陈明

（2）专用记账凭证。专用记账凭证是指分类记录经济业务的记账凭证。专用记账凭证按其反映的经济业务是否与货币资金收付有关，可以分为收款凭证、付款凭证和转账凭证。

1）收款凭证。收款凭证是专门用于反映货币资金收入业务的记账凭证，根据货币资金收入业务的原始凭证填制而成。收款凭证一般按库存现金和银行存款分别编制。其格式见表 6－7。

表 6－7 收款凭证

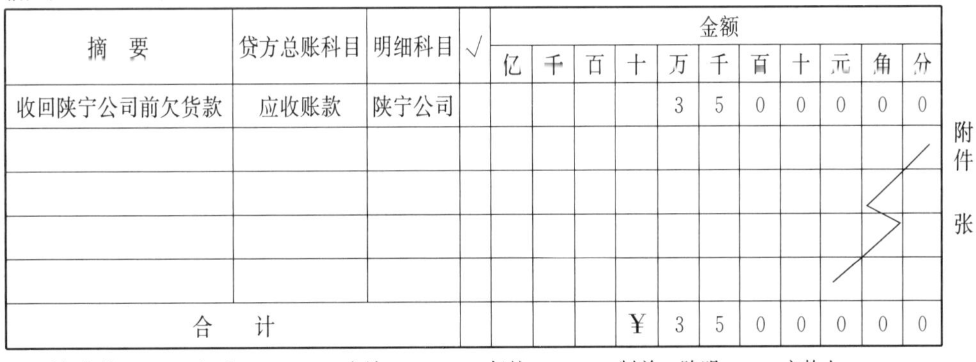

借方科目：银行存款 ××年 7 月 15 日 银收字第 09 号

摘 要	贷方总账科目	明细科目	√	金额										
				亿	千	百	十	万	千	百	十	元	角	分
收回陕宁公司前欠货款	应收账款	陕宁公司						3	5	0	0	0	0	0
合 计							¥	3	5	0	0	0	0	0

附件 张

财务主管 记账： 出纳： 复核： 制单：陈明 交款人：

2）付款凭证。付款凭证是专门用于反映货币资金支出业务的记账凭证，根据货币资金支出业务的原始凭证填制而成。付款凭证一般也按库存现金和银行存款分别编制。其格式见表 6－8。

3）转账凭证。转账凭证是专门用于反映与货币资金收付无关的转账业务的凭证，根据有关转账业务的原始凭证填制而成。其格式与通用凭证的格式相同，见表 6－9。

表 6-8 付款凭证

贷方科目：库存现金　　　　××年7月23日　　　　现付字第15号

摘 要	借方总账科目	明细科目	√	金额										
				亿	千	百	十	万	千	百	十	元	角	分
厂办陈明预借差旅费	其他应收款	陈明							1	0	0	0	0	0
合 计								¥	1	0	0	0	0	0

附件　张

财务主管：　记账：　出纳：　复核：　制单：陈明　领款人：

表 6-9 转账凭证

××年7月28日　　　　转字第15号

摘要	总账科目	明细科目	√	借方金额								√	贷方金额							
				十	万	千	百	十	元	角	分		十	万	千	百	十	元	角	分
生产领料	生产成本	甲产品			6	0	0	0	0	0	0									
	制造费用					5	0	0	0	0	0									
	原材料	A材料												6	5	0	0	0	0	0
合 计				¥	6	5	0	0	0	0	0		¥	6	5	0	0	0	0	0

附单据　张

财务主管：　记账：　出纳：　审核：　制单：陈明

2. 记账凭证按其填制方式不同可分为单式记账凭证、复式记账凭证和汇总记账凭证。

（1）单式记账凭证。单式记账凭证是指在一张记账凭证上只登记经济业务所涉及的一个账户及其金额，而对应账户的名称仅作参考，不据以记账的记账凭证。这种记账凭证一般适用于业务量较大、会计部门内部分工较细的单位。单式记账凭证的格式见表6-10和表6-11。

表 6-10 借项记账凭证

××年5月20日　　　　凭证编号　记字第 $2\frac{1}{2}$ 号

摘要	总账科目	明细科目	账页	金额
支付前欠货款	应付账款	长城公司		60 000
对应一级科目：银行存款	合计			¥60 000

财务主管：　记账：　复核：　出纳：　制单：陈明

表 6-11　贷项记账凭证

××年 5 月 20 日　　　　凭证编号· 记字第 $2\frac{2}{2}$ 号

摘要	总账科目	明细科目	账页	金额
支付前欠货款	银行存款			60 000
对应一级科目：应付账款	合计			￥60 000

财务主管：　　记账：　　复核：　　出纳：　　制单：陈明

(2) 复式记账凭证。复式记账凭证是把每笔经济业务所涉及的全部会计科目及其发生额均登记在同一张会计凭证上，用以完整反映某笔经济业务情况的记账凭证。前述各种记账凭证（表 6-6 至表 6-9）都属于复式记账凭证。

(3) 汇总记账凭证。汇总记账凭证是指将许多同类记账凭证逐日或定期（5 天、10 天、20 天等）加以汇总后填制的记账凭证。汇总记账凭证将在第十章中专门介绍。

(二) 记账凭证的基本要素

记账凭证作为登记账簿的依据，其主要作用在于对种类繁多、格式各异的原始凭证进行归类、整理，运用账户和复式记账方法确定会计科目，编制会计分录。在实际工作中，因所反映经济业务的内容不同，各单位规模大小及其对会计核算繁简程度的要求不同，记账凭证的格式设计也不尽相同，但为了满足记账的基本要求，各种记账凭证都必须具备一些相同的内容，这些内容称为记账凭证的基本要素。按照我国《会计基础工作规范》的规定，记账凭证必须具备以下基本要素：

(1) 填制凭证的日期。

(2) 凭证编号。

(3) 经济业务摘要。

(4) 会计科目。

(5) 记账金额。

(6) 所附原始凭证张数。

(7) 填制凭证人员、稽核人员、记账人员、会计机构负责人、会计主管人员签名或者盖章。

收款和付款记账凭证还应当由出纳人员签名或者盖章。以自制的原始凭证或者原始凭证汇总表代替记账凭证的，也必须具备记账凭证应有的项目。

二、记账凭证的填制

(一) 记账凭证的填制方法

下面对各种专用凭证的填制方法进行阐述。

1. 收款凭证的填制方法。收款凭证的填制方法是：凭证左上角“借方科目”处，按照业务内容选填“银行存款”或“库存现金”科目；凭证上方的“年　月　日”处，填写财会部门受理经济业务事项制证的日期；凭证右上角的“字第　号”

处，填写“银收”或“收”字和已填制凭证的顺序编号；“摘要”栏填写能反映经济业务性质和特征的简要说明；“贷方总账科目”和“明细科目”栏填写与银行存款或库存现金收入相对应的总账科目及其明细科目；“金额”栏填写与同一行科目相对应的发生额；“合计”栏填写各发生额的合计数；凭证右边“附件　张”处填写所附原始凭证的张数；凭证下方分别由相关人员签字或盖章；记账栏则应在已经登记账簿后打“√”，表示已经入账，以免发生漏记或重记错误。

2. 付款凭证的填制方法。付款凭证的格式及填制方法与收款凭证基本相同，只是将凭证的“借方科目”与“贷方科目”栏目交换位置；填制时先填写“贷方科目”的“库存现金”或“银行存款”科目，再填写与付出库存现金或银行存款相对应的总账科目和明细科目。

对于库存现金和银行存款之间以及各种银行存款之间相互划转的业务，为了避免重复记账，一般只编制付款凭证，不编制收款凭证，即将现金存入银行时，编制库存现金付款凭证，从银行存款账户提取现金时，编制银行存款付款凭证。记账时，根据付款凭证同时记入“库存现金”和“银行存款”账户。

收款凭证和付款凭证既是记账人员登记日记账和有关总账及明细账的依据，同时又是出纳人员收款、付款的依据。因此，出纳人员必须根据由会计主管人员审核后的收款凭证和付款凭证办理收款、付款业务，借以通过会计人员填制、审核收款凭证和付款凭证，监督企业单位的库存现金、银行存款的收付业务，加强对货币资金的管理。

3. 转账凭证的填制方法。转账凭证是根据不涉及现金和银行存款的转账业务的原始凭证填制的。转账凭证的格式与收、付款凭证的不同之处在于，凭证左上角不设主体科目（或称设证科目），而将经济业务的对应科目按先借后贷的顺序全部填入“总账科目”和“明细科目”栏目，并通过将各科目金额按记账方向填入相应的“借方金额”或“贷方金额”来确定科目间的对应关系。转账凭证其他栏目的填写方法与收、付款凭证相同。

（二）记账凭证的填制要求

会计人员要根据审核无误的原始凭证填制记账凭证。为了提高填制记账凭证的质量，发挥记账凭证的作用，在填制记账凭证时除严格按原始凭证的填制要求执行外，还应注意以下填制要求：

1. 连续编号。填制记账凭证时，应当对记账凭证进行连续编号。采用专用记账凭证的，按经济业务内容加以归类，可按收、付、转字三类编号或按现收字、现付字、银收字、银付字、转字五类进行编号，如现收字第1号、转字第5号等。采用通用记账凭证的，可按经济业务发生的先后顺序统一编号，即每月从第1号记账凭证起，依次编号。一笔经济业务需要填制两张以上记账凭证的，可以采用分数编号法编号，如“$5\frac{1}{2}$，$5\frac{2}{2}$”。前面的整数为总顺序号，后面的分数为该项经济业务的分号，分母表示该项经济业务的记账凭证总张数，分子表示该项经济业务的顺序号。

2. 摘要简明。记账凭证的“摘要”栏应尽量采用简短的文字凝练经济业务内容的要点，文字简洁、通俗、明确，以便于查阅凭证和登记账簿。

3. 业务记录明确。记账凭证可以根据每一张原始凭证填制，或者根据若干同类原始凭证汇总填制，也可以根据原始凭证汇总表填制，但不得将不同内容和类别的原始凭证汇总填制在一张记账凭证上。

4. 科目运用准确。每一个会计科目都有特定的核算内容，必须根据所发生的经济业务选择恰当的会计科目，正确编制会计分录，确保会计科目的准确运用。

5. 附件数量完整。除结账和更正错误的记账凭证可以不附原始凭证外，其他记账凭证都必须附有原始凭证。如果一张原始凭证涉及几张记账凭证，可以把原始凭证附在一张主要的记账凭证后面，并在其他记账凭证上注明附有该原始凭证的记账凭证的编号或者附上原始凭证复印件。一张原始凭证所列支出需要几个单位共同负担的，应当根据其他单位负担的部分，给对方开出原始凭证分割单，以便进行结算。原始凭证分割单必须具备原始凭证的基本要素：凭证名称、填制凭证日期、填制凭证单位名称或者填制人姓名、经办人的签名或者盖章、接受凭证单位名称、经济业务内容、数量、单价、金额和费用分摊情况等。

6. 填写内容齐全。记账凭证中的各项要素必须填写齐全，并按规定程序办理签章手续，不得简化。

7. 记账凭证填制完经济业务事项后，如有空行，应当在金额栏自最后一笔金额数字下方的空行处至合计数上方的空行处画斜线注销。

（三）填制记账凭证举例

久安企业××年10月发生以下经济业务：

（1）10月3日，从银行提取现金15 000元。（银付字第1号）

（2）10月3日，销售甲产品收入10 000元，增值税税额1 300元，价税合计11 300元，全部存入银行。（银收字第1号）

（3）10月5日，收到长城公司偿还前欠货款16 000元，存入银行。（银收字第2号）

（4）10月6日，业务人员陈明出差，向财务部预借差旅费800元。（现付字第1号）

（5）10月7日，以银行存款支付水电费600元。（银付字第2号）

（6）10月8日，向东方公司购入A材料40 000元，增值税税额5 200元，价税合计45 200元，以银行存款支付。（银付字第3号）

（7）10月9日，车间领用A材料60 000元，用以生产甲产品。（转字第1号）

（8）10月9日，以银行存款偿还短期借款8 000元。（银付字第4号）

（9）10月9日，销售给长城公司甲产品收入30 000元，增值税税额3 900元，价税合计33 900元，货款尚未收到。（转字第2号）

要求：根据以上经济业务编制相应的记账凭证。

（1）该笔业务需要编制一张付款凭证，见表6－12。

表 6-12　付款凭证

贷方科目：银行存款　　　　××年10月3日　　　　银付字第1号

摘　要	借方科目		金　额									
	总账科目	明细科目	千	百	十	万	千	百	十	元	角	分
提现	库存现金					1	5	0	0	0	0	0
合　计					¥	1	5	0	0	0	0	0

附件×张

财务主管：　　记账：　　出纳：　　审核：　　制单：陈明

说明：银行存款与库存现金之间的收付业务，只按付款一方编制付款凭证。

（2）该笔业务需要编制一张收款凭证，见表6-13。

表 6-13　收款凭证

借方科目：银行存款　　　　××年10月3日　　　　银收字第1号

摘　要	贷方科目		金　额									
	总账科目	明细科目	千	百	十	万	千	百	十	元	角	分
销售甲产品款项存入银行	主营业务收入					1	0	0	0	0	0	0
	应交税费	销项税额					1	3	0	0	0	0
合　计					¥	1	1	3	0	0	0	0

附件×张

财务主管：　　记账：　　出纳：　　审核：　　制单：陈明

（3）该笔业务需要编制一张收款凭证，见表6-14。

表 6-14　收款凭证

借方科目：银行存款　　　　××年10月5日　　　　银收字第2号

摘　要	贷方科目		金　额									
	总账科目	明细科目	千	百	十	万	千	百	十	元	角	分
收到长城公司前欠货款	应收账款	长城公司				1	6	0	0	0	0	0
合　计					¥	1	6	0	0	0	0	0

附件×张

财务主管：　　记账：　　出纳：　　审核：　　制单：陈明

（4）该笔业务需要编制一张付款凭证，见表6-15。

表 6-15 付款凭证

贷方科目：库存现金　　　××年 10 月 6 日　　　现付字第 1 号

摘 要	借方科目		金 额									
	总账科目	明细科目	千	百	十	万	千	百	十	元	角	分
预借差旅费	其他应收款	陈明						8	0	0	0	0
合 计							¥	8	0	0	0	0

附件×张

财务主管：　　记账：　　出纳：　　审核：　　制单：陈明

（5）该笔业务需要编制一张付款凭证，见表 6-16。

表 6-16 付款凭证

贷方科目：银行存款　　　××年 10 月 7 日　　　银付字第 2 号

摘 要	借方科目		金 额									
	总账科目	明细科目	千	百	十	万	千	百	十	元	角	分
支付水电费	管理费用	水电费						6	0	0	0	0
合 计							¥	6	0	0	0	0

附件×张

财务主管：　　记账：　　出纳：　　审核：　　制单：陈明

（6）该笔业务需要编制一张付款凭证，见表 6-17。

表 6-17 付款凭证

贷方科目：银行存款　　　××年 10 月 8 日　　　银付字第 3 号

摘 要	借方科目		金 额									
	总账科目	明细科目	千	百	十	万	千	百	十	元	角	分
购入材料以银行存款支付	材料采购	A 材料				4	0	0	0	0	0	0
	应交税费	进项税额					5	2	0	0	0	0
合 计					¥	4	5	2	0	0	0	0

附件×张

财务主管：　　记账：　　出纳：　　审核：　　制单：陈明

（7）该笔业务需要编制一张转账凭证，见表 6-18。

表6-18 转账凭证

××年10月9日 转字第1号

摘要	总账科目	明细科目	借方金额										贷方金额									
			千	百	十	万	千	百	十	元	角	分	千	百	十	万	千	百	十	元	角	分
生产领料	生产成本	甲产品				6	0	0	0	0	0	0										
	原材料	A材料														6	0	0	0	0	0	0
合计					¥	6	0	0	0	0	0	0			¥	6	0	0	0	0	0	0

附单据 张

财务主管： 记账： 审核： 制单：陈明

（8）该笔业务需要编制一张付款凭证，见表6-19。

表6-19 付款凭证

贷方科目：银行存款 ××年10月9日 银付字第4号

摘要	借方科目		金额									
	总账科目	明细科目	千	百	十	万	千	百	十	元	角	分
偿还短期借款	短期借款						8	0	0	0	0	0
合计						¥	8	0	0	0	0	0

附件×张

财务主管： 记账： 出纳： 审核： 制单：陈明

（9）该笔业务需要编制一张转账凭证，见表6-20。

表6-20 转账凭证

××年10月9日 转字第2号

摘要	总账科目	明细科目	借方金额										贷方金额									
			千	百	十	万	千	百	十	元	角	分	千	百	十	万	千	百	十	元	角	分
销售甲产品，货款未收	应收账款	长城公司				3	3	9	0	0	0	0										
	主营业务收入															3	0	0	0	0	0	0
	应交税费	销项税额															3	9	0	0	0	0
合计					¥	3	3	9	0	0	0	0			¥	3	3	9	0	0	0	0

附单据 张

财务主管： 记账： 审核： 制单：陈明

三、记账凭证的审核

为了保证记账凭证的质量，正确登记会计账簿，必须严格按照要求填制记账凭证，同时要由专人对已经填制的记账凭证进行严格审核。只有审核无误的记账凭证才能作为记账的依据。记账凭证的审核内容主要包括以下几个方面：

1. 审核内容是否真实。审核记账凭证是否附有原始凭证，所附原始凭证是否齐全，记账凭证的经济内容是否与所附的原始凭证的内容相符等。

2. 审核项目是否齐全。审核记账凭证上的项目是否填写清楚、完整，编号是否连续，有关人员的签章是否齐全。

3. 审核科目是否正确。审核记账凭证上应借、应贷的会计科目和金额是否正确，账户的对应关系是否清晰、完整，核算内容是否符合会计准则的要求。

4. 审核金额是否正确。在记账凭证上列示的金额既有总分类科目金额，也有明细分类科目的金额，记账凭证审核人员应根据借贷记账法的基本原理检查填列金额的正确性。

实行会计电算化的单位，对于机制记账凭证要认真审核，做到会计科目使用正确，数字准确无误。打印出的机制记账凭证要制单人员、审核人员、记账人员及会计机构负责人、会计主管人员签字或盖章。

在审核中若发现差错，应查明原因并予以重填或更正，并由更正人员在更正处签章。只有审核无误的记账凭证才能作为记账的依据。

第四节　会计凭证的传递与保管

一、会计凭证的传递

会计凭证的传递，是指会计凭证从编制时起到归档时止，在单位内部各有关部门及人员之间的传递程序和传递时间的总称。这一传递过程包括凭证的审核、记账、装订、归档等几个环节。由于各项经济业务的内容不同，经办业务的部门和人员以及办理凭证手续所需要的时间也不一样，因此各项经济业务的凭证传递程序和传递时间也不尽相同。对于经常发生的主要经济业务，应在有关部门和人员之间合理地组织好凭证的传递程序和制定凭证传递时间，明确规定有关凭证需要经过哪些部门，由哪些人员办理手续，应在多长时间内办理完毕。这样，就能及时、真实地反映和监督经济业务的发生或完成情况，促使企业经办业务的部门和人员及时完成经济业务和办理凭证手续，加强岗位责任制。合理地组织会计凭证的传递，应当注意以下两个方面的问题：

第一，根据各单位经济业务的特点，结合本单位部门和人员分工的情况，以及经营管理的实际需要，恰当地规定会计凭证传递的必要环节，使各有关部门和人员既要按照规定的程序及时办理凭证手续，又要避免凭证传递经过不必要的环节，以便提高工作效率。

第二，根据有关部门和人员办理经济业务所需要的时间，规定凭证在各个环节停留的时间，既要防止时间定得过短，影响业务手续的完成，又要防止时间定得过长，影响凭证及时传递。

二、会计凭证的保管

会计凭证是各单位的重要经济资料和会计档案，任何单位在完成经济业务手续和记账之后，必须按照规定的立卷归档制度，将会计凭证妥善加以保管，防止丢失和毁损，以便于上级机关和其他有关部门进行凭证检查，也便于本单位随时抽查和使用。会计部门根据凭证登记账簿之后，应对各种会计凭证定期（每天、每旬或每月）加以整理，将各种记账凭证按照编号顺序，连同所附的原始凭证，加具封面、封底装订成册，并在装订线上加贴封签；在封面上注明单位名称，记账凭证种类、起讫日期、起讫号数，年度和月份，以及记账凭证和原始凭证的张数，并由会计主管人员在封签处盖章，以示负责。如果某些记账凭证所附原始凭证张数过多，也可将这些原始凭证单独装订成册。如果所附原始凭证属于重要单据，则应单独保管，但必须在有关记账凭证上加注说明，以便查考。

装订成册的会计凭证应指定专人负责保管，年度终了应移交会计档案室登记归档。未经会计主管人员同意，任何人不得随意查阅归档的会计凭证。会计凭证的保管期和销毁手续，必须严格执行会计档案管理规范的有关规定。未到规定保管期限的会计凭证，任何人不得随意销毁。对保管期满的会计凭证，经本单位领导审核，报经上级主管部门批准后，才能销毁。

□ 本章小结

会计凭证是记录经济业务、明确经济责任和据以登记账簿的一种具有法律效力的书面证明。填制和审核会计凭证是会计信息处理的重要方法之一，也是整个会计核算工作的起点和基础，在经营管理中具有重要的意义。

会计凭证按填制程序和用途可以分为原始凭证和记账凭证。原始凭证和记账凭证各有不同的种类和基本内容。原始凭证直接根据发生的经济业务如实填写，而记账凭证在填写过程中要根据原始凭证分析经济业务内容，确定会计分录。会计凭证需要经过严格的审核，以确保会计信息的合法性、真实性、准确性和完整性。会计凭证传递包括传递程序、传递时间。会计凭证作为重要的会计档案，应按规定妥善保管，不得随意拆装、出借和销毁。

□ 主要概念

会计凭证　原始凭证　记账凭证　累计凭证　收款凭证
付款凭证　转账凭证　复式记账凭证

复习思考题

1. 什么是会计凭证？它在会计核算中有何作用？
2. 会计凭证按其填制程序和用途，可进行怎样的分类？
3. 什么是原始凭证、记账凭证？举例说明它们的特点。
4. 原始凭证必须具备哪些基本要素？
5. 记账凭证必须具备哪些基本要素？
6. 什么是一次凭证、累计凭证？举例说明它们的特点。
7. 审核原始凭证主要应从哪些方面着手进行？
8. 审核记账凭证主要应从哪些方面着手进行？

复习巩固题

单项选择题

1. 会计凭证按其（　　）的不同，可分为原始凭证和记账凭证两类。

A. 填制方法　　B. 来源

C. 用途　　D. 用途和填制程序

2. “发出材料汇总表”是（　　）。

A. 汇总原始凭证　B. 汇总记账凭证　C. 累计凭证　D. 记账凭证

3. 将记账凭证分为收款凭证、付款凭证、转账凭证依据的是（　　）。

A. 凭证填制的手续　　B. 凭证的来源

C. 凭证所反映经济业务的内容　　D. 所包括的会计科目是否单一

4. 在一定时期内多次记录发生的同类型经济业务的原始凭证是（　　）。

A. 一次凭证　B. 累计凭证　C. 汇总凭证　D. 通用凭证

5. 某公司出纳小李将公司现金交存开户银行，应编制（　　）。

A. 现金收款凭证　　B. 现金付款凭证

C. 银行收款凭证　　D. 银行付款凭证

6. 在实际工作中，规模小、业务简单的单位为了简化会计核算工作，可以使用一种统一格式的（　　）。

A. 转账凭证　　B. 收款凭证

C. 付款凭证　　D. 通用记账凭证

7. 企业购进材料，款项未付，该笔业务应编制的记账凭证是（　　）。

A. 收款凭证　B. 付款凭证　C. 转账凭证　D. 以上均可

8. 付款凭证左上角的“贷方科目”可能登记的科目有（　　）。

A. 应付账款　B. 银行存款　C. 预付账款　D. 其他应付款

多项选择题

1. 以下凭证中属于自制原始凭证的有（　　）。

A. 购进发货票　　B. 销售发货票

C. 限额领料单　　D. 发出材料汇总表

E. 签收支票

2. 原始凭证的基本要素包括（　　）。

A. 填制凭证的日期　　B. 填制凭证单位

C. 填制人姓名　　D. 经办人员的签名或盖章

E. 经济业务内容

3. 记账凭证可以不附原始凭证的情形有（　　）。

A. 一张原始凭证涉及几张记账凭证时

B. 更正错误的记账凭证

C. 一张原始凭证需要由多个单位共同使用时

D. 通用格式的记账凭证

E. 期末结账的记账凭证

4. 下列经济业务中，应填制转账凭证的是（　　）。

A. 国家以厂房对企业投资　　B. 外商以货币资金对企业投资

C. 购买材料未付款　　D. 销售商品收到商业汇票一张

E. 结转已售产品成本

5. 单位的职工出差回来报销差旅费并交回剩余现金，根据差旅费报销单和收据，应填写的记账凭证有（　　）。

A. 现金付款凭证　　B. 现金收款凭证

C. 银行收款凭证　　D. 转账凭证

E. 银行付款凭证

判断题

1. 外来原始凭证一般都属于一次凭证。（　　）

2. 各类原始凭证应由本单位会计人员根据实际发生的经济业务如实填写，不得伪造、涂改或弄虚作假。（　　）

3. 原始凭证是会计核算的原始资料和重要依据，是登记会计账簿的直接依据。（　　）

4. 正确填制和审核会计凭证，是会计核算的基本方法之一，也是会计核算工作的起点和基本环节。（　　）

5. 原始凭证和记账凭证都是具有法律效力的证明文件。（　　）

6. 从银行提取现金，既可以编制现金收款凭证，也可以编制银行存款付款凭证。（　　）

7. 自制原始凭证都应由会计人员填写，以保证原始凭证填制的正确性。（　　）

8. “银行存款余额调节表”不能作为调整银行存款账面余额的原始凭证。(　　)

实务练习题

一、目的：练习会计凭证的填制。

二、资料：某企业5月份发生以下经济业务：

(1) 2日，向光明股份有限公司购入A材料，货款5 000元，增值税（进项税额）650元，材料已验收入库，款项尚未支付。

(2) 3日，以银行存款解缴应交所得税4 000元。

(3) 3日，以库存现金预付车间职工张明探亲旅费200元。

(4) 3日，从银行存款中提取现金500元。

(5) 4日，以库存现金150元为公司购买办公用品。

(6) 4日，以库存现金600元支付职工困难补助费。

(7) 5日，向工商银行借入短期借款50 000元，并存入银行。

(8) 5日，生产车间制造甲产品领用A材料45 000元，领用车间一般性消耗的C材料1 000元。

(9) 8日，以银行存款支付前欠益民有限公司货款20 000元。

(10) 9日，售给嘉丰股份有限公司甲产品100件，每件售价350元，增值税税率13%，款项尚未收到。

(11) 10日，以银行存款购入不需安装的设备一台，买价30 000元，增值税3 900元，当即交付生产车间使用。

(12) 12日，以银行存款支付公司电话费800元。

(13) 13日，售给上海电器股份有限公司甲产品300件，每件售价350元，增值税税率13%，款项收讫，存入银行。

(14) 14日，从银行提取现金40 000元，准备发放工资。

(15) 15日，以库存现金发放工资40 000元。

(16) 18日，采购员赵明出差回来，报销差旅费450元，原预支500元，现交回现金50元。

(17) 20日，向益民股份有限公司购入A材料15 000元，增值税进项税额1 950元，材料已验收入库，当即以银行存款支付。

(18) 20日，以银行存款5 650元支付所欠光明股份有限公司货款。

(19) 26日，售给海达股份公司甲产品100件，每件售价350元，增值税税率13%，款项尚未收到。

(20) 28日，收到嘉丰股份有限公司所欠款项39 550元，存入银行。

(21) 31日，将本月工资分配，其中生产甲产品的工人工资34 200元，车间管理人员工资3 420元，公司管理人员工资7 980元。

(22) 31日，本月2日、20日购入的A材料全部验收入库，结转材料实际采购成本。

(23) 31日，按规定计提本月固定资产折旧15 000元，其中车间用固定资产折旧为12 000元，公司管理部门用固定资产折旧为3 000元。

(24) 31日，分配结转本月应付的电费，其中车间生产甲产品用电费4 500元，办公照明用电费400元，公司管理部门办公照明用电费800元。

(25) 31日，以银行存款支付本月应负担的银行借款利息1 000元。

(26) 31日，以库存现金支付本月应负担的车间生产设备保险费400元。

(27) 31日，本月归集的制造费用为17 220元，全部转入甲产品的生产成本。

(28) 31日，本月完工甲产品480件，实际制造成本100 920元，予以结转。

(29) 31日，结转本月500件甲产品的销售成本105 125元。

(30) 31日，将各损益类账户结转至“本年利润”账户，并计算本月利润总额。

(31) 31日，按利润总额的25%计算并结转应交所得税。

(32) 按照税后利润的10%提取法定盈余公积。

(33) 结转应付给投资者的利润15 000元。

三、要求：

1. 根据以上发生的经济业务分别填制收款凭证、付款凭证和转账凭证。

2. 指出编制上述凭证时，一般要附哪些原始凭证。

第七章 Chapter 7 会计账簿

学习目标

本章重点介绍会计账簿的设置与登记。学习目的是掌握和运用登记账簿的有关知识和技能。本章要求学习者了解会计账簿的种类和格式，掌握账簿的登记技术、记账规则、错账的更正方法，掌握总分类账与明细分类账平行登记的要点与运用，熟知对账的内容构成与结账的基本程序。

第一节 会计账簿概述

一、会计账簿的意义和作用

在实际会计工作中，会计凭证虽然能反映每笔经济业务的发生或完成情况，但由于其数量大、种类多而且分散，难以提供全面、系统的会计信息。因此，必须对日常大量、分散的各种经济业务的会计凭证进行整理、分类、汇总，按照一定的方法登记在会计账簿中，为经营管理提供系统、完整的会计信息。会计账簿是按照会计科目开设账户并由具有一定格式且相互联系的若干账页组成，以会计凭证为依据，系统、序时、分类地记录各项经济业务的簿籍。

会计账簿是系统、分类记录经济业务的载体，在经营管理中，会计账簿具有十分重要的作用。设置和登记账簿能够全面、系统、序时、分类地反映经济业务，为经营管理提供系统、完整的会计信息，有效发挥会计的监督职能，确保财产物资的安全与完整，以及各项资金的合理使用，并为编制财务报表提供依据。

二、会计账簿的种类

为了满足经营管理的需要，每个账簿体系中包含的账簿是多种多样的。这些账簿可以按不同的标准进行适当的分类。

（一）账簿按用途分类

1. 序时账簿。序时账簿又称日记账，是根据原始凭证或记账凭证，对某类经济业务或全部经济业务，按其发生时间的先后顺序，逐日逐笔连续进行登记的账簿。

用来登记全部经济业务发生情况的日记账称为普通日记账。通常将每天发生的全部经济业务，按照业务发生的先后顺序，编制会计分录，登记在日记账中，然后转记到各分类账簿中。这种日记账又称为分录日记账或分录簿，在实际工作中很少使用。专门用来记录某一类经济业务的日记账称为特种日记账。在我国的会计实务中，为加强库存现金与银行存款的管理与核算，要求对有关库存现金与银行存款的收支业务按照其发生的时间先后顺序进行序时核算，这种日记账就是特种日记账。

2. 分类账簿。分类账簿又称分类账，按其反映指标的详细程度，分为总分类账簿和明细分类账簿两种。

总分类账簿，又称总分类账，简称总账，是根据总分类科目开设的，用以记录全部经济业务总括核算内容的分类账簿。

明细分类账簿，又称明细分类账，简称明细账，是根据总账科目及其所属的明细科目开设的，用以记录某一类经济业务详细核算内容的分类账簿。

3. 备查账簿。备查账簿是指对一些在序时账簿和分类账簿中不能记载或记载不全的经济业务进行补充登记的账簿，对序时账簿和分类账簿起补充作用。相对于序时账簿和分类账簿这两种主要账簿而言，备查账簿属于辅助性账簿，它可以为经营管理提供参考资料，如委托加工材料登记簿、租入固定资产登记簿等。

（二）账簿按外表形式分类

1. 订本式账簿。订本式账簿简称订本账，是在启用前就已经按顺序编号并固定装订成册的账簿，库存现金日记账、银行存款日记账和总分类账一般采用这种形式。其优点是可以防止账页散失或抽换账页；缺点是账页固定后，不能确定各账户应该预留多少账页，也不便于会计人员分工记账。

2. 活页式账簿。活页式账簿简称活页账，是在启用前和使用过程中把账页置于活页账夹内，可以随时取放账页的账簿。活页账适用于一般明细分类账，其优点是可根据实际需要灵活使用，也便于分工记账；缺点是账页容易散失和被抽换。为了克服此缺点，使用活页账时必须按账页顺序编号，期末装订成册，加编目录，并由有关人员盖章后保存。

3. 卡片式账簿。卡片式账簿简称卡片账，是由许多具有账页格式的硬纸卡片组成，存放在卡片箱中的一种账簿。卡片账多用于固定资产、存货等实物资产的明细分类核算。其优缺点与活页账基本相同，使用卡片账一般不需要每年更换。

（三）账簿按账页格式分类

1. 三栏式账簿。三栏式账簿是指设有借方、贷方和余额三个基本栏目的账簿。日记账、总分类账及资本、债权、债务明细账多采用三栏式账簿。

2. 多栏式账簿。多栏式账簿是指在账簿的借方和贷方两个基本栏目按需要分设若干专栏的账簿。生产成本、销售费用、管理费用、财务费用等明细账多采用多栏式账簿。

3. 数量金额式账簿。数量金额式账簿是指对数量与金额进行双重记录的账簿。原材料、库存商品等多采用数量金额式账簿。

4. 横线登记式账簿。横线登记式账簿是指将前后密切相关的经济业务在同一横行内进行详细登记，以检查每笔经济业务完成及变动情况的账簿，也称平行式账簿。材料采购、在途物资多采用横线登记式账簿。

三、会计账簿的基本要素

从前面介绍的会计账簿的种类可以看到，会计账簿的用途不同，其外表形式和账页格式也不相同。但各种会计账簿应具备一些基本要素，主要包括以下三个方面。

（一）封面

封面主要标明会计主体名称、记账会计期间和账簿名称，如：××单位、××年度、××分类账。

（二）扉页

扉页主要列明账簿启用和经管人员一览表及账户目录（科目索引）。其一般格式见表 7－1 和表 7－2。

表 7－1　账簿启用表

<table>
<tr><td>单位名称</td><td colspan="9"></td><td>单位盖章</td></tr>
<tr><td>账簿名称</td><td colspan="9"></td><td rowspan="4"></td></tr>
<tr><td>账簿编号</td><td colspan="9">字第　号第　册共　册</td></tr>
<tr><td>账簿页数</td><td colspan="9">本账簿共计　页</td></tr>
<tr><td>启用日期</td><td colspan="9">年　月　日</td></tr>
<tr><td colspan="2">经管人员</td><td colspan="3">接管</td><td colspan="3">移交</td><td colspan="2">会计负责人</td><td rowspan="4">印花税票粘贴处</td></tr>
<tr><td>姓名</td><td>盖章</td><td>年</td><td>月</td><td>日</td><td>年</td><td>月</td><td>日</td><td>姓名</td><td>盖章</td></tr>
<tr><td></td><td></td><td></td><td></td><td></td><td></td><td></td><td></td><td></td><td></td></tr>
<tr><td></td><td></td><td></td><td></td><td></td><td></td><td></td><td></td><td></td><td></td></tr>
</table>

表7-2 目录（科目索引）

序号	编号	户名	页次	序号	编号	户名	页次

（三）账页

账页是账簿的主要内容，各种账页格式一般包括以下六个方面：

1. 会计科目或编号。
2. 登账日期栏。
3. 凭证种类和号数栏。
4. 摘要栏。
5. 借、贷方金额及余额的方向、金额栏。
6. 总页次和分户页次。

第二节 会计账簿的设置与登记

一、日记账的设置与登记

（一）库存现金日记账的设置与登记

库存现金日记账，又称为现金账，是由出纳人员根据库存现金收款凭证、库存现金付款凭证和银行存款付款凭证（记录从银行提取现金的业务），按经济业务发生的时间先后顺序逐日、逐笔进行登记的一种特种日记账。按照我国《现金管理条例》中对单位现金收支的管理规定，库存现金日记账除应提供单位每日的现金收入、现金支出及其余额的信息外，还应提供反映现金收支是否符合国家对现金收支管理规定方面的信息，因此，在库存现金日记账上应设置“对方科目”栏。库存现金日记账（三栏式）的一般格式见表7-3。

表7-3 库存现金日记账

××年		记账凭证		对方科目	摘要	现金支票号码	借方	贷方	余额
月	日	字	号						
9	1				期初余额				2 000
9	1	现付	1	材料采购	支付乙材料运费			400	1 600
9	2	银付	2	银行存款	提取现金备发工资		15 000		
9	2	现付	2	应付职工薪酬	发放工资			15 000	
9	2	现付	3	销售费用	支付销售费用			200	
9	2	现付	4	制造费用	支付修理费用			270	1 130
9	3	现付	5	管理费用	购买办公用品			100	1 030
9	4	银付	5	银行存款	日常周转金		8 000		9 030

库存现金日记账的登记方法如下：

1. 日期栏。填写填制记账凭证的日期，应与现金实际收付日期一致。

2. 记账凭证栏。填写登记入账的收付款凭证的种类和编号，以便于查账和核对。

3. 对方科目栏。填写与现金发生对应关系的账户的名称，其作用是揭示单位现金收入的来源和支出的用途是否符合国家规定。

4. 摘要栏。简要说明登记入账的经济业务的内容，文字要求简练，但必须能说明问题。

5. 现金支票号码栏。如果经济业务是以现金支票结算的，应在栏内填明现金支票的号码。

6. 借方、贷方栏。填写单位现金实际收付的金额。

7. 余额栏。在每日终了后，应结出本日的余额，记入余额栏，并将余额与出纳员的库存现金进行核对，即通常所说的“日清”。如账款不符应查明原因，并记录备案。月终，要计算本月现金收入、支出的合计数，并结出本月末余额，这项工作通常称为“月结”。

（二）银行存款日记账的设置与登记

银行存款日记账，又称银行账，是由出纳员根据银行存款收款凭证、银行存款付款凭证和现金付款凭证（记录将现金存入银行的业务），按照经济业务发生的时间先后顺序，逐日、逐笔登记的账簿。银行存款日记账除应提供每日银行存款的增减金额及其余额的价值信息外，还应反映单位以银行存款收付是否符合国家《银行结算办法》的规定，因此，应增加设置支票种类、号码栏和对方科目栏。银行存款日记账（三栏式）的一般格式见表7-4。

表7-4　银行存款日记账

××年		记账凭证		对方科目	摘要	支票		借方	贷方	余额
月	日	字	号			种类	号码			
9	1			期初余额						200 000
9	2	银付	1	材料采购	支付材料款				10 000	
9	2	银收	1	应收账款	收到前欠货款			117 000		
9	2	银付	2	库存现金	提取现金备发工资				15 000	292 000
9	3	银付	3	应付账款	支付前欠货款				117 000	
9	3	银付	4	制造费用	支付电费				20 000	155 000
9	4	银付	5	库存现金	日常周转金				8 000	147 000
9	5	银收	2	应收账款	收到前欠货款			59 500		
9	5	银付	6	应交税费	缴纳税金				10 600	195 900

银行存款日记账的登记方法如下：

1. 日期栏。填写填制记账凭证的日期。

2. 记账凭证栏。填写登记入账的收付款凭证的种类和编号（与库存现金日记账的登记方法一致）。

3. 对方科目栏。填写与银行存款账户发生对应关系的账户的名称，表明银行存款收入的来源和支出的用途，其作用在于了解经济业务的来龙去脉。

4. 摘要栏。简要说明登记入账的经济业务的内容，文字要求简练，但要能说明问题。

5. 结算凭证栏。如果经济业务是以支票结算的，应在栏内填明支票的种类（现金支票和转账支票等）和号码。

6. 借方、贷方栏。填写银行存款实际收付的金额。

7. 余额栏。每日结束后，应分别计算本日银行存款的收入合计数和支出合计数，结算出余额，记入余额栏，做到日清，并定期与银行对账单进行核对，以保证银行存款日记账记录的正确性。月终，应计算出银行存款全月的收入合计数和支出合计数，并结算出月末余额，进行月结。

（三）多栏式日记账的设置与登记

库存现金和银行存款日记账一般采用三栏式账簿。如果某些单位库存现金和银行存款的收付业务比较多，但与“库存现金”“银行存款”账户对应的账户不多且比较固定，为了既反映每一笔收支业务的来龙去脉，又便于分析和汇总对应账户的发生额，以减少登记总分类账的工作量，也可以采用多栏式日记账。这种日记账是在一张账页上分别按库存现金（银行存款）借方和贷方的对应科目设置相应的多个金额栏的日记账。登记多栏式日记账时，由于其账页较长，应注意将业务金额准确记入相应金额栏内，防止因数字串行或串栏造成记账错误。多栏式日记账的一般格式见表7-5。

表7-5 库存现金（银行存款）日记账

<table>
<tr><th colspan="2" rowspan="2">年</th><th colspan="2" rowspan="2">凭证</th><th rowspan="3">摘要</th><th colspan="2" rowspan="2">结算凭证</th><th colspan="6">借方</th><th colspan="6">贷方</th><th rowspan="3">余额</th></tr>
<tr><th colspan="5">应贷科目</th><th rowspan="2">合计</th><th colspan="5">应借科目</th><th rowspan="2">合计</th></tr>
<tr><th>月</th><th>日</th><th>字</th><th>号</th><th>种类</th><th>号数</th><th></th><th></th><th></th><th></th><th></th><th></th><th></th><th></th><th></th><th></th></tr>
<tr><td></td><td></td><td></td><td></td><td></td><td></td><td></td><td></td><td></td><td></td><td></td><td></td><td></td><td></td><td></td><td></td><td></td><td></td><td></td><td></td></tr>
<tr><td></td><td></td><td></td><td></td><td></td><td></td><td></td><td></td><td></td><td></td><td></td><td></td><td></td><td></td><td></td><td></td><td></td><td></td><td></td><td></td></tr>
<tr><td></td><td></td><td></td><td></td><td></td><td></td><td></td><td></td><td></td><td></td><td></td><td></td><td></td><td></td><td></td><td></td><td></td><td></td><td></td><td></td></tr>
</table>

为避免数字串行或串栏等错误的发生和便于账簿的保管，通常将多栏式日记账按收入和支出一分为二，即分别按借方对应科目设置库存现金（银行存款）收入日记账，按贷方对应科目设置库存现金（银行存款）支出日记账。多栏式收入日记账、多栏式支出日记账的一般格式见表7-6和表7-7。

表 7-6　库存现金（银行存款）收入日记账

<table>
<tr><th colspan="2">年</th><th rowspan="2">收款凭证号数</th><th rowspan="2">摘要</th><th colspan="4">贷方科目</th><th rowspan="2">支出合计</th><th rowspan="2">余额</th></tr>
<tr><th>月</th><th>日</th><th></th><th></th><th></th><th>收入合计</th></tr>
<tr><td></td><td></td><td></td><td></td><td></td><td></td><td></td><td></td><td></td><td></td></tr>
<tr><td></td><td></td><td></td><td></td><td></td><td></td><td></td><td></td><td></td><td></td></tr>
<tr><td></td><td></td><td></td><td></td><td></td><td></td><td></td><td></td><td></td><td></td></tr>
</table>

表 7-7　库存现金（银行存款）支出日记账

<table>
<tr><th colspan="2">年</th><th rowspan="2">付款凭证号数</th><th rowspan="2">摘要</th><th colspan="2">结算凭证</th><th colspan="6">借方科目</th></tr>
<tr><th>月</th><th>日</th><th>种类</th><th>号数</th><th></th><th></th><th></th><th></th><th></th><th>支出合计</th></tr>
<tr><td></td><td></td><td></td><td></td><td></td><td></td><td></td><td></td><td></td><td></td><td></td><td></td></tr>
<tr><td></td><td></td><td></td><td></td><td></td><td></td><td></td><td></td><td></td><td></td><td></td><td></td></tr>
</table>

库存现金、银行存款多栏式日记账的登记方法为：由出纳员根据审核后的库存现金（银行存款）收款凭证和银行存款付款凭证（库存现金付款凭证），逐日、逐笔登记库存现金（银行存款）收入日记账和支出日记账，每日将库存现金（银行存款）支出日记账中的当日“支出合计”数转记入库存现金（银行存款）收入日记账中的当日“支出合计”栏内，在库存现金（银行存款）收入日记账中结算出当日库存现金（银行存款）账面结余金额。会计人员应对多栏式库存现金和银行存款日记账的记录加强检查和监督，并负责于月末根据多栏式库存现金（银行存款）日记账各专栏的合计数，分别过记有关的总分类账户。需要注意的是：在根据多栏式库存现金日记账的各专栏合计数过记有关的总分类账户时，由于从银行提取现金或将现金存入银行的业务有关银行存款的减少数或增加数，已过记入多栏式银行存款日记账，包括在多栏式银行存款日记账的“支出合计数”和“收入合计数”两个栏目内，因此，在根据多栏式库存现金日记账的各专栏合计数过记有关的总分类账户时，“银行存款”专栏（借方或贷方）的月末合计数不能过记入“银行存款”总账，以免重复登账。在根据多栏式银行存款日记账的各专栏合计数过记有关的总分类账户时，由于从银行提取现金或将现金存入银行的业务有关现金的减少数或增加数，已过记入多栏式库存现金日记账，包括在多栏式库存现金日记账的“支出合计数”和“收入合计数”两个栏目内，因此，在根据多栏式银行存款日记账的各专栏合计数过记有关的总分类账户时，“库存现金”专栏（借方或贷方）的月末合计数不能过记入“库存现金”总账，以免重复登账。

二、分类账的设置与登记

分类账按其所记录经济业务的详细程度，分为总分类账和明细分类账。

（一）总分类账的设置与登记

总分类账是按总分类账户分类登记全部经济业务的账簿。在总分类账中，应按照总账会计科目的编码顺序分别开设账户，由于总分类账一般采用订本式账簿，因此应事先为每一个账户预留若干账页。总分类账不仅能够全面、总括地反映经济业务情况，为财务报表的编制提供资料，而且能对其所属的各明细分类账起控制作用，因此任何单位都必须设置总分类账。总分类账一般采用借方、贷方、余额三栏式的订本式账簿。

1. 三栏式总分类账的设置。在总分类账根据记账凭证逐日、逐笔进行登记时，其账页格式选用三栏式。采用三栏式时，要求按照每一账户开设借方、贷方和余额三个栏次，一个账户占用一张或几张账页。总分类账的一般格式见表7－8。

表7－8　总分类账

会计科目或编号：原材料

××年		凭证		摘要	借方	贷方	借或贷	余额
月	日	字	号					
7	1			期初余额			借	10 000
	3	转	1	材料验收入库	60 000		借	70 000
	3	转	2	生产产品领用		45 000	借	25 000
	5	转	3	管理部门领料		1 400	借	23 600
	9	转	4	材料验收入库	20 000		借	43 600

2. 多栏式总分类账的设置。多栏式总分类账是把序时账簿和总分类账簿结合在一起，变成一种联合账簿，通常称为日记总账，它具有序时账簿和分类账簿的双重作用。其格式见表7－9。

表7－9　日记总账

年　月

年		凭证		摘要	发生额	科目		科目		…
月	日	字	号			借方	贷方	借方	贷方	
				月初余额						
				发生额						
				发生额合计						
				月末余额						

采用这种总分类账簿，可以不再设置库存现金和银行存款日记账，减少了记账的工作量，提高了会计工作的效率，并能较全面地反映单位资金运动的情况，便于分析经济活动情况。多栏式总分类账将全部总账账户放在一张账页中进行登记，导致账页篇幅较大，不便于登记和保管，采用计算机记账的单位较适用。

3. 总分类账的登记方法。总分类账可以根据记账凭证逐日、逐笔登记；也可以将一定时期的记账凭证汇总编制成“科目汇总表”（或“记账凭证汇总表”）或

“汇总记账凭证”，再据以登记总账；还可以直接根据多栏式库存现金和银行存款日记账登记总账。采用哪种方法登记总账，取决于企业所采用的账务处理程序，详细内容将在第十章中介绍。不论采用哪种方法登记总账，每月都应将本月发生的经济业务全部登记入账，并于月份终了结算出每个账户的本期借、贷方发生额及其余额，与所属明细账余额的合计数核对相符后，作为编制财务报表的主要依据。

三栏式总分类账账页中各栏目的登记方法如下：

（1）日期栏。在逐日、逐笔登记总账的方式下，填写业务发生的具体日期，即记账凭证的日期；在汇总登记总账的方式下，填写汇总凭证的日期。

（2）凭证字、号栏。填写登记总账所依据的凭证的字和号。在依据记账凭证登记总账的情况下，填写记账凭证的字、号；在依据科目汇总表登记总账的情况下，填写“科汇”字及其编号；在依据汇总记账凭证登记总账的情况下，填写“现（银）汇收”字及其编号、“现（银）汇付”字及其编号和“汇转”字及其编号。

（3）摘要栏。填写所依据的凭证的简要内容。对于依据记账凭证登记总账的单位，应与记账凭证中的摘要内容一致；对于依据科目汇总表登记总账的单位，应填写“某月科目汇总表”或“某月某日的科目汇总表”字样；对于依据汇总记账凭证登记总账的单位，应填写每一张汇总记账凭证的汇总依据，即是依据第几号记账凭证至第几号记账凭证而来的。

（4）借方、贷方金额栏。填写所依据的记账凭证上记载的各总账账户的借方或贷方发生额。

（5）借或贷栏。登记余额的方向，如余额在借方，则写“借”字；如余额在贷方，则写“贷”字。如果期末余额为零，则在借或贷栏写“平”字，并在余额栏的中间画“Ω”。

（二）明细分类账的设置与登记

为了提供有关经济活动的详细资料，以满足经营管理的需要，在设置总分类账的同时还必须设置必要的明细分类账。明细分类账是按照二级科目或明细科目设置的，用以分类、连续地记录和反映各会计要素的详细情况，为编制财务报表提供所需要的详细资料。明细分类账对于加强财产的收发、保管，资金的管理和使用，收入的取得和利润分配，往来款项清算，以及费用的开支等方面的监督起着重要的作用。因此，每一个企业都必须设置原材料、库存商品、固定资产、债权债务、业务收支、费用开支以及其他必要的明细分类账。

明细分类账一般采用活页式账簿，也有的采用卡片式账簿（如固定资产明细分类账）。根据管理的要求和各种明细分类账记录的经济内容，明细分类账主要有三种格式：

1. 三栏式明细分类账。三栏式明细分类账的账页格式与三栏式总分类账的账页格式相同，即账页只设有借方、贷方和余额三个金额栏，不设数量栏。这种格式适用于那些只需进行金额核算而不需进行数量核算的债权、债务结算科目，如“应付账款”“应收账款”等科目。三栏式明细分类账账页的一般格式见表 7－10。

表 7-10 ________明细分类账

子目、户名或编号：

年		凭证		摘要	借方	贷方	借或贷	余额
月	日	字	号					

2. 数量金额式明细分类账。数量金额式明细分类账的账页，在借方、贷方和余额栏内分别设有数量、单价和金额三个栏次。这种账页格式适用于既要进行金额核算，又要进行实物数量核算的各种财产物资明细科目，如“原材料”“库存商品”“固定资产”等科目。数量金额式明细分类账账页的一般格式见表 7-11。

表 7-11 ________明细分类账

部类：　　　　产地：　　　　单位：　　　　规格：　　　　品名：

年		凭证		摘要	借方			贷方			余额		
月	日	字	号		数量	单价	金额	数量	单价	金额	数量	单价	金额

3. 多栏式明细分类账。多栏式明细分类账不是按明细科目分设账页，而是根据经济业务的特点和经营管理的需要，在一张账页内记录某一科目所属的各明细科目的内容，按该总账科目的明细科目设专栏记录。这种账页格式适用于只记录金额，不记录数量，而且在管理上需要了解具体构成内容的费用、收入、利润科目，如“生产成本”“管理费用”“主营业务收入”等科目以及“应交税费”科目所属的应交增值税明细科目等。

费用明细分类账一般按借方设多栏，若需冲减有关费用的事项，可以在明细分类账中以红字在借方登记。会计期末将借方净发生额从贷方结转到“本年利润”或其他账户。多栏式费用明细分类账的一般格式见表 7-12。

表 7-12 ________明细分类账

明细科目

年		凭证		摘要	借方（项目）						贷方	余额
月	日	字	号							合计		

收入明细分类账一般按贷方设多栏，若需要冲减有关收入事项，可以在明细分类账中以红字在贷方登记。会计期末将贷方净发生额从借方结转到“本年利润”账户。多栏式收入明细分类账的一般格式见表 7-13。

表 7－13　________明细分类账

明细科目

年		凭证		摘要	借方	贷方（项目）					余额
月	日	字	号							合计	

应交税费所属的应交增值税明细分类账一般按借方和贷方分设多栏，即按应交增值税构成项目设多栏记录。其一般格式见表 7－14。

表 7－14　应交税费（增值税）明细分类账

年		凭证		摘要	借方（项目）					贷方（项目）					借或贷	余额
月	日	字	号		合计					合计						

各种明细分类账的登记方法，应根据各单位的业务量大小、人员多少、经济业务内容以及经营管理的需要制定。明细分类账通常根据原始凭证或标有明细科目及金额的记账凭证进行登记，可以逐笔登记，也可以定期汇总登记。

第三节　记账规则

一、启用账簿的规则

会计账簿是存储数据资料的重要会计档案，启用账簿时，应在“账簿启用和经管人员一览表”中详细记载单位名称、账簿名称、账簿编号、账簿册数、账簿页数、启用日期，并加盖单位公章，经管人员（包括企业负责人、主管会计、复核和记账人员等）均应签名盖章。

记账人员调离岗位时，必须与接管人员办理交接手续，在交接记录栏内填写交接日期、交接人员和监交人员姓名，并由交接双方签字盖章。一般会计人员办理交接手续，由会计机构负责人监交，会计机构负责人办理交接手续，由单位负责人监交。

启用账簿时，对于封面上未印制账簿标识的应先填制账簿名称与会计期间。使用订本式账簿时，对未印制顺序号的账页应从第一页到最后一页按顺序编定页数。使用活页式账簿时，应按实际使用的账页顺序编定页数，并定期装订成册。

二、登记账簿的规则

（一）登记账簿的一般规则

1. 会计人员应根据审核无误的会计凭证及时地登记会计账簿。

2. 按各单位所选用的账务处理程序来确定登记总账的依据和具体时间。

3. 对于各种明细账，可逐日、逐笔进行登记，也可定期（3天或5天）登记，但债权债务类和财产物资类明细账应当每天进行登记。

4. 库存现金和银行存款日记账应当根据办理完毕的收付款凭证，随时逐笔按顺序进行登记，最少每天登记一次。

（二）登记账簿的具体要求

1. 必须用蓝黑色墨水钢笔书写，不允许用铅笔或圆珠笔记账。红色墨水只能在结账划线、改错冲账以及表示余额为负数时使用。

2. 应当将会计凭证的日期、编号、业务内容摘要、金额和其他有关资料逐项记入账内。同时要在记账凭证上签章并注明已经登账的标记（如打“√”等），以避免重登或漏登。

3. 应按账户页次顺序连续登记，不得跳行、隔页。如果发生跳行、隔页现象，应在空行、空页处用红色墨水划对角线注销，注明“此行空白”或“此页空白”字样，并由记账人员签章。

4. 账簿中的文字或数字不能顶格书写，一般只应占格距的1/2，以便留出改错的空间。

5. 各账户在一张账页登记完毕结转下页时，应当结出本页合计数和余额，写在本页最后一行和下页第一行有关栏内，并在本页最后一行的“摘要”栏内注明“转次页”字样，在下一页第一行的“摘要”栏内注明“承前页”字样。对“转次页”的本页合计数如何计算，一般分三种情况：

（1）需要结计本月发生额的账户，结计“转次页”的本页合计数应当为自本月初起至本页末止的发生额合计数，如库存现金日记账及采用“账结法”的各损益类账户；

（2）需要结计本年累计发生额的账户，结计“转次页”的本页合计数应当为自年初起至本页末止的累计数，如采用“表结法”的各损益类账户；

（3）既不需要结计本月发生额也不需要结计本年累计发生额的账户，可以只将每页末的余额结转次页，如债权、债务结算类账户和财产物资类账户等。

6. 凡需要结出余额的账户，结出余额后，应在借或贷等栏内写明“借”或“贷”等字样。没有余额的账户，应在借或贷等栏内写“平”字，并在余额栏内用“θ”表示。库存现金日记账和银行存款日记账必须逐日结出余额。

7. 对于登错的记录，不得刮擦、挖补、涂改或用药水消除字迹等手段更正错误，也不允许重抄。应采用正确的错账更正规则与方法进行更正。

三、错账更正的方法

如果发现账簿记录有错误，应按规定的方法进行更正。错账更正的方法一般有以下几种。

（一）划线更正法

如果发现账簿记录有错误，而其所依据的记账凭证没有错误，即纯属记账时文字或数字的笔误，应采用划线更正的方法进行更正。更正的方法是：将错误的文字或数字划红线注销，但必须保证原有字迹仍可辨认；然后在红线上方用蓝（黑）字填写正确的文字或数字，并由记账人员在更正处盖章。对于错误的数字，应全部划线更正，不得只更正其中的错误数字；对于文字差错，可只划去错误的部分并更正。

（二）红字更正法

红字更正法，又称红字冲销法，是指用红字冲销原来的错误记录，以更正和调整账簿记录的一种方法。记账以后，如果在当年内发现记账凭证所记的科目或金额有错，无论在结账前还是结账后发现，都可以采用红字更正法进行更正。红字更正法适用于以下两种情况：

1. 记账以后，发现记账凭证中的应借、应贷会计科目或记账方向有错误，应采用红字更正法。

更正的方法是：先用红字填制一张与原错误记账凭证内容完全相同的记账凭证，并据以用红字登记入账，冲销原有错误的账簿记录；然后，用蓝字填制一张正确的记账凭证，注明“订正×年×月×号凭证”，据以用蓝字登记入账，这样就把原来的差错更正过来了。采用红字更正法更正错账时应注意：在采用复式记账凭证的情况下，即使错误的记账凭证中只有一个科目运用发生错误，也必须根据复式记账原理，将有错误的记账凭证全部冲销，以反映更正原错误凭证的内容，不得只用红字填制更正单个会计科目的单式记账凭证；在采用单式记账凭证的情况下，应只用红字填制更正单个会计科目的单式记账凭证。

【例 7－1】 以转账支票支付生产车间的办公用品费 3 600 元，在填制记账凭证时误记入“管理费用”账户，并据以登记入账。错误的记账凭证所反映的会计分录为：

借：管理费用　　3 600

　贷：银行存款　　3 600

该项分录应借记“制造费用”科目。应用红字编制如下记账凭证进行更正：

借：管理费用　　[3 600]

　贷：银行存款　　[3 600]

根据更正错账的记账凭证记账后，表明已全部冲销原有错误记录，然后用蓝字填制如下正确记账凭证，并据以登记入账：

借：制造费用　　3 600

　贷：银行存款　　3 600

2. 记账以后，发现记账凭证中应借、应贷的会计科目及记账方向都没有错误，只是所记金额大于应记的正确金额，应采用红字更正法。

更正的方法是：将多记的金额用红字填制一张与原错误记账凭证所记载的借贷方向，应借、应贷会计科目相同的记账凭证，并据以登记入账，以冲销多记金额，并在账簿摘要栏内注明“注销×年×月×号凭证多记金额”。

【例7-2】 经计算应付生产车间一般管理人员工资8 000元，在填制记账凭证时，误记金额为80 000元，但会计科目、借贷方向均无错误。错误的记账凭证所反映的会计分录为：

借：制造费用　　80 000

　贷：应付职工薪酬　　80 000

应用红字编制如下记账凭证进行更正：

借：制造费用　　72 000

　贷：应付职工薪酬　　72 000

根据更正错误的记账凭证记账后，即可反映其正确金额为8 000元。

如果记账凭证所记录的文字、金额与账簿记录的文字、金额不符，应首先采用划线更正法更正，然后用红字冲销法更正。

（三）补充登记法

补充登记法，又称蓝字补记法，根据记账凭证所记录的内容记账以后，发现记账凭证中应借、应贷的会计科目和记账方向都没有错误，只是所记金额小于应记的正确金额，应采用补充登记法。

更正的方法是：将少记的金额用蓝字填制一张与原错误记账凭证所记载的借贷方向，应借、应贷会计科目相同的记账凭证，并在“摘要”栏内注明“补充×年×月×号凭证少记金额”，并据以登记入账，这样便可将少记的金额补充登记入账簿。

【例7-3】 计提本月行政部门使用的固定资产折旧费50 000元，在填制记账凭证时，误记金额为5 000元，但会计科目、借贷方向均无错误。错误的记账凭证所反映的会计分录为：

借：管理费用　　5 000

　贷：累计折旧　　5 000

应用蓝字编制如下记账凭证进行更正：

借：管理费用　　45 000

　贷：累计折旧　　45 000

根据更正错误的记账凭证记账后，即可反映其正确的金额为50 000元。

四、总分类账与明细分类账的平行登记

总分类账是根据总分类科目开设的，以货币量度提供总括指标的账簿；明细分类账是根据总分类科目所属的明细分类科目开设的，除提供货币量度外，还需要使用诸如实物量度、劳动时间量度等来提供明细指标的账簿。总分类账对其所属的明细分类账起着统驭和控制作用，明细分类账对其总分类账起着补充和说明的作用。总分类账户与其所属的明细分类账户所反映的会计事项是相同的，登账时的依据也是相同的，分别以总括指标和详细指标的形式反映同一项内容。为此，必须采用平行登记的方法在总分类账及其所属的明细分类账中进行记录。平行登记是指在经济业务发生后，以会计凭证为依据，一方面要在有关的总分类账中进行总括登记，另一方面在其所属的明细分类账中进行详细登记。

总分类账与明细分类账的平行登记要求做到以下几点：

第一，同依据登记。每一项经济业务发生后，记入总分类账户及其所属明细分类账户时，所依据的会计凭证（特别是指原始凭证）相同。虽然登记总分类账及其所属明细分类账的直接依据不一定相同，但原始依据是相同的。

第二，同方向登记。每一项经济业务发生后，记入总分类账户及其所属明细分类账户时，记账的借贷方向应当一致。如果记入总分类账户的借方（或贷方），在记入其所属的明细分类账户时，也应记入借方（或贷方）。

第三，同期间登记。每一项经济业务发生后，既要记入有关的总分类账户，又要在同一会计期间内记入其所属的明细分类账户，尽管登记总分类账与明细分类账的具体日期不一定相同，但都要在同一会计期间内进行登记。

第四，同金额登记。每一项经济业务发生后，记入总分类账的金额与记入其所属明细分类账的金额之和相等。

现以企业的“原材料”与“应付账款”两个账户为例，简要说明总分类账与明细分类账平行登记的方法。

【例 7-4】　久安企业 7 月 31 日“原材料”“应付账款”两个总分类账户及其明细分类账户的期末余额如下：

（1）总分类账户余额：

原材料：80 000 元；

应付账款：84 000 元。

（2）明细分类账户余额：

“原材料”明细分类账户余额：

甲材料：6 000 千克，单价 10 元，计 60 000 元；

乙材料：4 000 千克，单价 5 元，计 20 000 元；

合计：80 000 元。

“应付账款”明细分类账户余额：

胜利工厂：48 000 元；

兴华工厂：36 000元；

合计：84 000元。

该企业8月发生的经济业务如下（未考虑相关税费）：

(1) 8月4日，购进甲材料2 000千克，每千克10元，货款20 000元以银行存款支付，材料已验收入库。

根据该项业务的原始凭证编制记账凭证，其会计分录如下：

借：原材料——甲材料　　20 000

　贷：银行存款　　20 000

(2) 8月12日，用银行存款偿还前欠胜利工厂材料款28 000元。

根据该项经济业务的原始凭证编制记账凭证，其会计分录如下：

借：应付账款——胜利工厂　　28 000

　贷：银行存款　　28 000

(3) 8月14日，向兴华工厂购进乙材料3 000千克，每千克5元，货款15 000元尚未支付，材料已验收入库。

根据该项业务的原始凭证编制记账凭证，其会计分录如下：

借：原材料——乙材料　　15 000

　贷：应付账款——兴华工厂　　15 000

(4) 8月20日，向胜利工厂购进甲材料3 000千克，每千克10元，货款30 000元尚未支付，材料已验收入库。

根据该项业务的原始凭证编制记账凭证，其会计分录如下：

借：原材料——甲材料　　30 000

　贷：应付账款——胜利工厂　　30 000

(5) 8月24日，用银行存款偿还前欠胜利工厂材料款40 000元，偿还兴华工厂材料款31 000元。

根据该项业务的原始凭证编制记账凭证，其会计分录如下：

借：应付账款——胜利工厂　　40 000

　　　　　——兴华工厂　　31 000

　贷：银行存款　　71 000

(6) 8月28日，向胜利工厂购进甲材料1 000千克，单价10元，货款10 000元以银行存款支付；向兴华工厂购进乙材料2 000千克，单价5元，货款10 000元尚未支付，材料都已验收入库。

根据该项业务的原始凭证编制记账凭证，其会计分录如下：

借：原材料——甲材料　　10 000

　　　　——乙材料　　10 000

　贷：银行存款　　10 000

　　应付账款——兴华工厂　　10 000

根据以上余额资料与有关业务及会计分录，平行登记原材料、应付账款总分类账及其所属明细分类账（银行存款总分类账从略），登记结果见表7-15至表7-20

(其中凭证字号以题号代为标注)。

表 7-15 总分类账

会计科目：原材料

××年		凭证字号	摘　要	借方	贷方	借或贷	余额
月	日						
8	1		期初余额			借	80 000
	4	(1)	购入甲材料	20 000		借	100 000
	14	(3)	购入乙材料款未付	15 000		借	115 000
	20	(4)	购入甲材料款未付	30 000		借	145 000
	28	(6)	购入甲、乙材料	20 000		借	165 000
	31		本期发生额及余额	85 000		借	165 000

表 7-16 原材料 明细分类账

品名或类别：甲材料　　计量单位：千克

××年		凭证字号	摘要	借方			贷方			余额		
月	日			数量	单价	金额	数量	单价	金额	数量	单价	金额
8	1		期初余额							6 000	10	60 000
	4	(1)	购入甲材料	2 000	10	20 000				8 000	10	80 000
	20	(4)	购入甲材料款未付	3 000	10	30 000				11 000	10	110 000
	28	(6)	购入甲、乙材料	1 000	10	10 000				12 000	10	120 000
	31		本期发生额及余额	6 000	10	60 000				12 000	10	120 000

表 7-17 原材料 明细分类账

品名或类别：乙材料　　计量单位：千克

××年		凭证字号	摘要	借方			贷方			余额		
月	日			数量	单价	金额	数量	单价	金额	数量	单价	金额
8	1		期初余额							4 000	5	20 000
	14	(3)	购入乙材料款未付	3 000	5	15 000				7 000	5	35 000
	28	(6)	购入甲、乙材料	2 000	5	10 000				9 000	5	45 000
	31		本期发生额及余额	5 000	5	25 000				9 000	5	45 000

表 7-18 总分类账

会计科目：应付账款

××年		凭证字号	摘要	借方	贷方	借或贷	余额
月	日						
8	1		期初余额			贷	84 000
	12	(2)	归还欠款	28 000		贷	56 000
	14	(3)	购入乙材料款未付		15 000	贷	71 000
	20	(4)	购入甲材料款未付		30 000	贷	101 000
	24	(5)	偿还欠款	71 000		贷	30 000
	28	(6)	购入甲、乙材料		10 000	贷	40 000
	31		本期发生额及余额	99 000	55 000	贷	40 000

表 7-19 应付账款 明细分类账

名称：胜利工厂

年		凭证字号	摘要	借方	贷方	借或贷	余额
月	日						
8	1		期初余额			贷	48 000
	12	(2)	归还欠款	28 000		贷	20 000
	20	(4)	购入甲材料款未付		30 000	贷	50 000
	24	(5)	归还欠款	40 000		贷	10 000
	31		本期发生额及余额	68 000	30 000	贷	10 000

表 7-20 应付账款 明细分类账

名称：兴华工厂

年		凭证字号	摘要	借方	贷方	借或贷	余额
月	日						
8	1		期初余额			贷	36 000
	14	(3)	购入乙材料款未付		15 000	贷	51 000
	24	(5)	偿还欠款	31 000		贷	20 000
	28	(6)	购入甲、乙材料		10 000	贷	30 000
	31		本期发生额及余额	31 000	25 000	贷	30 000

以上平行登记的结果是，“原材料”“应付账款”两个总分类账的期初余额、本期发生额和期末余额，分别与其所属明细分类账的期初余额合计数、本期发生额合计数和期末余额合计数相等，说明账户记录基本正确。

根据总分类账户和明细分类账户有关数字必须相等的关系，可以采用互相核对的方法来检查账户记录是否正确完整，以便及时发现和更正错误，保证账簿记录的正确性。核对是通过定期编制“明细分类账户本期发生额及余额表”进行的。具体步骤是先结算出各明细分类账户的本期发生额和期末余额，再编表核对。具体格式如表 7-21 和表 7-22 所示。

表 7-21 原材料明细分类账户本期发生额及余额表

明细账名称	计量单位	期初余额		本期发生额				期末余额	
		数量	金额	借方		贷方		数量	金额
				数量	金额	数量	金额		
甲材料	千克	6 000	60 000	6 000	60 000			12 000	120 000
乙材料	千克	4 000	20 000	5 000	25 000			9 000	45 000
合　计			80 000		85 000				165 000

表 7-22 应付账款明细分类账户本期发生额及余额表

明细账名称	期初余额		本期发生额		期末余额	
	借方	贷方	借方	贷方	借方	贷方
胜利工厂		48 000	68 000	30 000		10 000
兴华工厂		36 000	31 000	25 000		30 000
合　计		84 000	99 000	55 000		40 000

将有关明细分类账户余额合计与总分类账户余额进行核对，金额相等，记账基本正确。

第四节 对账和结账

一、对账

对账就是按照一定的方法和手续核对账目，主要是对账簿记录进行核对、检查。按照《会计基础工作规范》的要求，各单位应当定期对会计账簿记录的有关数字与库存实物、货币资金、有价证券往来单位或个人等进行相互核对，保证账证相符、账账相符、账实相符。

（一）账证相符

账证相符是指会计账簿（如总分类账、明细分类账以及库存现金和银行存款日记账等）的记录与记账凭证及其所附的原始凭证有关内容核对相符。这种核对主要是在日常工作中进行。保证账证相符是会计核算的基本要求。由于会计账簿记录是根据会计凭证等资料编制的，两者之间存在紧密的联系，因此，通过账证核对，可以检查、验证会计账簿和会计凭证的内容是否正确无误，保证会计资料真实、完整。各单位应当定期核对会计账簿记录与原始凭证和记账凭证反映的时间、凭证字号、内容、金额是否一致，记账方向是否相符。如果发现有不一致之处，应当及时查明原因，并按照规定予以更正。

（二）账账相符

账账相符是指各种会计账簿之间的有关记录核对相符。其主要内容有：总分类账各账户借方期末余额合计数与贷方期末余额合计数核对相符；库存现金、银行存款日记账期末余额以及各明细分类账的期末余额合计数与有关总分类账户期末余额核对相符；会计部门各种财产物资明细分类账期末余额与财产物资保管和使用部门的有关财产物资明细分类账期末余额核对相符。

（三）账实相符

账实相符是指各种财产物资账簿记录与财产物资实有数额核对相符。其主要内容有：库存现金日记账账面余额与库存现金实际库存数核对相符；银行存款日记账账面余额定期与银行对账单核对相符；各种财产物资明细账账面余额与财产物资实存数额核对相符；各种应收、应付款明细账账面余额与有关债务、债权单位或者个人的账目核对相符等。

二、结账

（一）结账的意义

结账就是在将一定时期内发生的全部经济业务登记入账的基础上，计算并结转各账户的本期发生额和期末余额。将各会计期间发生的经济业务全部登记入账并对账以后，即可通过账簿记录了解经济业务的发生和完成情况，而根据会计凭证将经济业务记入账簿后，还不能直观地获得所需的各项总括的数据资料，必须通过结账的方式，把各种账簿记录结算清楚，提供管理所需的各项数据信息。

（二）结账的程序

1. 检查本期内日常发生的经济业务是否已全部登记入账，若发现漏记、错记，应及时补记、更正。

2. 在实行权责发生制的单位，应按照权责发生制的要求，进行账项调整的账务处理，以计算确定本期的成本、费用、收入和财务成果。

3. 将损益类科目转入“本年利润”科目，结平所有损益类科目。

4. 在将本期全部经济业务登记入账的基础上，结算出所有账户的本期发生额和期末余额。

（三）结账的内容

1. 月结。应在该月最后一笔经济业务下面划一条通栏单红线，在红线下的摘要栏内注明“本月合计”或“本月发生额及余额”字样，在借方栏、贷方栏或余额栏内分别填入本月合计数和月末余额，同时在借或贷栏内注明借贷方向。然后，在这一行下面划一条通栏单红线，以便与下月发生额划清。

2. 季结。通常在每季度的最后一个月月结的下一行，在摘要栏内注明“本季合计”或“本季度发生额及余额”字样，同时结出借、贷方发生额及季末余额。然后，在这一行下面划一条通栏单红线，表示季结的结束。

3. 年结。在第四季度季结的下一行，在摘要栏注明“本年合计”或“本年发生额及余额”字样，同时结出借、贷方发生额及期末余额。然后，在这一行下面划上通栏双红线，以示封账。

年度终了，要把各账户的余额结转到下一会计年度，并在摘要栏内注明“结转下年”字样，如果账页的“结转下年”行以下还有空行，应当自余额栏的右上角至日期栏的左下角用红笔划对角斜线注销，在下一会计年度新建有关会计账簿的第一行余额栏内填写上年结转的余额，并在摘要栏内注明“上年结转”字样。

三、账簿的更换

为了划分会计年度反映企业的财务状况和经营成果，新的会计年度开始时，库存现金日记账、银行存款日记账、总分类账及明细分类账原则上都要更换新账，并把上年度的会计账簿归档保管。但固定资产明细账或固定资产卡片账可以继续使用，不必每年更换新账。

年终结账时，需要更换账簿的各账户，其年末余额都要直接抄入新账簿的有关账户。因会计准则改变而需要变更账户名称及其核算内容的，应在上年度结账时，编制余额调整分录，按本会计年度的账户名称、核算内容，将上年度有关账户的余额进行合并或分解，结出新账簿中应列出的余额，然后过到新账簿中的各有关账户，或者在上年度结账后，通过编制余额调整工作底稿的方式将上年度有关账户余额分解、归并为本年度有关账户的余额，然后开设本年度新账簿，并将余额抄入有关账户第一行并标明余额方向，同时在摘要栏内注明“上年结转”或“年初余额”字样。上年末编制的余额调整分录应与上年度会计凭证一并归档保管；编制的余额调整工作底稿应与上年度的账簿一并归档保管，过入新账簿的有关账户余额的转账事项，无须再编制转账分录。

□ 本章小结

账簿是以会计凭证为依据，系统、序时、分类地记录各项经济业务的簿籍。账簿按用途可分为序时账簿、分类账簿和备查账簿；按外表形式不同可分为订本式账簿、活页式账簿和卡片式账簿。

不同的账簿应使用不同的账页格式反映相关的内容。总分类账只反映货币计量指标，一般采用借方、贷方、余额三栏式订本账；明细分类账是详细记录某项经济业务的账簿，根据管理要求和经济业务的内容不同，可采用三栏式明细分类账、数量金额式明细分类账、多栏式明细分类账或横线登记式明细分类账。

为了保证账簿记录的质量，应严格遵循账簿启用规则和账簿登记规则。账簿记录一旦发生错误，应按正确的方法更正，更正方法主要有划线更正法、红字更正法和补充登记法。

总分类账户与其所属的明细分类账户分别以总括指标和详细指标的形式反映同一事项，在记账时，总分类账和明细分类账总是平行登记的，平行登记的要点是：同依据登记、同方向登记、同期间登记、同金额登记。

对账就是按照一定的方法和手续核对账目，保证账证相符、账账相符、账实相符。结账就是在会计期末计算并结转各账户的本期发生额和期末余额。

□ 主要概念

会计账簿	序时账簿	分类账簿	备查账簿	平行登记
划线更正法	红字更正法	补充登记法	对账	结账

复习思考题

1. 什么是会计账簿？为什么要设置会计账簿？
2. 会计账簿按用途可分为哪几类？内容各是什么？
3. 会计账簿按外表形式可分为哪几类？简述各自的优缺点。
4. 试述三栏式库存现金日记账和银行存款日记账的格式和登记方法。
5. 总账、明细账的格式有哪几种？其适用范围如何？
6. 会计账簿的启用与登记规则各有哪些？
7. 错账的更正方法有哪几种？各在什么情况下采用？
8. 试述总分类账与明细分类账平行登记的要点。
9. 什么是对账？目的是什么？
10. 什么是结账？其内容包括哪些？

复习巩固题

单项选择题

1. 在账户的借方和贷方按需要分设若干专栏的账簿是（　　）。

A. 两栏式账簿　　B. 三栏式账簿

C. 多栏式账簿　　D. 数量金额式账簿

2. 下列做法不正确的是（　　）。

A. 现金日记账采用三栏式账簿

B. 产成品明细账采用数量金额式账簿

C. 生产成本明细账采用三栏式账簿

D. 应交税费明细账采用多栏式账簿

3. 下列账簿中，通常采用多栏式账页格式的有（　　）。

A. 应收账款明细账　　B. 原材料明细账

C. 总分类账　　D. 主营业务收入明细账

4. 下列做法中，不符合会计账簿登记要求的是（　　）。

A. 使用圆珠笔登账

B. 账簿中书写的文字和数字一般应占格子的1/2

C. 登记后在记账凭证上注明已经登记的符号

D. 按账簿页次顺序连续登记，不得隔页、跳行

5. 某会计人员在审核记账凭证时，发现误将8 000元写成800元，尚未入账，一般应采用（　　）。

A. 重新编制记账凭证的方法　　B. 红字更正法
C. 补充登记法　　D. 横线登记法

6. 在会计期末（月末、季末、年末）将本期发生的经济业务全部登记入账以后，计算出本期发生额和期末余额的是（　　）。
A. 对账　　B. 结账　　C. 错账更正　　D. 试算平衡

7. 下列选项中，属于账证核对内容的是（　　）。
A. 会计账簿记录与记账凭证核对
B. 总分类账簿与所属明细分类账簿核对
C. 原始凭证与记账凭证核对
D. 银行存款日记账与银行对账单核对

8. 各种应收、应付、应交款明细账的期末余额应与债务、债权单位的账目核对相符属于（　　）。
A. 账证核对　　B. 账账核对　　C. 账实核对　　D. 余额核对

多项选择题

1. 银行存款日记账的登记依据可以是（　　）。
A. 银行存款收款凭证　　B. 银行存款付款凭证
C. 转账凭证　　D. 现金付款凭证
E. 现金收款凭证

2. 多栏式明细账适用于（　　）。
A. 原材料明细分类核算　　B. 其他应收款明细分类核算
C. 营业外支出明细分类核算　　D. 生产成本明细分类核算
E. 管理费用明细分类核算

3. 下列内容可以采用三栏式明细账的有（　　）
A. 其他应收款　　B. 累计折旧　　C. 应收账款　　D. 短期借款
E. 原材料

4. 下列属于序时账的有（　　）。
A. 普通日记账　　B. 银行存款日记账
C. 明细分类账　　D. 库存现金日记账
E. 科目汇总表

5. 结账工作的主要内容包括（　　）。
A. 核对有关账目
B. 将本期发生的经济业务全部登记入账
C. 按权责发生制原则调整和结转有关账项
D. 对有关业务核算中出现的差错予以更正
E. 计算与记录各账户本期发生额和期末余额

判断题

1. 原材料明细账的每一账页登记完毕结转下页时，可以只将每页末的余额结

转次页，不必将本页的发生额结转次页。（　　）

2. 现金日记账和银行存款日记账的外表形式必须采用订本式账簿。（　　）

3. 会计账簿是连接会计凭证与会计报表的中间环节，在会计核算中具有承前启后的作用，是编制会计报表的基础。（　　）

4. 凡是明细账都使用活页账簿，以便于随时添加空白账页。（　　）

5. 登记账簿时，发生的空行、空页一定要补充书写，不得注销。（　　）

6. 银行存款日记账账面余额应同开户银行送达企业的对账单相核对，一般至少一年核对一次。（　　）

7. 单位为了将本期与下期的会计记录分开，结账时一般划结账线，月结划单红线，年结划双红线。只在账页中的金额部分划线。（　　）

8. 账簿记录错误，发现是记账凭证中应借、应贷科目错误所致，应采用红字更正法更正。（　　）

实务练习题一

一、目的：练习库存现金日记账和银行存款日记账的登记。

二、资料：某企业××年8月有关核算资料如下：

(1) 8月初库存现金日记账的余额为1 800元，银行存款日记账的余额为258 000元。

(2) 8月1日，车间管理人员李民预借差旅费1 000元，以库存现金付讫。

(3) 8月3日，签发现金支票2 000元，提取现金，补足库存现金。

(4) 8月5日，以银行存款8 000元上缴上月税金。

(5) 8月6日，从银行提取现金98 000元，以备发放工资。

(6) 8月6日，以库存现金98 000元发放职工工资。

(7) 8月8日，李民回厂报销差旅费900元，交回现金100元，账已结清。

(8) 8月10日，厂部办公室张国栋预借差旅费5 000元，以现金支票付讫。

(9) 8月12日，以银行存款支付前欠久安工厂货款25 000元。

(10) 8月15日，以银行存款归还短期借款80 000元和利息2 500元（利息已按月计提）。

(11) 8月16日，以库存现金800元支付职工困难补助费。

(12) 8月20日，以银行存款支付广告费3 000元。

(13) 8月25日，以库存现金300元购买办公用品。

(14) 8月27日，厂部办公室张国栋回厂报销差旅费4 800元，交回现金200元，账已结清。

(15) 8月28日，以银行存款支付本月电话费400元。

(16) 8月30日，以银行存款1 800元支付本月水电费，其中：车间负担1 000元，厂部负担800元。

(17) 8月30日，收回债务单位长城公司所欠货款共计50 000元，款已收存银行。

(18) 8月31日，向银行申请取得3个月短期借款80 000元，存入银行。

三、要求：

1. 根据以上发生的经济业务，逐笔编制有关会计分录，并按经济业务发生的顺序编号。

2. 根据所编制的会计分录登记三栏式库存现金日记账和银行存款日记账，并计算出本期发生额和期末余额。

实务练习题二

一、目的：练习错账更正方法的应用。

二、资料：某企业××年8月底在对账过程中发现以下凭证或记账错误：

1. 以银行存款支付推销产品运费300元，原已编制如下会计分录，且已据此编制记账凭证并登记入账。

借：材料采购　　300
　贷：银行存款　　300

2. 以银行存款支付短期借款利息500元，原已编制如下会计分录，且已据此编制记账凭证并登记入账。

借：财务费用　　5 000
　贷：银行存款　　5 000

3. 以银行存款支付本期财产保险费12 000元，原已编制如下会计分录，且已据此编制记账凭证并登记入账。

借：管理费用　　120 000
　贷：银行存款　　120 000

4. 以银行存款支付广告费9 500元，原已编制如下会计分录，且已据此编制记账凭证并登记入账。

借：销售费用　　5 900
　贷：银行存款　　5 900

5. 计算本月应负担的税金4 800元，原已编制如下会计分录。

借：税金及附加　　4 800
　贷：应交税费　　4 800

但会计根据记账凭证登记账簿时，将“应交税费”账户的贷方金额误记为8 400元。

三、要求：根据以上经济业务的错误记录，分别采用适当的更正错账的方法予以更正。

实务练习题三

一、目的：练习总分类账与明细分类账的平行登记。

二、资料：某企业“原材料”账户5月1日余额为36 500元，其中：甲材料650千克，单价20元；乙材料2 350千克，单价10元。本月发生下列原材料收发业务：

1. 购入甲材料480千克，单价20元；乙材料1 000千克，单价10元。材料已验收入库，货款已付。

2. 仓库发出材料的各类用途如下：生产产品领用甲材料 360 千克，乙材料 1 500 千克，车间一般耗用领用甲材料 200 千克，行政管理部门领用乙材料 500 千克。

三、要求：

1. 编制本月发生经济业务的会计分录。

2. 开设并登记原材料总分类账及其所属的明细分类账。

第八章 Chapter 8 财产清查

学习目标

本章主要学习财产清查的基本方法及其应用。学习目的是认识会计工作中财产清查的重要性，掌握财产清查的基本知识和技能。本章要求学习者在全面了解财产清查的意义、种类及组织与方法的基础上，熟知财产物资的盘存制度，掌握货币资金清查及财产清查结果的账务处理。

第一节 财产清查概述

一、财产清查的意义

财产清查是对各项财产物资进行实地盘点和核对，查明财产物资、货币资金和结算款项的实有数额，确定其账面结存数额和实际结存数额是否一致，以保证账实相符的一种会计专门方法。

在日常的会计核算中，虽然会计人员严格按规范的程序和方法对经济活动所引起的各项财产物资的增减变化已经做了全面、连续、系统、综合的记录和反映，但在实际工作中，可能会有种种原因导致各项财产物资的账面结存数与实际结存数之间产生差异，造成账实不符。主要原因有：财产物资收发时，由于计量或检验不准确，造成品种、数量或质量上的差错；财产物资发生其他变动时，由于手续不健全或制度不严密而发生计算上或登记上的错误，如凭证或账簿中出现漏记、重记、错记或计算错误；管理不善或责任者的过失造成财产物资毁损、短缺等；财产物资保管中发生自然损耗或遭受自然灾害造成财产物资损失；不法分子贪污盗窃、营私舞弊造成财产物资损失；在结算过程中，由于未达账项等原因造成的往来单位之间的账账不符；等等。因此，为了保证会计账簿记录真实、可靠，掌握财产物资的真实情况，需要各个单位在编制会计报表以前，对各项财产物资进行清查，做到账实相符。

财产清查是会计核算的专门方法之一，其作用主要体现在以下几个方面：

1. 保证会计核算资料的准确和真实。在财产清查中，通过对各项财产物资的实地盘点和结算款项的核对，查明实存数与账存数之间的差异以及产生差异的原因和责任，并按规定的程序和手续及时调整账面记录，使账实相符，从而保证会计核算资料准确、真实可靠，提高会计信息质量。

2. 检查内部会计监督制度是否有效。财产清查是内部牵制制度的一个部分，其目的在于定期确定内部牵制制度的执行是否有效。通过财产清查，建立健全财产物资保管的岗位责任制，查明各项财产物资的保管情况，查明各项财产物资的储备和利用情况等，如有保管和储存毁损、变质、超储、积压等问题，通过财产清查，可及时采取措施，堵塞漏洞，加强管理，建立健全有关内部牵制制度，确保财产物资安全、完整和有效使用。

3. 促进资金加速周转。通过财产清查，特别是对债权债务的清查，可以促进其及时结算，及时发现坏账并予以处理。同时，可以及时发现企业财产物资超储、积压、占用不合理等情况，尽早采取措施利用或处理，促进企业合理使用资金，加速资金周转。

二、财产清查的种类

（一）按照清查的对象和范围分类

1. 全面清查。全面清查是指对全部财产进行盘点和核对。全面清查的对象归纳起来主要有货币资金，实物资产，债权、债务结算款项等。全面清查的内容多、范围广，一般只有在以下几种情况下才需要进行全面清查：

（1）年终决算之前，要进行一次全面清查，以确保年终决算会计资料真实、正确。

（2）单位撤销、合并或改变隶属关系时，要进行一次全面清查，以明确经济责任。

（3）开展中外合资、国内联营等活动前需要进行全面清查，以便开展资产评估，准确地核定资产。

（4）单位主要负责人调动时需要进行全面清查，以便分清其经济责任。

2. 局部清查。局部清查是指根据需要对某一部分特定的财产物资进行的清查。局部清查的对象主要是流动性比较大、容易出现问题的财产。

局部清查主要包括以下几个方面：

（1）库存现金应该由出纳人员当日清点核对，做到日清月结。

（2）银行存款和银行借款应该由出纳人员每月与银行核对一次。

（3）存货类物资除年度清查外，应有计划地每月重点抽查，对于贵重的财产物资，应每月清查盘点一次。

(4) 对于债权债务，应在年度内至少核对 1～2 次，有问题应及时核对，及时解决。

（二）按照清查的时间分类

1. 定期清查。定期清查是指根据管理制度的规定或预先计划安排的时间，对财产所进行的清查。一般在年度、季度、月份、每日结账时进行。定期清查可以是全面清查，如年末决算前的清查；也可以是局部清查，如现金、贵重物品的每日清点。

2. 不定期清查。不定期清查是指根据需要进行的临时清查。不定期清查可以是全面清查，如合资、改制、兼并、撤销前的清查；也可以是局部清查，如财产物资保管人员工作交接时进行的清查、发生意外灾害时进行的清查等。

第二节　财产物资的盘存制度

财产物资的盘存制度一般来说有两种：一是永续盘存制；二是实地盘存制。在不同的盘存制度下，各项财产物资在账簿中的记录方法是不同的，但无论采用哪种盘存制度，对财产物资都必须定期或不定期地进行清查。

一、永续盘存制

永续盘存制，就是对财产物资的增加数和减少数，都必须根据会计凭证，按其发生的顺序，逐笔、连续地在财产物资明细账中进行登记，并随时在账面上结出结存数额的一种盘存制度，亦称账面盘存制。该种盘存制度的目的是以账存数控制实存数。其计算公式为：

期初结存数＋本期增加数－本期减少数＝期末结存数

在永续盘存制下，各种财产物资虽然能在各自的明细账中计算出结存数，但也可能出于种种原因出现账实不符的情况。为了保证账实相符，仍然需要定期或不定期地进行实物盘点，以便进行账实核对。采用这种盘存制度，虽然日常的工作比较复杂，但是能在账簿中及时反映收入、发出和结存数额。因此，采用这种方法，可以随时了解和掌握各项财产物资的增减变动和结存情况，保证其安全和完整。这有利于加强财产物资的管理，所以目前各企事业单位一般都采用永续盘存制。

永续盘存制的做法是：当发生财产物资的增减变动时，根据记录收入和发出业务的会计凭证，逐日、逐笔地按实际发生的收入和发出数额在有关的财产物资明细账上进行连续记录，并结出余额。如库存现金日记账、原材料明细账采用的就是永续盘存制的形式。下面举例说明永续盘存制。

【例8－1】 永安企业甲材料月初结存100千克，共计400元；本月6日购入该种材料400千克，计1 600元；14日生产领用200千克，计800元；18日购入该种材料100千克，计400元；25日生产领用150千克，计600元；月末该种材料的结存数为250千克，计1 000元。在永续盘存制下，该种材料明细分类账的登记如表8－1所示。

表8－1 原材料 明细分类账

部类： 产地： 单位：千克 规格： 品名：甲材料

××年		凭证	摘要	借方			贷方			余额		
月	日	字号		数量	单价	金额	数量	单价	金额	数量	单价	金额
×	1	略	月初结存							100	4	400
	6		购入	400	4	1 600				500	4	2 000
	14		领用				200	4	800	300	4	1 200
	18		购入	100	4	400				400	4	1 600
	25		领用				150	4	600	250	4	1 000
	31		本月发生额及余额	500		2 000	350		1 400	250		1 000

二、实地盘存制

实地盘存制就是对各种财产物资，平时在账簿上只登记增加数，不登记减少数，月末根据实地盘存数，倒轧出减少数并据以登记有关账簿的一种盘存制度。其计算公式为：

期初结存数＋本期增加数－期末盘存数＝本期减少数

以前述永续盘存制的实例资料为例，若采用实地盘存制处理，则月末需要对甲材料进行盘点，假定月末盘点甲材料结存数为200千克，那么采用倒轧公式计算出的本月减少数为：

本月减少数＝100＋500－200＝400(千克)

在该种盘存制度下，甲材料明细分类账的登记如表8－2所示。

表8－2 原材料 明细分类账

部类： 产地： 单位：千克 规格： 品名：甲材料

××年		凭证	摘要	借方			贷方			余额		
月	日	字号		数量	单价	金额	数量	单价	金额	数量	单价	金额
×	1	略	月初结存							100	4	400
	6		购入	400	4	1 600				500	4	2 000
	18		购入	100	4	400				600	4	2 400
	31		本月发出				400	4	1 600	200	4	800
	31		本月发生额及余额	500		2 000	400		1 600	200		800

在实地盘存制下，企业对各种财产物资进行实地盘点，其主要目的是核算财产物资的减少数，并作为账簿中减少数的登记依据。采用实地盘存制以存计耗，以存

计销，虽然工作比较简单，但手续很不严密，反映的数据不够精确，而且平时在账面上不反映各项财产物资的减少数和结存数，以实存数当作账存数，使账实之间无法相互控制和核对，不利于加强财产物资的管理和保护财产的安全，同时也影响成本核算的正确性。因此，这种制度除运用于大宗材料以及商品购销企业的价值低、品种杂的商品和一些损耗大、价格不稳定的鲜活商品，一般情况下不宜采用。

第三节 财产清查的组织与方法

科学、恰当的组织是进行财产清查的基本保障，合理、有效的方法是实施财产清查的必要手段。财产清查是一项极其复杂而又细致的工作，涉及面比较广，工作量比较大，因此，必须有计划、有组织地安排和实施。

一、财产清查的组织

财产清查的组织主要指财产清查前的各项准备工作，包括组织准备和业务准备。

（一）组织准备

财产清查，尤其是全面清查，必须专门成立清查组织。清查组织应在有关主管和总会计师的领导下，成立由财会部门牵头，由生产、技术、设备、行政及各有关部门参加的财产清查领导小组，具体负责财产清查的领导和组织工作。其主要任务是：

1. 在财产清查前，研究并制定财产清查计划，确定清查的对象和范围，安排清查工作的进度，配备清查人员，确定清查方法。

2. 在清查过程中，做好具体的组织、检查和督促工作，及时研究和处理清查中出现的问题。

3. 在清查结束后，将清查结果和处理意见上报领导和有关部门审批。

（二）业务准备

为做好财产清查工作，会计部门和有关业务部门要在清查领导小组的指导下，做好各项业务准备工作，主要内容有：

1. 会计部门应在进行财产清查之前，严格按记账程序将有关账簿登记完整，为账实核对提供正确的账簿资料。

2. 财产物资保管部门应在财产清查之前，登记好所经管的各种财产物资明细账，结出余额。同时，将所保管和使用的物资严格按仓库管理规范整理、储存、堆放，以便盘点核对。

3. 银行存款、银行借款、结算款项以及债权债务的清查，需要取得对账单、有关的函证材料等。

4. 准备好必要的计量器具，进行检查和校正，保证计量的准确性。

5. 印制好各种清查登记的表单，如现金盘点报告表、盘存表、实存账存对比表等。

二、财产清查的方法

（一）货币资金的清查方法

1. 库存现金的清查。库存现金的清查，是通过实地盘点的方法，确定库存现金的实存数，然后与库存现金日记账的账面余额核对，查明账实是否相符以及长余或短缺情况。在对库存现金进行盘点时，出纳人员必须在场；在清点时不能以不具法律效力的借条、收据充抵库存现金。盘点结束后，应根据库存现金盘点结果，编制库存现金盘点报告表，并由盘点人员、出纳人员及有关负责人签字或者盖章。库存现金盘点报告表是反映库存现金实有数和调整账簿记录的重要原始凭证。库存现金盘点报告表的一般格式见表8-3。

表8-3　库存现金盘点报告表

单位名称：　　　　　　　　　　　　年　月　日

实存金额	账存金额	对比结果		备注
		盘盈	盘亏	

负责人签章：　　　　　　　　盘点人签章：　　　　　　　　出纳员签章：

2. 银行存款的清查。银行存款的清查，与库存现金的清查不同，它是采用与开户银行核对账目的方法进行的。在与银行核对账目之前，应先详细检查本单位银行存款日记账的正确性和完整性，发现有错记或漏记，应及时更正、补记。然后与从银行取得的对账单逐笔核对，若发现有错记或漏记，应及时查清更正。尽管银行对账单与本单位银行存款日记账所记录的内容相同，但是，银行对账单上的存款余额与本单位银行存款日记账上的存款余额仍会出现不一致。除了本单位与银行之间的一方或双方记账有错误外，另一个原因就是双方往往会出现未达账项。未达账项是指单位与开户银行双方之间由于结算凭证传递的时间不同，造成一方已经登记入账，另一方尚未收到结算凭证因而尚未入账的款项。

未达账项有以下四种情况：

（1）企业已收款入账，银行尚未收款入账的账项。例如，企业将销售产品收到的支票送存银行，根据银行盖章退回的“进账单”回单联登记收款入账；而银行要等款项收妥后才能记账，此时，银行尚未收款入账。

（2）企业已付款入账，银行尚未付款入账的账项。例如，企业开出一张支票购买办公用品，企业根据支票存根、发票及入库单等凭证，登记付款入账；而银行此时尚未收到付款凭证，因而尚未登记付款入账。

（3）银行已收款入账，企业尚未收款入账的账项。例如，外地某单位给企业汇来销货款，银行收到汇款后登记入账，而企业尚未收到汇款凭证，因而尚未登记入账。

(4) 银行已付款入账，企业尚未付款入账的账项。例如，银行在期末已将短期借款利息划出，已付款入账，而企业尚未接到付款通知，因而尚未付款入账。

上述任何一种情况发生，都会使单位和银行的账簿记录出现不一致，因此，在核对账目时必须注意有无未达账项。如果发现有未达账项，应编制银行存款余额调节表，对未达账项进行调整后，再确定单位与银行双方记账是否一致，双方的账面余额是否相符。

银行存款余额调节表的编制方法主要是：在双方（开户行和企业各为一方）现有银行存款账面余额的基础上，各自加减未达账项进行调节，然后检查经过调节后的账面余额是否相等。用等式表示为：

$$\text{企业银行存款日记账余额}+\text{银行已收款入账企业尚未收款入账账项}-\text{银行已付款入账企业尚未付款入账账项}$$
$$=\text{银行对账单余额}+\text{企业已收款入账银行尚未收款入账账项}-\text{企业已付款入账银行尚未付款入账账项}$$

下面举例说明银行存款余额调节表的编制方法。

【例 8-2】 某企业 9 月 30 日银行存款日记账账面余额为 46 500 元，银行对账单余额为 48 750 元。经查对发现有以下未达账项：

(1) 9 月 28 日企业送存银行一张转账支票，金额 4 000 元，银行尚未入账；

(2) 9 月 29 日银行收取企业借款利息 426 元，企业尚未收到付款通知；

(3) 9 月 30 日企业委托银行收款 4 576 元，银行已入账，企业尚未收到收款通知；

(4) 9 月 30 日企业开出转账支票一张，金额 2 100 元，持票单位尚未到银行办理手续。

根据上述资料编制的银行存款余额调节表如表 8-4 所示。

表 8-4　银行存款余额调节表

××年 9 月 30 日　　　　单位：元

项目	金额	项目	金额
企业银行存款日记账余额	46 500	银行对账单余额	48 750
加：银行已收企业未收款入账账项	4 576	加：企业已收银行未收款入账账项	4 000
减：银行已付企业未付款入账账项	426	减：企业已付银行未付款入账账项	2 100
调整后余额	50 650	调整后余额	50 650

银行存款余额调节表不可作为更改账簿记录的凭证。它有两个作用：一是作为核对银行存款记录正确与否的工具。它不是原始凭证，不可以作为企业银行存款核算的依据。二是其调整后余额反映了企业可以动用的银行存款数额。需要注意的是：对于长期存在的未达账项，应及时查明原因，予以解决；对于其他未达账项，应在有关结算凭证到达后再登记银行存款日记账。

(二) 实物资产的清查方法

实物资产的清查包括财产物资实物质量的检查和实物数量的清查两个方面。各种实物资产因其存在形态、体积重量、堆放方式等不尽相同，因而所采用的清查方法也不同。对于实物质量的检查，可根据不同实物，采用物理方法或化学方法等。关于实物数量的清查方法，常用的有以下三种：

1. 实地盘点法。实地盘点法是指到实地现场对财产物资逐一清点数量或用计量器具确定实存数量的一种方法。这种方法适用范围较广，大多数财产物资一般都可采用这种方法。如出纳每天下班前对库存现金的清查，仓库保管人员对库存商品的清点，等等。

2. 技术推算盘点法。技术推算盘点法是指利用量方、计尺等技术方法，确定实存数量的一种方法。这种方法适用于那些成堆的、难以逐一清点的财产物资，一般通过量方、计尺等方法确定其实存数量。

3. 抽样盘点法。抽样盘点法是指在列入检查范围的各种物资中，抽取一部分收发频繁、容易流失的物资进行盘点的方法。这种方法适用于单位价值较低、已经包装好的材料和产成品物资等。

对于财产物资的盘点结果，要如实登记在盘存表上，并由盘点人员、财产物资的保管人员及有关责任人签名或者盖章，以明确经济责任。为了进一步查明盘点结果和账面余额是否一致，应根据有关账簿资料和盘存表资料填制实存账存对比表。实存账存对比表是重要的原始凭证，是调整账簿记录的依据，也是分析差异产生的原因、明确经济责任的依据。财产物资盘存表和实存账存对比表的一般格式见表8-5、表8-6。

表8-5 盘存表

单位名称：　　　　盘点时间：
财产类别：　　　　存放地点：　　　　编号：

序号	名称	规格型号	计量单位	实存数量	单价	金额	备注

盘点人签章：　　　　实物保管人签章：

表8-6 实存账存对比表

单位名称：　　　　年　月　日　　　　类别：

<table>
<tr><th rowspan="3">序号</th><th rowspan="3">名称</th><th rowspan="3">规格型号</th><th rowspan="3">计量单位</th><th rowspan="3">单价</th><th colspan="2">实存</th><th colspan="2">账存</th><th colspan="4">实存账存对比</th><th rowspan="3">备注</th></tr>
<tr><th rowspan="2">数量</th><th rowspan="2">金额</th><th rowspan="2">数量</th><th rowspan="2">金额</th><th colspan="2">盘盈</th><th colspan="2">盘亏</th></tr>
<tr><th>数量</th><th>金额</th><th>数量</th><th>金额</th></tr>
<tr><td></td><td></td><td></td><td></td><td></td><td></td><td></td><td></td><td></td><td></td><td></td><td></td><td></td><td></td></tr>
<tr><td></td><td></td><td></td><td></td><td></td><td></td><td></td><td></td><td></td><td></td><td></td><td></td><td></td><td></td></tr>
<tr><td colspan="5">金额合计</td><td></td><td></td><td></td><td></td><td></td><td></td><td></td><td></td><td></td></tr>
</table>

单位负责人签章：　　　　填表人签章：

对于委托外单位加工、保管的财产物资，可通过信件询证的办法来证实。对代其他单位保管的物资和受托加工的物资，应认真履行受托和代管责任。在清查盘点后，对发生盘盈、盘亏的情况，应分清责任，分别处理。如属于本单位造成的损失，应由本单位负责处理和赔偿；如属于对方交货时数量不实或属于自然损耗，应通知对方核实，并在有关账簿中做出相应的记录，调整有关数字，保证账实相符。

（三）结算往来款项的清查方法

往来款项的清查是指对有关应收账款、应付账款、预收账款以及预付账款等进行的清查。各项结算往来款项的清查，一般采用函证核对方法进行，也就是在检查本单位各项往来结算账目正确、完整的基础上，编制往来款项对账单，送往对方单位进行账目核对。该对账单一式两联，其中一联作为回单联，对方单位核对相符后，在回单联上加盖公章退回，表示已核对；如发现数字不符，对方单位应在对账单中说明情况，或另抄对账单退回本单位。此时需要进一步查明原因，再行核对。往来款项对账单的一般格式和内容见表8-7。

表8-7 往来款项对账单

××单位：

你单位××年8月20日到我公司购买计算器1 000台，货款6 000元尚未支付，请在核对后将回单联寄回。

清查单位：（盖章）
××年10月20日

沿此虚线裁开，将以下回单联寄回！

- - - - - - - - - - - - - - - - - - - -

往来款项对账单（回单）

××单位：

你单位寄来的“往来款项对账单”已收到，经核对相符无误。

××单位：（盖章）
××年10月29日

第四节 财产清查结果的处理

财产清查的结果有三种情况：实存数大于账存数，即盘盈；实存数小于账存数，即盘亏；实存数等于账存数，账实相符。财产清查结果的处理一般指的是对账实不符——盘盈、盘亏情况的处理，但也可以指账实相符但财产物资发生变质、霉烂及毁损的情况时进行的处理。

一、财产清查结果的处理程序

对财产清查结果首先应查明差异，分析原因。对于财产清查中发现的问题和漏洞，财产清查小组应根据财产清查中取得的各种资料，如实反映账实不符的情况，彻底查明其性质，认真分析其原因，提出改进措施，建立健全有关规章制度，加强经济管理责任制，处理办法应按照有关规定进行。其次，积极处理多余物资和长期挂账的债权债务。对在清查中发现的积压和不需用的物资，应积极组织调剂利用，本单位不需用的，还应当积极推销，力求物尽其用，减少资金的占用。对于长期拖欠以及有争议的往来款项，应当指定专人主动与对方单位研究解决措施。最后，调整账簿，做到账实相符。对于清查中发现的账实不符的差异应及时进行账务处理，做到账实相符。具体来讲，对财产清查后账实不符的项目，会计部门有权处理的，要及时进行账务处理；会计部门无权处理的，先放入“待处理财产损溢”科目，先保证账实相符，再报上级部门批准，待批准后，再做进一步的会计处理。

会计上对账实不符的差异的账务处理分两步进行：

第一步，报告批准前，根据有关盘存结果调账，使账实相符。即根据已查明属实的财产盘盈、盘亏或毁损的数字，编制实存账存对比表，填制记账凭证，据以登记账簿，调整账簿记录，使各项财产物资的账存数与实存数一致。在做好上述账簿调整工作后，将结果报送有关领导和部门批准。

第二步，报告批准后，根据有关领导和部门批复的意见进行账务处理，编制记账凭证，登记有关账簿，并追回由责任者个人原因造成的损失等。

为了核算和监督企业在财产清查中查明的财产物资的盘盈、盘亏和毁损情况以及处理结果，应设置“待处理财产损溢”账户。该账户的借方登记待处理财产的盘亏和毁损数以及盘盈财产批准后的转销数；贷方登记待处理财产盘盈数以及盘亏、毁损财产批准后的转销数。余额如在借方，表示尚待处理的财产盘亏数大于盘盈数的差额；余额如在贷方，表示尚待处理的财产盘盈数大于盘亏数的差额。该账户可按盘盈、盘亏的资产种类和项目进行明细分类核算。

财产清查的对象不同，清查结果的账务处理也不一样。

二、存货清查结果的账务处理

盘盈的存货一般是由收发计量或核算上的差错造成的，故应相应地冲减管理费用。对于盘亏和损失的存货，属于定额内自然损耗的，经批准后可记入“管理费用”账户；属于过失人责任造成损失的，扣除其残料价值后，记入“其他应收款”账户；应向保险公司收取赔偿金的，记入“其他应收款——保险公司”账户；剩余净损失或未参加保险部分的损失，记入“营业外支出”账户，若损失中有一般经营损失部分，记入“管理费用”账户。

【例8-3】 永安企业进行存货清查时，发现某产品盘盈1 000千克，计划单位成本为50元，计50 000元。

报批前分录：

借：库存商品　　50 000

　贷：待处理财产损溢　　50 000

经查实，该项盘盈是由收发计量错误造成的。

报批后分录：

借：待处理财产损溢　　50 000

　贷：管理费用　　50 000

【例8-4】 永安企业进行存货清查时，发现原材料短缺600千克，其计划单位成本为 30 元，计 18 000 元。

报批前分录：

借：待处理财产损溢　　18 000

　贷：原材料　　18 000

报批后分录：

经查实，该项短缺由多种原因造成，经批准，分别进行转销。

1. 材料短缺中，属于责任过失人李明造成的 2 000 元损失，应由其予以赔偿。

借：其他应收款——李明　　2 000

　贷：待处理财产损溢　　2 000

2. 材料短缺中，属于定额内合理损耗的部分，价值 200 元。

借：管理费用　　200

　贷：待处理财产损溢　　200

3. 材料短缺中，属于非常损失的部分，价值 15 800 元。其中收回残料 100 元，东阳保险公司给予赔款 15 650 元，剩余 50 元为净损失。

借：原材料　　100

　　其他应收款——东阳保险公司　　15 650

　　营业外支出　　50

　贷：待处理财产损溢　　15 800

三、固定资产清查结果的账务处理

企业在财产清查中对盘亏、毁损的固定资产，应先通过“待处理财产损溢”账户核算，同时要及时查明原因，写出书面报告，并根据企业的管理权限，经股东大会或董事会等类似机构批准后，在期末结账前报告处理完毕。盘亏或毁损的固定资产，在减去过失人或者保险公司等的赔款和残料价值之后，计入当期营业外支出。如果盘亏或毁损的固定资产在期末结账前尚未得到批准，在对外提供财务会计报告时应按上述规定进行处理，并在财务报表附注中做出说明。

企业在财产清查中盘盈的固定资产，作为前期差错处理。企业盘盈的固定资产，在按管理权限报经批准处理前应先通过“以前年度损益调整”账户核算。对盘盈的固定资产，企业应按有关规定确定其入账价值，借记“固定资产”账户，贷记“以前年度损益调整”账户。

【例 8-5】　永安企业在财产清查中，发现账外设备一台，重置价值 20 000 元，按其新旧程度估计已提折旧 8 000 元，净值为 12 000 元。编制记账凭证，调整固定资产账存数，其会计分录如下：

借：固定资产　　12 000

　贷：以前年度损益调整　　12 000

至于涉及的所得税费用及留存收益的调整，将在其他教材中详述，这里不做详细介绍。

【例8-6】 永安企业在财产清查中，发现盘亏设备一台，其原值为100 000元，已提折旧80 000元。

报批前分录：

借：待处理财产损溢 20 000
　　累计折旧 80 000
　贷：固定资产 100 000

报批后分录：

经查明，损失是由非常事故引起的，东阳保险公司同意赔偿10 000元，由过失人李四赔偿3 000元。其会计分录如下：

借：其他应收款——东阳保险公司 10 000
　　　　　　　——李四 3 000
　　营业外支出——非常损失 7 000
　贷：待处理财产损溢 20 000

四、应收、应付款项清查结果的账务处理

财产清查中，若发现长期挂账的往来款项应及时清理。对于经查明确实无法收回的应收款项或无法支付的应付款项，按规定程序报经批准后，应分不同情况进行核销，但不通过“待处理财产损溢”账户处理。

1. 应收账款的处理。经查明确实无法收回的应收账款，其账务处理有两种方法可供选择：

其一，直接转销法。即在认为应收账款无法收回时，直接将应收账款确认为损失。

其二，备抵法。即平时按规定的计提比例计提坏账准备，计提时借记“资产减值损失”账户，贷记“坏账准备”账户，待发生坏账时，将其金额冲减坏账准备。

【例8-7】 永安企业在财产清查中，查明应收长安公司货款7 000元，经催收收回5 000元，存入银行，余款因故无法收回，转作坏账损失。

收回部分应收账款时，其会计分录如下：

借：银行存款 5 000
　贷：应收账款——长安公司 5 000

将无法收回的应收账款作为坏账损失。其会计分录如下：

直接转销法：

借：资产减值损失 2 000
　贷：应收账款——长安公司 2 000

备抵法：

借：坏账准备 2 000
　贷：应收账款——长安公司 2 000

2. 应付账款的处理。对于在财产清查中经查明确实无法偿还的应付款项，在

按规定的程序报经批准后，转作营业外收入。

【例8-8】 永安企业在往来结算款项的清查中，经查实，应付大明公司的货款8 000元，因为对方单位已撤销，确定无法偿还，经批准，作为营业外收入处理。

借：应付账款——大明公司　　8 000

　贷：营业外收入　　8 000

□ 本章小结

财产清查是会计核算的专门方法之一。财产清查按清查的对象和范围可分为全面清查和局部清查，按清查时间可分为定期清查和不定期清查。财产物资的盘存制度有永续盘存制和实地盘存制两种。财产清查主要包括货币资金清查、实物资产清查和结算往来款项的清查，其中货币资金清查中的银行存款的清查是重点内容之一。对在银行存款清查时出现的未达账项，可编制银行存款余额调节表来调整。应当指出的是，银行存款余额调节表只起到对账作用，不能作为调节账面余额的原始凭证。

会计上对账实不符的差异的具体处理分两个步骤进行：第一步，根据已查明属实的财产盘盈、盘亏或毁损的结果编制记账凭证，据以登记有关账簿，调整账簿记录，使各项财产物资的实存数与账存数一致。第二步，待查清原因明确责任后，再根据审批后的处理决定，编制记账凭证，分别记入有关账户。

□ 主要概念

财产清查　永续盘存制　实地盘存制　实地盘点法

技术推算盘点法　抽样盘点法　未达账项　银行存款余额调节表

□ 复习思考题

1. 什么是财产清查？为什么要进行财产清查？
2. 财产清查应如何进行分类？
3. 什么是永续盘存制？其优缺点及适用范围是什么？
4. 什么是实地盘存制？其优缺点及适用范围是什么？
5. 如何进行银行存款的清查？如何编制银行存款余额调节表？
6. 何为未达账项？为什么会产生未达账项？
7. 财产清查核算需设置的主要账户是什么？其结构如何？
8. 财产清查有几种可能出现的结果？各种情况应如何处理？

复习巩固题

单项选择题

1. 开展清产核资和编制年度财务报告，需要进行（　　）。

A. 局部清查　B. 全面清查　C. 不定期清查　D. 定期清查

2. 以下情况中，宜采用局部清查的是（　　）。

A. 年终决算前进行清查

B. 企业清产核资时进行清查

C. 企业更换财产保管人员时

D. 企业改组为股份制试点企业进行清查

3. 实存账存对比表是调整账面记录的（　　）。

A. 记账凭证　B. 转账凭证　C. 原始凭证　D. 累计凭证

4. 对于盘盈的固定资产的净值，经批准后，应贷记的会计科目是（　　）。

A. 以前年度损益调整　B. 营业外收入

C. 待处理财产损溢　D. 其他业务收入

5. 对各项财产物资的增加或减少，都必须根据凭证逐笔逐日连续登记，并随时结算出该项物资结存数的方法是（　　）。

A. 收付实现制　B. 权责发生制　C. 永续盘存制　D. 实地盘存制

6. 某企业采用实地盘存制，账面期初结存数为100，本期账面增加数为500，期末盘点结存数为380，则本期发出数为（　　）。

A. 980　B. 600　C. 320　D. 220

7. 库存现金清查中，对无法查明原因的长款，经批准应计入（　　）。

A. 其他应收款　B. 其他应付款　C. 营业外收入　D. 管理费用

8. 银行存款余额调节表中调节后的余额是（　　）。

A. 银行存款账面余额

B. 对账单余额与日记账余额的平均数

C. 对账日企业可以动用的银行存款实有数额

D. 银行的账面余额

多项选择题

1. 使企业银行存款日记账余额大于银行对账单余额的未达账项是（　　）。

A. 企业已收款记账而银行未收款记账的款项

B. 银行已收款记账而企业未收款记账的款项

C. 企业已付款记账而银行未付款记账的款项

D. 银行已付款记账而企业未付款记账的款项

E. 企业和银行同时收款的款项

2. 银行存款余额调节表（　　）。

A. 反映单位可以动用的资金数　　B. 是盘存表的表现形式

C. 起到对账作用　　D. 是银行存款清查的工具

E. 是调整账面记录的原始依据

3. 下列采用实地盘点法的项目有（　　）。

A. 现金的清查　　B. 银行存款的清查

C. 实物资产的清查　　D. 往来款项的清查

E. 无形资产的清查

4. 核对账目法适用于（　　）。

A. 固定资产的清查　　B. 现金的清查

C. 银行存款的清查　　D. 短期借款的清查

E. 预付账款的清查

5. 库存现金发生盘亏时的账务处理涉及的会计科目有（　　）。

A. 库存现金　　B. 管理费用　　C. 其他应收款　　D. 营业外支出

E. 待处理财产损溢

判断题

1. 永续盘存制与实地盘存制都可以直接结算出各项物资的账面结存数量。（　　）

2. 实地盘存制能随时反映存货的收入、发出和结存动态。（　　）

3. 永续盘存制能随时反映存货的收入、发出和结存动态，所以不用进行清查盘点。（　　）

4. 技术推算法是指利用技术方法推算财产物资账存数的方法。（　　）

5. 对应付账款应采用询证核对法进行清查。（　　）

6. 从财产清查的对象和范围看，全面清查只在年终进行。（　　）

7. 对于盘盈或盘亏的财产物资，需在期末结账前处理完毕。（　　）

8. 实物盘点后，应以实存账存对比表作为调整账面余额记录的原始依据。（　　）

实务练习题一

一、目的：练习银行存款余额调节表的编制。

二、资料：某公司××年8月银行存款日记账和银行对账单所记录的内容分别如下：

1. 银行存款日记账所记录的该月18日至月末的经济业务：

(1) 18日，送存销货款转账支票4 500元。

(2) 20日，开出编号为06251的转账支票，支付购入材料货款24 000元。

(3) 24日，开出编号为06252的转账支票，支付购料运杂费1 500元。

(4) 25日，收到销货款转账支票30 000元。

(5) 28日，开出编号为06253的现金支票，预支职工李明差旅费1 000元。

（6）30日，开出编号为06254的转账支票，上缴所得税12 000元。

（7）31日，银行存款日记账余额52 800元。

2. 银行对账单所列的该月18日至月末的经济业务：

（1）18日，银行为公司代付水电费3 560元。

（2）20日，收到销货款转账支票4 500元。

（3）21日，收到公司开出的编号为06251的转账支票，金额为24 000元。

（4）22日，结算银行存款利息1 356元。

（5）25日，收到公司开出的编号为06252的转账支票，金额为1 500元。

（6）27日，代收外地汇来的货款20 000元。

（7）31日，银行对账单余额为53 596元。

三、要求：根据上述资料，编制该公司8月31日的银行存款余额调节表。

实务练习题二

一、目的：练习财产清查结果的账务处理。

二、资料：某企业财产清查结果如下：

1. 根据实存账存对比表所列盘盈材料一批，价值1 200元。

2. 根据实存账存对比表所列盘亏材料一批，价值20 000元。

3. 根据固定资产盘盈盘亏报告表所列盘盈机器一台，估计原价80 000元，估计累计折旧32 000元。

4. 根据固定资产盘盈盘亏报告表所列盘亏办公用设备一台，其账面价值为25 000元，已提折旧18 000元。

5. 经查证核实，上述盘盈的1 200元的材料是由计量仪器不准确所致，经批准作为冲销管理费用处理；盘亏的价值20 000元的材料，其中15 000元属于非常损失所致，经批准作为营业外支出处理，4 000元属于保管人员李明管理失职造成的损失，应由过失人赔偿，1 000元属于定额的自然损耗，作为管理费用处理。

6. 经批准，盘亏的设备转入“营业外支出”账户处理。

7. 因债务单位已撤销，企业有一笔无法收回的应收账款5 000元，经批准作为资产减值损失处理。

8. 企业有一笔确实无法偿还的应付账款2 000元，经批准作为营业外收入处理。

三、要求：根据上述资料，编制会计分录。

第九章 Chapter 9 财务会计报告

学习目标

本章重点介绍财务会计报告的编制。学习目的是了解财务会计报告的有关知识，掌握财务会计报告编制的基本方法。本章要求学习者理解财务会计报告的组成内容，掌握资产负债表、利润表、现金流量表、所有者权益变动表的基本格式、项目内容和填制方法，了解财务会计报表分析的一般方法。

第一节 财务会计报告概述

一、财务会计报告的概念和作用

财务会计报告，也称财务报告，是指企业对外提供的反映企业某一特定日期财务状况和某一会计期间经营成果、现金流量及所有者权益变动情况的书面文件。编制财务会计报告是财务会计工作的一项重要内容，是对会计核算工作的全面总结，也是及时提供合法、真实、准确、完整会计信息的重要环节。具体来说，财务会计报告的作用主要体现在以下几个方面：

1. 有助于国家经济管理部门（如财政、税务、工商、审计等）了解企业的财务状况和经营成果，检查、监督各单位财经政策、法规、纪律、制度的执行情况，更好地发挥国家经济管理部门的指导、监督、调控作用，优化资源配置，保证国民经济持续稳定发展。

2. 有助于企业的投资者和债权人分析企业的获利能力和债务偿还能力，预测企业的发展前景，做出正确的投资决策和信贷决策。

3. 有助于企业经营管理人员了解本单位各项任务指标的完成情况，评价经营业绩，及时发现问题，调整经营方向，制定措施改善经营管理，提高经济效益。

4. 有助于企业员工、社会公众（包括企业潜在的投资者或债权人）了解企业的就业岗位是否稳定，劳动报酬的高低，以及有关企业目前状况等方面的资料，为其择业或投资选择提供参考依据。

二、财务会计报告的组成

企业财务会计报告主要包括对外报送的财务报表、财务报表附注及其他应当在财务报告中披露的相关信息和资料。

（一）对外报送的财务报表

企业应该对外提供的财务报表主表包括资产负债表、利润表、现金流量表和所有者权益变动表。其中资产负债表是反映企业在报告期末资产、负债和所有者权益情况的财务报表；利润表是反映企业在报告期内收入、费用和利润情况的财务报表；现金流量表是反映企业在报告期内现金流入、现金流出和现金净流量情况的财务报表；所有者权益变动表是反映企业在报告期内构成所有者权益的各组成部分增减变动情况的财务报表。除以上财务报表外，还有一些根据各行业的特点编制的、用以说明某一方面情况的附表，如资产减值准备明细表、应交增值税明细表等。

（二）财务报表附注

附注是财务报表的重要组成部分，企业应当按照规定披露附注信息。企业财务报表附注一般包括下列内容：（1）企业的基本情况；（2）财务报表的编制基础；（3）遵循企业会计准则的声明；（4）重要会计政策和会计估计；（5）会计政策和会计估计变更以及前期差错更正的说明；（6）报表重要项目的说明；（7）或有事项；（8）资产负债表日后事项；（9）关联方关系及其交易。

（三）其他应当在财务报告中披露的相关信息和资料

其他应当在财务报告中披露的相关信息和资料是为了有助于理解和分析财务报表需要说明的其他事项所提供的书面资料，主要说明财务报表及其附注无法揭示或无法充分说明的，对企业财务状况、经营成果、现金流量及所有者权益变动有重大影响的其他事项。

三、财务报表的分类

企业的财务报表按照编制时间、编制单位、服务对象等可分为不同的种类。

（一）按照编制时间分类，可分为中期财务报表和年度财务报表

中期财务报表是以短于一个完整会计年度的报告期间为基础编制的财务报表，包括月度报表、季度报表和半年度报表等。年度财务报表，亦称年终决算报表，包括规定对外报送的全部财务报表。至于哪些报表应按月编报，哪些报表应按季编报，哪些报表应按半年编报，哪些报表应按年编报，则根据不同行业的要求和现行会计准则的要求进行安排。

（二）按照编制单位分类，可分为单位报表、汇总报表和合并报表

单位报表，是指独立核算单位所编制的财务报表；汇总报表，是主管部门根据各个单位财务报表和自身的报表汇总编制而成的财务报表。合并报表是控股公司将自身与被投资公司看作一个统一的经济实体而编制的财务报表。合并报表反映的是控股公司与被投资公司共同的财务状况和经营成果。

（三）按照提供服务的对象分类，可分为内部报表和外部报表

内部报表是用来反映经济活动和财务收支的具体情况，为管理者进行决策提供信息的财务报表。这类报表没有规定的格式和种类。

外部报表是企业向外部的会计信息使用者报告经济活动和财务收支情况的财务报表，这类报表一般有统一的格式和编制要求。我国企业对外报送的财务报表按其反映的经济内容，可以分为资产负债表、利润表、现金流量表和所有者权益变动表及相关报表的附注。

四、财务报表的编制要求

为了充分发挥财务报表的作用，确保财务报表的质量，企业应严格按照《企业会计准则》《会计基础工作规范》等统一会计法律规范中有关编制财务报表的要求，定期编制财务报表。各单位对外报送的财务报表应当根据国家统一会计准则规定的格式和要求编制。单位内部使用的财务报表，其格式和要求由各单位自行规定。具体的编制要求包括：

1. 依据可靠。财务报表应当根据登记完整、核对无误的会计账簿记录和其他有关资料编制，做到数字真实、计算准确、内容完整、说明清楚。任何人不得篡改或者授意、指使、强令他人篡改财务报表中的有关数字。

2. 数字衔接。财务报表之间、财务报表各项目之间，凡有对应关系的数字，应当保持一致。本期财务报表与上期财务报表之间有关的数字应当相互衔接。如果不同会计年度财务报表中各项目的内容和核算方法有变更，应当在年度财务报表中加以说明。各单位应当按照国家统一会计准则的规定认真编写财务报表附注及其说明，做到项目齐全、内容完整。

3. 编报及时。各单位应当按照国家规定的期限对外报送财务报表。在实际工作中，通常月度财务报表应于月度终了后的6日内对外提供（节假日顺延，下同），季度财务报表应于季度终了后的15日内对外提供，半年度财务报表应于每半年度终了后的60日内对外提供，年度财务报表应于年度终了后的4个月内对外提供。单位负责人对财务报表的合法性、真实性负法律责任。

4. 依法审计。根据法律和国家有关规定应当对财务报表进行审计，财务报表编制单位应当先行委托注册会计师进行审计，并将注册会计师出具的审计报告随同财务报表按照规定的期限报送有关部门。

第二节　资产负债表

资产负债表是反映企业在资产负债表日（或报告期末）全部资产、负债和所有者权益情况的财务报表。它是一张揭示企业在一定时点上财务状况的静态报表。资产负债表的作用在于提供企业在某一时点的资产总额、负债总额和所有者权益总额及各自的构成情况，便于报表使用者了解企业的经济资源及其分布情况，了解企业的资本结构、资本保全和增值情况，并据以评价和预测企业的偿债能力和筹资能力，评价和预测企业的经营绩效。资产负债表是企业主要的财务报表之一，每一个会计主体都必须编制资产负债表。

一、资产负债表的结构及格式

（一）资产负债表的结构

资产负债表的结构原理是“资产＝负债＋所有者权益”这一会计等式，它的实质是这一会计等式的表格化、项目化。资产负债表的项目分为资产、负债和所有者权益三类。

1. 资产类项目。资产类项目按其流动性的大小，或按变现能力的强弱，分为流动资产和非流动资产两类。

流动资产项目包括“货币资金”“交易性金融资产”“应收票据”“应收账款”“预付款项”“其他应收款”“存货”等。

非流动资产项目包括“债权投资”“其他债权投资”“长期应收款”“长期股权投资”“固定资产”“无形资产”等。

2. 负债类项目。负债类项目按其承担经济义务期限的长短，分为流动负债和非流动负债两类。

流动负债项目包括“短期借款”“应付票据”“应付账款”“预收款项”“应付职工薪酬”“应交税费”“其他应付款”等。

非流动负债项目主要包括“长期借款”“应付债券”“长期应付款”等。

3. 所有者权益类项目。所有者权益类项目按其资本来源或永久性程度，一般分为“实收资本（或股本）”“其他权益工具”“资本公积”“其他综合收益”“盈余公积”“未分配利润”等项目。

上述资产类项目金额合计数与负债和所有者权益类项目金额合计数必须相等。

（二）资产负债表的格式

资产负债表各项目在表中的排列方法不同，形成了各种各样的资产负债表的格式。由于企业各异，资产负债表项目排列及采用的结构也会有所区别。

1. 报告式资产负债表。报告式资产负债表将资产、负债和所有者权益项目采用垂直分列的形式排列。按照“资产总额＝负债总额＋所有者权益总额”列示，或者按照“资产总额－负债总额＝所有者权益总额”列示，其简化格式见表 9－1。

表 9－1 资产负债表

编制单位： 年 月 日 单位：元

项目	行次	期末余额	年初余额
资产			
流动资产			
非流动资产			
资产合计			
负债			
流动负债			
非流动负债			
负债合计			
所有者权益			
实收资本（或股本）			
资本公积			
未分配利润			
所有者权益合计			

2. 账户式资产负债表。账户式资产负债表即按照 T 形账户的形式设计的资产负债表，将资产类项目排列在表的左方，负债类和所有者权益类项目排列在表的右方，两方总额相等。我国主要采用账户式资产负债表。其简化格式见表 9－3。

二、资产负债表的编制

资产负债表既是一张平衡报表，反映资产总计与负债及所有者权益总计相等，又是一张静态报表，反映企业在某一时点如月末或年末的财务状况。为了提供比较信息，以便报表使用者通过比较不同时点资产负债表的数据，掌握企业财务状况的变动情况和发展趋势，资产负债表的各项目均需填列“年初余额”和“期末余额”两栏数字。其中，“年初余额”栏内各项目的数字，可根据上年末资产负债表“期末余额”栏相应项目的数字填列。如果本年度资产负债表规定的各个项目的名称和内容与上年度不一致，应当对上年末资产负债表各个项目的名称和内容按照本年度的规定进行调整。资产负债表中的“期末余额”栏内各项目的金额，应根据期末资产类、负债类、所有者权益类等账户的期末余额填列。具体填列方法如下：

1. 根据总账科目的余额直接填列。资产负债表中有些项目的“期末余额”可以根据有关总账科目的期末余额直接填列，如“交易性金融资产”“短期借款”“应付职工薪酬”“应交税费”“实收资本”“资本公积”“盈余公积”等项目。这些项目中，“应交税费”等负债项目，如果其相应科目出现借方余额，应以“－”号填列。

2. 根据总账科目的余额计算填列。有些报表项目需要根据若干总账科目余额计算填列，如“货币资金”项目，应根据“库存现金”“银行存款”“其他货币资金”三个总账科目的期末余额合计数填列。

3. 根据总账科目和明细科目的余额分析计算填列。如“长期借款”项目，根据“长期借款”总账科目期末余额，扣除“长期借款”科目所属明细科目中反映的将于一年内到期的长期借款部分，分析计算填列。

4. 根据若干明细科目余额分析计算填列。报表中有些项目需要根据若干明细科目的余额分析计算填列，如“应付账款”项目，应根据“应付账款”“预付账款”账户所属的相关明细科目的期末贷方余额之和填列；“应付账款”“预付账款”账户所属的相关明细科目的期末借方余额之和则应填列在“预付账款”项目；同理，“应收账款”项目，应根据“应收账款”“预收账款”账户所属的相关明细科目的期末借方余额之和填列；“预收账款”项目，应根据“应收账款”“预收账款”账户所属的相关明细科目的期末贷方余额之和填列。

5. 根据有关资产科目与其备抵科目抵减后的净额填列。如“无形资产”项目，应根据“无形资产”科目的期末余额减去“累计摊销”“无形资产减值准备”备抵科目期末余额后的金额填列；“应收账款”项目的填列，应先计算“应收账款”“预收账款”科目所属的相关明细科目的期末借方余额合计数，然后减去“坏账准备”科目的期末贷方余额，以应收账款净额填列。再如“存货”项目，应以“材料采购”“原材料”“生产成本”“库存商品”“材料成本差异”等总账科目的期末余额合计数，减去“存货跌价准备”科目等的期末余额的净额填列。

在资产负债表项目的计算填列中，“未分配利润”是一个较为特殊的项目，应区分是中期报表的填列，还是年度报表的填列。在编制中期报表时（1—11月份），该项目应根据“本年利润”科目余额和“利润分配”科目余额之和或之差填列；在编制年度报表时，该项目应根据“利润分配——未分配利润”账户的期末余额直接填列。

三、资产负债表编制举例

为了帮助理解资产负债表的编制，现举例说明。

【例 9-1】　久安公司期末编制的试算平衡表如表 9-2 所示。

表 9-2　试算平衡表

××年 12 月 31 日　　单位：元

会计科目	期初余额		本期发生额		期末余额	
	借方	贷方	借方	贷方	借方	贷方
库存现金	2 000		600 000	600 000	2 000	
银行存款	1 280 000		1 642 500	2 848 400	74 100	
交易性金融资产						
应收账款	561 000		819 000	202 000	1 178 000	
原材料	814 400		500 000	810 000	504 400	
库存商品	1 689 000		1 377 000	850 000	2 216 000	
固定资产	3 950 000		105 400		4 055 400	
累计折旧		480 000		100 000		580 000
无形资产	540 000			150 000	390 000	
长期待摊费用	190 000			7 000	183 000	
短期借款		300 000	250 000			50 000
应付票据		200 000	100 000			100 000
应付账款		950 000	185 000	409 500		1 174 500
应付职工薪酬		110 000	500 000	570 000		180 000
应交税费		30 000	305 000	300 700		25 700
应付利息		6 400	12 500	11 500		5 400
长期借款		1 800 000	1 000 000	410 000		1 210 000
实收资本		5 000 000				5 000 000
盈余公积		100 000		25 460		125 460
利润分配——未分配利润		50 000	25 460	127 300		151 840
主营业务收入			1 400 000	1 400 000		
主营业务成本			850 000	850 000		
投资收益			1 500	1 500		
营业外收入			120 000	120 000		
生产成本			1 377 000	1 377 000		
制造费用			139 500	139 500		
管理费用			260 000	260 000		
销售费用			200 000	200 000		
财务费用			21 500	21 500		
所得税费用			62 700	62 700		
本年利润			1 521 500	1 521 500		
利润分配——提取盈余公积			25 460	25 460		
合　计	9 026 400	9 026 400	13 401 020	13 401 020	8 602 900	8 602 900

根据上述资料编制的资产负债表如表 9-3 所示。

表9-3 资产负债表

会企01表

编制单位：久安公司　　××年12月31日　　单位：元

资产	期末余额	年初余额	负债和所有者权益（或股东权益）	期末余额	年初余额
流动资产：			流动负债：		
货币资金	76 100	1 282 000	短期借款	50 000	300 000
交易性金融资产			交易性金融负债		
衍生金融资产			衍生金融负债		
应收票据			应付票据	100 000	200 000
应收账款	1 178 000	561 000	应付账款	1 174 500	950 000
预付款项			预收款项		
其他应收款			合同负债		
存货	2 720 400	2 503 400	应付职工薪酬	180 000	110 000
合同资产			应交税费	25 700	30 000
持有待售资产			其他应付款	5 400	6 400
一年内到期的非流动资产			持有待售负债		
其他流动资产			一年内到期的非流动负债		
流动资产合计	3 974 500	4 346 400	其他流动负债		
非流动资产：			流动负债合计	1 535 600	1 596 400
债权投资			非流动负债：		
其他债权投资			长期借款	1 210 000	1 800 000
长期应收款			应付债券		
长期股权投资			其中：优先股		
其他权益工具投资			永续债		
其他非流动金融资产			长期应付款		
投资性房地产			预计负债		
固定资产	3 475 400	3 470 000	递延收益		
在建工程			递延所得税负债		
生产性生物资产			其他非流动负债		
油气资产			非流动负债合计	1 210 000	1 800 000
无形资产	390 000	540 000	负债合计	2 745 600	3 396 400
开发支出			所有者权益（或股东权益）：		
商誉			实收资本（或股本）	5 000 000	5 000 000
长期待摊费用	183 000	190 000	其他权益工具		
递延所得税资产			其中：优先股		
其他非流动资产			永续债		
非流动资产合计	4 048 400	4 200 000	资本公积		
			减：库存股		
			其他综合收益		
			盈余公积	125 460	100 000
			未分配利润	151 840	50 000
			所有者权益（或股东权益）合计	5 277 300	5 150 000
资产总计	8 022 900	8 546 400	负债及所有者权益（或股东权益）总计	8 022 900	8 546 400

第三节 利润表

利润表是反映企业在一定会计期间经营成果的会计报表。通过提供利润表，可以反映企业在一定会计期间收入、费用、利润（或亏损）的数额及构成情况，为企业外部投资者以及信贷者做出投资决策和信贷决策提供依据，为企业内部管理层的经营决策提供依据，为企业内部业绩考核提供依据。

一、利润表的结构

常见的利润表结构主要有单步式和多步式两种。

（一）单步式利润表

单步式利润表将当期所有的收入列在一起，然后将所有的费用列在一起，两者相减得出当期净利润。单步式利润表的格式如表 9-4 所示。

表 9-4 利润表

编制单位： 年 月 单位：元

项目	本期金额	上期金额
一、收入		
营业收入		
投资收益		
营业外收入		
收入合计		
二、费用		
营业成本		
税金及附加		
销售费用		
管理费用		
财务费用		
资产减值损失		
营业外支出		
所得税费用		
费用合计		
三、净利润		

（二）多步式利润表

多步式利润表将不同性质的收入和费用进行配比，从而得出不同层级的利润构成数据，便于使用者理解企业经营成果的不同来源。在我国，企业利润表采用多步式结构，主要包括以下六个方面的内容：

1. 营业收入。营业收入由主营业务收入和其他业务收入组成。

2. 营业利润。营业收入减去营业成本（主营业务成本、其他业务成本）、税金及附加、销售费用、管理费用、研发费用、财务费用、资产减值损失，加上其他收益、投资收益、公允价值变动收益、资产处置收益，即营业利润。

3. 利润总额。营业利润加上营业外收入，减去营业外支出，即利润总额。

4. 净利润。利润总额减去所得税费用，即净利润。“持续经营净利润”和“终止经营净利润”分别反映净利润中与持续经营相关的净利润和与终止经营相关的净利润。

5. 其他综合收益的税后净额。即企业根据会计准则的规定未在损益中确认的各项利得和损失扣除所得税影响后的净额。

6. 综合收益总额。即企业在某一期间除与所有者以其所有者身份进行的交易以外的其他交易或事项所引起的所有者权益变动。净利润加上其他综合收益即综合收益总额。

多步式利润表的基本格式见表9-5。

表9-5 利润表

会企02表

编制单位： ____年____月 单位：元

项目	本期金额	上期金额
一、营业收入		
减：营业成本		
税金及附加		
销售费用		
管理费用		
研发费用		
财务费用		
其中：利息费用		
利息收入		
加：其他收益		
投资收益（损失以“－”号填列）		
其中：对联营企业和合营企业的投资收益		
以摊余成本计量的金融资产终止确认收益（损失以“－”号填列）		
净敞口套期收益（损失以“－”号填列）		
公允价值变动收益（损失以“－”号填列）		
信用减值损失（损失以“－”号填列）		
资产减值损失（损失以“－”号填列）		
资产处置收益（损失以“－”号填列）		
二、营业利润（亏损以“－”号填列）		
加：营业外收入		
减：营业外支出		
三、利润总额（亏损总额以“－”号填列）		
减：所得税费用		
四、净利润（净亏损以“－”号填列）		
（一）持续经营净利润（净亏损以“－”号填列）		
（二）终止经营净利润（净亏损以“－”号填列）		
五、其他综合收益的税后净额		

续表

项目	本期金额	上期金额
（一）不能重分类进损益的其他综合收益		
（二）将重分类进损益的其他综合收益		
六、综合收益总额		
七、每股收益：		
（一）基本每股收益		
（二）稀释每股收益		

二、利润表的编制

利润表编制的原理是“收入－费用＝利润”这一会计平衡公式和收入与费用的配比原则。在生产经营中企业不断发生各种费用支出，同时取得各种收入，收入减去费用，剩余的部分就是企业的盈利。取得的收入和发生的相关费用的配比情况就是企业的经营成果。如果企业经营不当，发生的生产经营费用超过取得的收入，企业就发生了亏损；反之，企业就能取得一定的利润。会计部门应定期（一般按月份）核算企业的经营成果，并将核算结果编制成报表，这样就形成了利润表。

我国企业利润表的主要编制步骤和内容如下：

第一步，以营业收入为基础，减去营业成本、税金及附加、销售费用、管理费用、研发费用、财务费用，加上其他收益、投资收益（减去投资损失）、净敞口套期收益、公允价值变动收益（减去公允价值变动损失）、资产处置收益等，计算出营业利润。

第二步，以营业利润为基础，加上营业外收入，减去营业外支出，计算出利润总额。

第三步，以利润总额为基础，减去所得税费用，计算出净利润（或亏损）。

第四步，列示其他综合收益的税后净额。

第五步，以净利润加上其他综合收益的税后净额即综合收益总额。

第六步，列示每股收益。

利润表各项目均需填列“本期金额”和“上期金额”两栏。其中“上期金额”栏内各项数字，应根据上年该期利润表的“本期金额”栏内所列数字填列。“本期金额”栏内各期数字，应当按照相关科目的发生额分析填列，如“营业收入”项目，应根据“主营业务收入”和“其他业务收入”科目的合计数填列。

三、利润表编制举例

【例 9－2】 久安公司××年度有关损益类科目本年累计发生净额见表 9－6。

表 9－6 损益类科目累计发生净额

××年度

单位：元

科目名称	借方发生额	贷方发生额
主营业务收入		12 500 000

续表

科目名称	借方发生额	贷方发生额
主营业务成本	7 500 000	
税金及附加	20 000	
销售费用	200 000	
管理费用	1 571 000	
财务费用	415 000	
投资收益		315 000
资产减值损失	309 000	
营业外收入		500 000
营业外支出	197 000	
所得税费用	775 750	

根据上述资料，编制久安公司××年度利润表，见表9-7。

表9-7 利润表

会企02表

编制单位：久安公司　　　　年　　月　　　　单位：元

项目	本期金额	上期金额
一、营业收入	12 500 000	
减：营业成本	7 500 000	
税金及附加	20 000	
销售费用	200 000	
管理费用	1 571 000	
研发费用		
财务费用	415 000	
其中：利息费用		
利息收入		
加：其他收益		
投资收益（损失以“—”号填列）	315 000	
其中：对联营企业和合营企业的投资收益		
以摊余成本计量的金融资产终止确认收益（损失以“—”号填列）		
净敞口套期收益（损失以“—”号填列）		
公允价值变动收益（损失以“—”号填列）		
信用减值损失（损失以“—”号填列）		
资产减值损失（损失以“—”号填列）	309 000	
资产处置收益（损失以“—”号填列）		
二、营业利润（亏损以“—”号填列）	2 800 000	
加：营业外收入	500 000	
减：营业外支出	197 000	
三、利润总额（亏损总额以“—”号填列）	3 103 000	
减：所得税费用	775 750	
四、净利润（净亏损以“—”号填列）	2 327 250	

续表

项目	本期金额	上期金额
（一）持续经营净利润（净亏损以"－"号填列）		
（二）终止经营净利润（净亏损以"－"号填列）		
五、其他综合收益的税后净额		
（一）不能重分类进损益的其他综合收益		
（二）将重分类进损益的其他综合收益		
六、综合收益总额		
七、每股收益		
（一）基本每股收益		
（二）稀释每股收益		

第四节 现金流量表

现金流量表是以收付实现制为基础，反映企业在一定会计期间现金及现金等价物流入和流出的会计报表。

现金流量表的现金包括账簿资料中的库存现金和银行存款；现金等价物包括企业持有的期限短、流动性强、易于转换为已知金额的现金，以及价值变动风险很小的投资。现金流量表根据企业在报告期内现金收支的有关资料，从经营活动、投资活动和筹资活动三个方面展示了有关企业现金流量的全部信息。

现金流量表的资料有助于所有者、债权人评价企业产生未来有利现金流量的能力。所有者、债权人进行投资与信贷的主要目的是增加未来现金资源，他们在做投资与信贷决策时必须考虑利息的收取及本金的偿还、股利的获得及股价变动收益甚至原始投资的保障，所有这些都取决于企业现金流量的金额、时间及确定性。只有当企业能产生正的现金流量时，才能保证偿还债务、分配股利。现金流量表有助于所有者、债权人评价企业偿还债务、支付股利的能力和对外筹资的能力。企业是否具有这些能力，主要取决于企业获取现金流量的能力。企业经营活动产生的现金流入的信息能较为客观地衡量这些指标。尽管企业可以通过筹资活动与投资活动来取得现金，但是债务本息的偿还最终取决于经营活动的净现金流入。因此，经营活动的净现金流入占总现金净流入量比重越高，企业的财务基础越稳固，偿债能力和对外筹资能力越强。

一、现金流量表的基本内容

现金流量表的基本内容包括三个方面：一是经营活动产生的现金流量；二是投资活动产生的现金流量；三是筹资活动产生的现金流量。其中，各类现金流量又分为现金流入量与现金流出量两个部分。

（一）经营活动产生的现金流量

经营活动产生的现金流量是指直接与利润表中本期净利润计算相关的交易及其他事项所产生的现金流入与流出。具体构成项目如下：

1. 经营活动产生的现金流入。经营活动产生的现金流入包括：（1）销售商品、提供劳务收到的现金；（2）收到的税费返还；（3）收到其他与经营活动有关的现金。

2. 经营活动产生的现金流出。经营活动产生的现金流出包括：（1）购买商品、接受劳务支付的现金；（2）支付给职工以及为职工支付的现金；（3）支付的各种税费；（4）支付其他与经营活动有关的现金。

（二）投资活动产生的现金流量

投资活动产生的现金流量通常是指购置与处置非流动资产交易所产生的现金流入与流出。具体构成项目如下：

1. 投资活动产生的现金流入。投资活动产生的现金流入包括：（1）收回投资收到的现金；（2）取得投资收益收到的现金；（3）处置固定资产、无形资产和其他长期资产收回的现金净额；（4）收到其他与投资活动有关的现金。

2. 投资活动产生的现金流出。投资活动产生的现金流出包括：（1）购建固定资产、无形资产和其他长期资产支付的现金；（2）投资支付的现金；（3）支付其他与投资活动有关的现金。

（三）筹资活动产生的现金流量

筹资活动产生的现金流量通常是指与所有者、债权人有关的筹资与交易所产生的现金流入与流出。具体构成项目如下：

1. 筹资活动产生的现金流入。筹资活动产生的现金流入包括：（1）吸收投资收到的现金；（2）取得借款收到的现金；（3）收到其他与筹资活动有关的现金。

2. 筹资活动产生的现金流出。筹资活动产生的现金流出包括：（1）偿还债务支付的现金；（2）分配股利、利润或偿付利息支付的现金；（3）支付其他与筹资活动有关的现金。

现金流量表的基本格式如表9-8所示。

表9-8 现金流量表

会企03表

编制单位： 年 月 单位：元

项目	本期金额	上期金额
一、经营活动产生的现金流量：		
销售商品、提供劳务收到的现金		
收到的税费返还		
收到其他与经营活动有关的现金		
经营活动现金流入小计		
购买商品、接受劳务支付的现金		

续表

项目	本期金额	上期金额
支付给职工以及为职工支付的现金		
支付的各种税费		
支付其他与经营活动有关的现金		
经营活动现金流出小计		
经营活动产生的现金流量净额		
二、投资活动产生的现金流量：		
收回投资收到的现金		
取得投资收益收到的现金		
处置固定资产、无形资产和其他长期资产收回的现金净额		
处置子公司及其他营业单位收到的现金净额		
收到其他与投资活动有关的现金		
投资活动现金流入小计		
购建固定资产、无形资产和其他长期资产支付的现金		
投资支付的现金		
取得子公司及其他营业单位支付的现金净额		
支付其他与投资活动有关的现金		
投资活动现金流出小计		
投资活动产生的现金流量净额		
三、筹资活动产生的现金流量：		
吸收投资收到的现金		
取得借款收到的现金		
收到其他与筹资活动有关的现金		
筹资活动现金流入小计		
偿还债务支付的现金		
分配股利、利润或偿付利息支付的现金		
支付其他与筹资活动有关的现金		
筹资活动现金流出小计		
筹资活动产生的现金流量净额		
四、汇率变动对现金及现金等价物的影响		
五、现金及现金等价物净增加额		
加：期初现金及现金等价物余额		
六、期末现金及现金等价物余额		

二、现金流量表的编制

现金流量表的编制是通过现金收入和现金支出的主要类别反映企业经营活动、

投资活动、筹资活动所产生的现金流量。企业有关活动的现金流量信息，可从会计记录中直接获得，也可以在利润表营业收入、营业成本等数据的基础上，通过调整存货和经营性应收、应付项目的变动以及固定资产折旧、无形资产摊销等项目后获得。

现金流量表的编制较为复杂，各有关项目的具体填列方法将在以后的专业会计中介绍，在此不予详述。

第五节 所有者权益变动表

所有者权益变动表是反映构成所有者权益的各组成部分当期增减变动情况的报表。所有者权益变动表应当全面反映一定时期所有者权益变动的情况，不仅包括所有者权益总量的增减变动，而且包括所有者权益增减变动的重要结构性信息，特别是列出所有者投入和减少资本的详细构成，让报表使用者准确理解所有者权益增减变动的根源。

一、所有者权益变动表的列报格式

1. 以矩阵的形式列报。为了清楚地表明构成所有者权益的各组成部分当期的增减变动情况，所有者权益变动表应当以矩阵的形式列示。一方面，列示导致所有者权益变动的交易或事项，不再仅仅按照所有者权益的各组成部分反映所有者权益变动的情况，而是按所有者权益变动的来源对一定时期所有者权益变动情况进行全面反映；另一方面，按照所有者权益各组成部分（包括实收资本、资本公积、盈余公积、未分配利润和库存股）及其总额列示交易或事项对所有者权益的影响。

2. 列示所有者权益变动表的比较信息。根据财务报表列报准则的规定，企业需要提供比较所有者权益变动表，因此，所有者权益变动表就各项目再分为“本年金额”和“上年金额”两栏分别填列。

所有者权益变动表的具体格式如表 9－9 所示。

二、所有者权益变动表的列报方法

1.“上年金额”栏的列报方法。所有者权益变动表“上年金额”栏内的各项数字，应根据上年度所有者权益变动表“本年金额”栏内所列数字填列。如果上年度所有者权益变动表规定的各个项目的名称和内容与本年度不一致，应对上年度所有者权益变动表各项目的名称和内容按本年度的规定进行调整，填入所有者权益变动表的“上年金额”栏内。

表 9-9 所有者权益变动表

会企 04 表

＿＿年度

编制单位： 单位：元

项目	本年金额											上年金额										
	实收资本（或股本）	其他权益工具			资本公积	减：库存股	其他综合收益	专项储备	盈余公积	未分配利润	所有者权益合计	实收资本（或股本）	其他权益工具			资本公积	减：库存股	其他综合收益	专项储备	盈余公积	未分配利润	所有者权益合计
		优先股	永续债	其他									优先股	永续债	其他							
一、上年年末余额																						
加：会计政策变更																						
前期差错更正																						
其他																						
二、本年年初余额																						
三、本年增减变动金额（减少以“-”号填列）																						
（一）综合收益总额																						
（二）所有者投入和减少资本																						
1. 所有者投入的普通股																						
2. 其他权益工具持有者投入资本																						
3. 股份支付计入所有者权益的金额																						
4. 其他																						
（三）利润分配																						
1. 提取盈余公积																						
2. 对所有者（或股东）的分配																						
3. 其他																						

续表

项目	本年金额												上年金额											
	实收资本（或股本）	其他权益工具			资本公积	减：库存股	其他综合收益	专项储备	盈余公积	未分配利润	所有者权益合计	实收资本（或股本）	其他权益工具			资本公积	减：库存股	其他综合收益	专项储备	盈余公积	未分配利润	所有者权益合计
		优先股	永续债	其他									优先股	永续债	其他							
（四）所有者权益内部结转																						
1. 资本公积转增资本（或股本）																						
2. 盈余公积转增资本（或股本）																						
3. 盈余公积弥补亏损																						
4. 设定受益计划变动额结转留存收益																						
5. 其他综合收益结转留存收益																						
6. 其他																						
四、本年年末余额																						

2. “本年金额”栏的列报方法。所有者权益变动表“本年金额”栏内的各项数字，一般应根据“实收资本（或股本）”“资本公积”“盈余公积”“利润分配”“库存股”“以前年度损益调整”等科目的发生额分析填列。

企业的净利润及其分配情况作为所有者权益变动的组成部分，不需要单独设置利润分配表列示。

所有者权益变动表的具体编制将在其他教材中介绍，在此不予详述。

第六节　财务会计报告的报送

财务会计报告的目标是向财务会计报告使用者提供与企业财务状况、经营成果和现金流量等有关的会计信息，反映企业管理层受托责任履行情况，有助于财务会计报告使用者做出经济决策。按照《中华人民共和国企业财务会计报告条例》（以下简称《企业财务会计报告条例》）的规定，企业应当依照法律、行政法规和企业会计准则有关财务会计报告提供期限的规定，及时对外提供财务会计报告。

企业对外提供的财务会计报告应当依次编定页数，加具封面，装订成册，加盖公章。封面上应当注明企业名称、企业统一代码、组织形式、地址、报表所属年度或者月份、报出日期，并由企业负责人和主管会计工作的负责人、会计机构负责人（会计主管人员）签名并盖章；设置总会计师的企业，还应当由总会计师签名并盖章。

企业应当依照企业章程的规定，向投资者提供财务会计报告。国务院派出监事会的国有重点大型企业、国有重点金融机构，省、自治区、直辖市人民政府派出监事会的国有企业，应当依法定期向监事会提供财务会计报告。国有企业、国有控股的或者占主导地位的企业，应当至少每年一次向本企业的职工代表大会公布财务会计报告，并重点说明下列事项：（1）反映与职工利益密切相关的信息，包括：管理费用的构成情况，企业管理人员工资、福利和职工工资、福利费用的发放、使用和结余情况，公益金的提取及使用情况，利润分配的情况，以及其他与职工利益相关的信息；（2）内部审计发现的问题及纠正情况；（3）注册会计师审计的情况；（4）国家审计机关发现的问题及纠正情况；（5）重大的投资、融资和资产处置决策及其原因的说明；（6）需要说明的其他重要事项。

企业依照《企业财务会计报告条例》的规定向有关各方提供的财务会计报告，其编制基础、编制依据、编制原则和方法应当一致，不得提供编制基础、编制依据、编制原则和方法不同的财务会计报告。

有关部门或者机构依照法律、行政法规或者国务院的规定，要求企业提供部分或者全部财务会计报告及其有关数据的，应当向企业出示依据，并且不得要求企业改变财务会计报告有关数据的会计口径。非依照法律、行政法规或者国务院的规定，任何组织或者个人不得要求企业提供部分或者全部财务会计报告及其有关数据。违反《企业财务会计报告条例》的规定，要求企业提供部分或者全部财务会计报告及其有关数据的，企业有权拒绝。如果发现对外报送的财务会计报告有错误，应当及时办理更正手续。除更正本单位留存的财务会计报告外，还应同时通知接受财务会计报告的单位更正。错误较多的，应当重新编报。

根据法律和国家有关规定应当对财务会计报告进行审计的，财务会计报告编制单位应当先行委托注册会计师进行审计，并将注册会计师出具的审计报告随同财务会计报告按照规定的期限报送有关部门。

接受企业财务会计报告的组织或者个人，在企业财务会计报告正式对外披露前，应当对其内容保密。

第七节 财务会计报告分析

企业定期编制的各种财务会计报告主要是向企业管理层、投资者、债权人等提供决策所需的会计信息。然而，财务会计报告只能概括地反映企业的财务状况和经营成果，各种报表的信息内容又只能侧重于某个方面，局限于某一企业某一时日或时期，在据以进行决策时，为充分发挥财务会计报告的作用，还必须对财务会计报告中的数据进一步加工，对它们进行比较、解释和评价，即进行财务会计报告的分析。其目的是找出有关项目之间的内在联系，通过计算、比较和综合分析，全面、正确地评价企业财务状况的优劣、经营管理水平的高低以及企业发展前景的好坏，为决策提供可靠的依据。

财务会计报告分析的方法通常有比率分析法和趋势分析法两种。

一、比率分析法

比率分析法是指通过比率来反映会计指标之间相互关系的方法。按照分析的目的不同，可以分为偿债能力分析、营运能力分析和盈利能力分析三类。

（一）偿债能力分析

偿债能力分析包括短期偿债能力分析和长期偿债能力分析两个方面。

1. 短期偿债能力分析。反映企业短期偿债能力的指标主要有流动比率和速动比率。

（1）流动比率是指企业流动资产与流动负债的比率，用于衡量企业流动资产在短期债务到期前可以转换为现金用于偿还流动负债的能力。一般认为，企业的流动比率等于或稍大于2比较好。其计算公式如下：

$$流动比率=\frac{流动资产}{流动负债}$$

流动比率究竟保持多大为好，应视企业的具体情况而定。从债权人的角度来看，流动比率越高，债权越有保障，但从管理者的角度来看，过高的流动比率表明资金在生产经营过程中运转不畅，会影响资金使用效率和企业的获利能力。

（2）速动比率是指企业速动资产与流动负债的比率，用于衡量企业流动资产可以立即用于偿还流动负债的能力。速动资产是指流动资产中变现能力较强的那部分资产，是流动资产减去存货和预付款项后的差额。通常认为速动比率等于或稍大于1较好，但这个比率因不同行业的经营性质不同而有所区别，需参照同行业的资料和本企业的历史情况进行判断。其计算公式如下：

$$速动比率=\frac{速动资产}{流动负债}$$

$$速动资产=流动资产-存货-预付款项$$

2. 长期偿债能力分析。反映企业长期偿债能力的指标是资产负债率。资产负债率是指企业负债总额与资产总额的比率。资产负债率表明企业偿还全部债务的能力，也反映企业利用债权人提供的资金进行经营活动的能力。通常认为资产负债率在50%以下较好。其计算公式如下：

$$资产负债率=\frac{负债总额}{资产总额}\times 100\%$$

资产负债率从债权人的角度来看越小越好，因为该比率越小，债权人收回债务的安全保障程度越高；该比率越大，债权人得到的安全保障程度越低。如果资产负债率大于100%，则表明企业已经资不抵债。

（二）营运能力分析

营运能力分析指标主要有应收账款周转率、存货周转率等。

（1）应收账款周转率是指企业年度内应收账款转为现金的平均次数，说明应收账款的变现速度。一般来说应收账款周转率越高越好，其计算公式如下：

$$应收账款周转率(次)=\frac{赊销收入}{应收账款净额平均余额}$$

$$应收账款周转天数=\frac{360}{应收账款周转率(次)}$$

$$赊销收入=营业收入-现销收入$$

$$应收账款净额平均余额=\frac{年初应收账款净额+年末应收账款净额}{2}$$

（2）存货周转率是指企业的销售成本与存货平均余额的比率。存货周转率用于衡量企业销货能力的强弱和分析存货库存状况的好坏。存货周转率越高，表明企业经营效率越高，库存适度。存货周转率过低，表示企业采购过量或产品积压，应分析原因，采取措施予以解决。其计算公式如下：

$$存货周转率(次)=\frac{销售成本}{存货平均余额}$$

$$存货周转天数=\frac{360}{存货周转率(次)}$$

$$存货平均余额=\frac{期初存货+期末存货}{2}$$

（三）盈利能力分析

盈利能力分析指标主要有资本金利润率、营业收入利润率和成本费用利润率三种。

(1) 资本金利润率是指利润总额与资本金总额的比率，用于衡量投资者投入资本的获利能力。该比率越高，表明投资带来的收益越高，投入资本的效益越好。其计算公式如下：

$$资本金利润率=\frac{利润总额}{资本金总额}\times 100\%$$

(2) 营业收入利润率是指利润总额与营业收入净额的比率，用于衡量企业的盈利能力。营业收入利润率越高越好。其计算公式如下：

$$营业收入利润率=\frac{利润总额}{营业收入净额}\times 100\%$$

(3) 成本费用利润率是指企业利润总额与成本费用总额的比率，用于衡量企业投入与产出的水平，即所得与所费的比率。成本费用利润率越高越好。其计算公式如下：

$$成本费用利润率=\frac{利润总额}{成本费用总额}\times 100\%$$

$$成本费用总额=营业成本+销售费用+管理费用+财务费用$$

二、趋势分析法

趋势分析法是指将一个企业连续两年或几年的财务会计报告并列在一起进行比较，以分析企业财务状况和经营情况及其发展趋势的方法。

企业比较财务会计报告时，可以采用绝对数，也可以采用百分比。企业采用绝对数比较财务会计报告时，可并列连续几年的资产负债表、利润表等报表的数据，后面设置“增减金额”栏，计算增减金额，并据以进行分析。采用百分比进行比较，又可分为横向百分比比较法和纵向百分比比较法两种。横向百分比比较法是对不同时期财务会计报告上的相同项目做横向的百分比比较，通常与绝对数比较财务报表方法结合运用。纵向百分比比较法是选择财务报表中某一关键项目的余额作为100%，将其余项目分别换算为占关键项目的百分比，以显示各项目的相对重要性，然后进行不同年度的比较。如资产负债表常以资产总额作为关键项目，利润表常以销货净额作为关键项目。

□ 本章小结

财务会计报告是企业对外提供的反映企业财务状况、经营成果、现金流量和所有者权益变动情况的书面文件。财务会计报告主要包括财务报表、财务报表附注及其他需要在财务会计报告中披露的相关信息和资料。

财务报表作为财务会计报告中最重要、信息最集中的组成部分，包括资产负债表、利润表、现金流量表及所有者权益变动表。资产负债表说明了资产、负债和所有者权益三个会计要素静态的财务状况。利润表从收入和费用角度，以动态方式说明了由产生利润的业务导致的财务状况的变化，由此产生的净利润代表所有者在企业中的权益增加。现金流量表从企业经营活动、投资活动和筹资活动的角度说明了该期间现金增加或减少的方式。同时，现金流量表的现金净增加额应与资产负债表中货币资金期末数与期初数之间的差额相等。各种财务报表都来自相同的会计核算资料，它们之间存在勾稽关系。

财务会计报告分析是以财务报表为主要依据，结合有关账簿资料，采用一定的专门方法和技术，对企业的财务状况和经营成果进行全面、系统的评价和预测，它是充分发挥财务会计报告作用的一项重要工作。财务会计报告分析的方法通常有比率分析法和趋势分析法两种。

□ 主要概念

财务会计报告	中期财务报表	资产负债表	利润表
现金流量表	现金等价物	所有者权益变动表	比率分析法

□ 复习思考题

1. 什么是企业财务会计报告？企业财务会计报告由哪几部分组成？
2. 财务报表是如何分类的？
3. 财务报表的编制要求有哪些？
4. 什么是资产负债表？如何编制？
5. 什么是利润表？如何编制？
6. 现金流量表中的“现金”与人们日常生活中所说的“现金”是否相同？

复习巩固题

单项选择题

1. 下列财务报表属于静态报表的是（　　）。
A. 资产负债表　　B. 利润表
C. 现金流量表　　D. 所有者权益变动表
2. 下列财务报表中，不属于反映财务状况的报表是（　　）。
A. 利润表　　B. 资产负债表
C. 现金流量表　　D. 所有者权益变动表
3. 我国企业编制利润表时采用的一般结构是（　　）。
A. 账户式　　B. 报告式　　C. 矩阵式　　D. 直线式
4. 下列各项中，影响利润表中“营业利润”项目的是（　　）。
A. 所得税费用　　B. 营业外收入
C. 营业外支出　　D. 其他业务收入
5. 利润表中的本期金额栏各项目数字是根据损益类账户的（　　）填列的。
A. 期初余额　　B. 本期发生额　　C. 累计发生额　　D. 期末余额
6. 编制利润表主要是根据（　　）。
A. 资产、负债及所有者权益各账户的本期发生额
B. 资产、负债及所有者权益各账户的期末余额
C. 各损益类账户的本期发生额
D. 各损益类账户的期末余额
7. 资产负债表项目中属于流动资产的项目是（　　）。
A. 预收款项　　B. 长期应收款
C. 债权投资　　D. 其他应收款
8. 资产负债表中资产的排列顺序是（　　）。
A. 流动性强的资产排在前　　B. 重要的资产排在前
C. 收益率高的资产排在前　　D. 非货币性资产排在前

多项选择题

1. 下列财务报表中属于反映企业财务状况的报表是（　　）。
A. 资产负债表　　B. 现金流量表
C. 所有者权益变动表　　D. 利润表
E. 成本报表
2. 资产负债表中“存货”项目包括（　　）账户。
A. 材料采购　　B. 生产成本　　C. 库存商品　　D. 工程物资
E. 原材料

3. 下列关于利润表的表述中，正确的有（　　）。

A. 是企业的主要财务报表之一

B. 可反映企业经济活动成果的实现情况

C. 可反映一定会计期间的费用耗费情况

D. 表中各项目是按照流动性排列的

E. 根据收付实现制核算基础编制

4. 下列项目中，应该根据有关科目余额减去其备抵科目余额后，计算填列到资产负债表的项目有（　　）。

A. 长期股权投资　B. 资产减值损失　C. 短期借款　D. 应收账款

E. 货币资金

5. 下列各项中，不影响企业利润表中“营业利润”项目的有（　　）。

A. 无法查明原因的现金短缺　B. 投资收益

C. 财务费用　D. 处置固定资产的净收益

E. 支付的税收滞纳金

判断题

1. 资产负债表的各项目是以相关账户的期末余额为基础编制的。（　　）

2. 计提的各项资产减值准备在资产负债表中均不会单独列项予以反映。（　　）

3. 财务报表附注信息是否需要披露，由各个会计主体自行确定。（　　）

4. 资产负债表是总括反映企业特定日期资产、负债和所有者权益情况的动态报表，通过它可以了解企业的资产构成、资金的来源构成和企业债务的偿还能力。（　　）

5. 利润表是反映企业一定日期经营状况的财务报表。（　　）

6. 现金流量表的编制基础是收付实现制。（　　）

7. 资产负债表中“应收账款”科目所属明细科目期末若有贷方余额，应在本表中“预收款项”项目下填列。（　　）

8. 多步式利润表格式的优点突出，在会计实务中得到广泛使用，我国企业即采用多步式利润表格式。（　　）

实务练习题一

一、目的：练习利润表的编制。

二、资料：某一般纳税人企业××年8月发生下列经济业务：

1. 销售甲产品1 000件，每件售价80元，价税款已通过银行收讫。

2. 同城销售给红星厂乙产品900件，每件售价50元，价税款尚未收到。

3. 结转已售甲、乙产品的销售成本。其中甲产品销售成本65 400元，乙产品销售成本36 000元。

4. 以银行存款支付本月销售甲、乙两种产品的销售费用1 520元。

5. 根据规定计算应缴纳城市维护建设税 8 750 元。

6. 职工王东外出归来报销因公务出差的差旅费 350 元（原已预支 400 元）。

7. 以库存现金 1 000 元支付厂部办公费。

8. 收到红星厂前欠货款 45 000 元并存入银行。

9. 收取交易中因对方违约而获得的罚款收入 6 020 元，存入银行。

10. 计提本期短期借款利息 2 400 元。

11. 以银行存款支付企业本月负担的财产保险费 1 700 元。

12. 根据上述有关经济业务，结转本月主营业务收入、营业外收入。

13. 根据上述有关经济业务，结转本月主营业务成本、销售费用、税金及附加和管理费用。

14. 根据本期实现的利润总额，按 25%税率计算应交所得税。

15. 以银行存款上缴税金，其中：城市维护建设税 8 750 元，所得税 3 475 元。

三、要求：根据上述经济业务，编制会计分录及该企业当月的利润表。（增值税税率为 13%。）

实务练习题二

一、目的：练习资产负债表的编制。

二、资料：某企业××年 4 月 30 日部分科目余额如下表所示：

科目名称	借方余额	贷方余额
应收账款	65 000	
坏账准备		500
预付账款	30 000	
材料采购	40 000	
原材料	34 000	
生产成本	56 000	
库存商品	85 000	
材料成本差异		2 000
利润分配	172 500	
本年利润		210 000

三、要求：根据上述资料计算：

1. 资产负债表上“应收账款”项目的数额。

2. 资产负债表上“存货”项目的数额。

3. 资产负债表上“未分配利润”项目的数额。

第十章 Chapter 10 账务处理程序

学习目标

本章介绍从取得原始凭证到编制财务报表的一系列会计核算工作的方法和步骤。学习目的是掌握各种账务处理程序的应用。本章要求学习者明确各种账务处理程序的使用范围、核算要求和步骤，掌握按不同企业的具体情况设置账务处理程序的基本知识和操作技能。

第一节 账务处理程序概述

通过前面几章的学习，我们知道填制会计凭证、登记账簿、编制财务报表都是会计核算的重要方法，它们都有特定的目的、原则和方式。但它们不是孤立的，而是相互联系的，也就是说，编制财务报表的资料主要来源于账簿，财务报表的内容对账簿的种类、格式和记录内容又有制约作用；账簿的登记依据是会计凭证，账簿的种类、格式又决定着会计凭证的种类和格式。正是由于会计凭证、账簿、报表三者之间存在相互联系、相互制约的关系，三者之间以及各种凭证之间、账簿之间、报表之间的配合，决定着会计核算资料的全面性、综合性、及时性。所以，每一个单位都应根据实际情况，科学设计和合理组织会计凭证、账簿、财务报表及其传递程序，这便形成了各种账务处理程序。

账务处理程序，又称会计核算组织程序或会计核算形式，是指会计凭证组织、账簿组织与记账程序和方法有机结合的方式。会计凭证组织是指会计凭证的种类、格式和各种凭证之间的相互关系；会计账簿组织是指会计账簿的种类、格式和各种账簿之间的相互关系；记账程序是指运用一定的记账方法，从填制审核会计凭证、登记账簿直至编制财务报表的整个过程的工作步骤和方法。

由于各个单位的生产经营性质、规模、业务等不同，因此，其设置的账簿种类、数量、格式等必须从实际需要出发，不能强求一致。在账簿组织并不完全相同的情况下，会计凭证、记账程序和记账方法的配合运用也会有所不同。每个单位均须根据本单位的经济业务特点，选择一种合理的账务处理程序，科学地组织日常核算工作，及时、清晰地提供正确完整的核算资料，并力求简化和均衡核算工作，以便提高会计核算质量，充分发挥会计监督的作用。

适用、合理的账务处理程序主要应符合以下几个方面的要求：第一，与单位规模大小和业务繁简相适应；第二，能正确、全面、及时地提供有关经济活动和财务收支情况的指标，满足单位经营管理的需要；第三，在保证核算指标正确、真实、系统、完整的前提下，尽可能简化不必要的核算手续，节约核算工作的人力、物力和财力。

我国会计核算工作在长期实践中形成的账务处理程序有多种，比较常见的有：记账凭证账务处理程序、科目汇总表账务处理程序、汇总记账凭证账务处理程序等。各种账务处理程序（见图10-1）既有共同点，又有各自的特点。主要区别（即各自的特点）主要表现为登记总分类账的依据和方法不同。共同点可以归纳为以下五个方面：

第一，根据原始凭证编制记账凭证。

第二，根据记账凭证中的收款凭证和付款凭证登记库存现金日记账和银行存款日记账。

第三，根据原始凭证和记账凭证登记有关的明细分类账。

第四，定期将日记账和明细分类账同总分类账进行核对。

第五，定期根据总分类账和明细分类账编制财务会计报表。

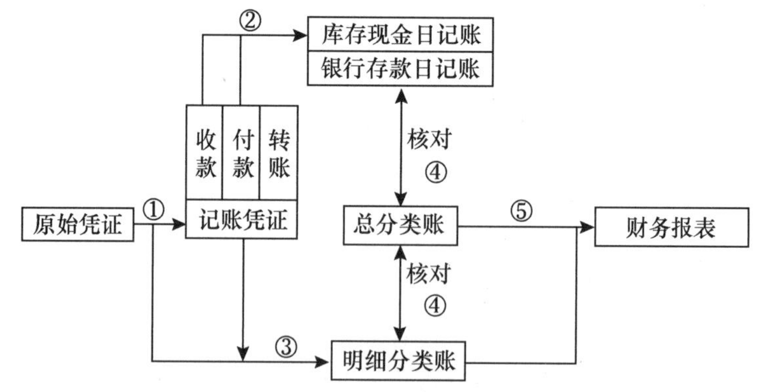

图10-1 账务处理程序

第二节　记账凭证账务处理程序

一、记账凭证账务处理程序的工作步骤

记账凭证账务处理程序是根据原始凭证编制记账凭证，并直接根据各种记账凭证逐笔登记总分类账的一种会计核算形式。它是最基本的一种账务处理程序，也是其他账务处理程序的基础。其基本程序如图 10－2 所示。

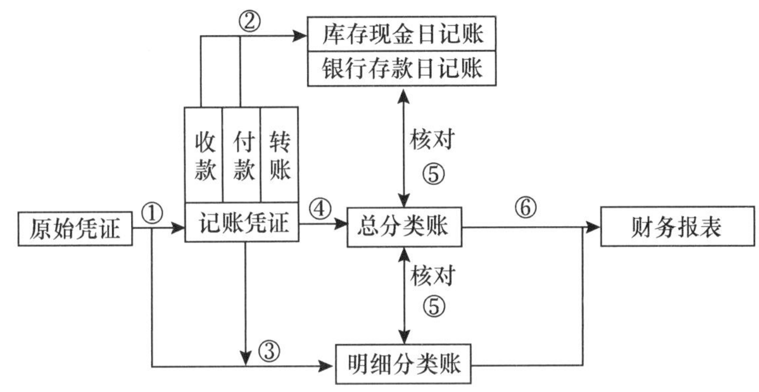

图 10－2　记账凭证账务处理程序

程序说明：

①审核原始凭证并根据原始凭证编制记账凭证。记账凭证通常采用收款凭证、付款凭证和转账凭证的专用格式，也可采用通用的格式。

②根据收、付款凭证逐日、逐笔地登记库存现金日记账和银行存款日记账。库存现金日记账和银行存款日记账一般采用借、贷、余三栏式的账簿格式。

③根据原始凭证和记账凭证登记各种明细分类账。明细分类账的格式可根据各单位的实际情况及管理的要求设置，分别采用三栏式、多栏式、数量金额式和横线登记式的账簿格式。

④根据各种记账凭证逐笔登记总分类账。总分类账的格式一般采用借、贷、余三栏式。

⑤月末，将库存现金日记账、银行存款日记账和明细分类账的余额与总分类账的有关账户余额进行核对，保证账账相符。

⑥月末，根据核对无误的总分类账和明细分类账的相关资料，编制财务报表。

二、记账凭证账务处理程序的优缺点及适用范围

记账凭证账务处理程序的特点是根据记账凭证逐笔登记总分类账。其主要优点是核算程序简单明了，手续简便，易于理解和掌握，每种账簿都能系统地反映某一类经济业务的发生情况，便于对相关活动内容进行分析和检查。其缺点是当单位的规模较大、业务量较多时，以记账凭证逐笔登记总分类账的工作量很大。因此，这种程序适用于一些规模较小、业务量较少的单位。

三、记账凭证账务处理程序举例

【例 10－1】 永安工厂采用记账凭证账务处理程序进行会计核算。该厂××年8月31日总分类账户余额如表10－1所示。

表 10－1 永安工厂总分类账户余额表

××年8月31日

账户名称	借方余额	贷方余额
库存现金	2 000	
银行存款	200 000	
应收账款	4 000	
原材料	50 000	
长期待摊费用	2 000	
库存商品	20 000	
固定资产	360 000	
累计折旧		60 000
应付账款		5 000
其他应付款		3 000
实收资本		500 000
盈余公积		50 000
本年利润		180 000
利润分配	160 000	
合 计	798 000	798 000

其有关明细分类账账户余额如下：

甲材料：2 000千克，单价10元，金额20 000元

乙材料：6 000千克，单价5元，金额30 000元

应收账款：A工厂 1 000元

　　　　　B工厂 3 000元

应付账款：C工厂 2 000元

　　　　　D工厂 3 000元

库存商品：400件，单价50元，金额20 000元

永安工厂××年9月发生的经济业务如下：

（1）2日，从C工厂购入甲材料1 000千克，单价9.8元，共计9 800元，运杂费200元，增值税税率为13%，用银行存款付讫。

（2）3日，上述购入的甲材料验收入库，结转其实际采购成本。

（3）3日，生产M产品领用甲材料1 500千克，计15 000元，领用乙材料

4 000 千克，计 20 000 元。

(4) 5 日，车间管理部门领用甲材料 50 千克，计 500 元，领用乙材料 80 千克，计 400 元。工厂管理部门领用甲材料 30 千克，计 300 元，领用乙材料 40 千克，计 200 元。

(5) 8 日，从 D 工厂购入乙材料 4 000 千克，单价 4.9 元，共计 19 600 元，货款未付，增值税税率为 13%。

(6) 9 日，用库存现金支付购买乙材料的运杂费 400 元。

(7) 9 日，购入的乙材料到货并验收入库，结转其实际采购成本。

(8) 10 日，销售 M 产品 100 件，单价 100 元，共计 10 000 元，增值税税率为 13%，货款已通过银行收讫。

(9) 12 日，计算本月应付工资 17 100 元，其中：生产 M 产品工人工资 11 400 元，车间管理人员工资 2 280 元，工厂管理人员工资 3 420 元。

(10) 14 日，从银行提取现金 15 000 元，准备发放工资。

(11) 15 日，以库存现金 15 000 元支付工资。

(12) 16 日，以银行存款支付前欠 C 工厂货款 2 000 元，以及前欠 D 工厂货款 15 000 元。

(13) 20 日，销售给 A 工厂 M 产品 500 件，单价 100 元，共计 50 000 元，增值税税率为 13%，货款尚未收到。

(14) 20 日，支付产品销售费用 200 元，以库存现金付讫。

(15) 21 日，以银行存款支付本月电费 2 000 元，其中：生产车间照明耗用 500 元，工厂管理部门耗用 1 500 元。

(16) 22 日，以库存现金 270 元支付生产车间修理费。

(17) 25 日，用银行存款支付销售产品广告费 1 000 元。

(18) 25 日，用库存现金 100 元购买办公用品。

(19) 28 日，收到 A 工厂通过银行转来的前欠货款 57 500 元。

(20) 30 日，结转本月应付生产设备大修理费用 400 元。

(21) 30 日，摊销应由本月负担的长期待摊费用 500 元。

(22) 30 日，计提本月固定资产折旧费 6 000 元，其中：生产车间计提 5 000 元，工厂管理部门计提 1 000 元。

(23) 30 日，结转 M 产品本月发生的制造费用 9 350 元。

(24) 30 日，本月投产 M 产品 1 115 件，全部完工并验收入库，其单位成本为 50 元，总成本为 55 750 元。

(25) 30 日，结转本月已销售产品的成本 30 000 元。

(26) 30 日，将本月销售产品收入 60 000 元转入本年利润。

(27) 30 日，将本月销售产品成本 30 000 元、销售费用 1 200 元转入本年利润。

(28) 30 日，将本月管理费用 7 020 元转入本年利润。

(29) 30 日，计算本月应缴纳的所得税，税率为 25%。

（30）30日，将本月所得税费用转入本年利润。

（31）30日，按净利润10%计提盈余公积1 633.50元。

（32）30日，用银行存款支付应交税费9 423元，其中：未交增值税3 978元，应交所得税5 445元。

根据9月发生的上述经济业务编制相应的记账凭证如下（见表10-2至表10-33）。

表10-2 付款凭证

总字第1号

贷方科目：银行存款　　××年9月2日　　银付字第1号

摘 要	借方科目		√	金 额
	总账科目	明细科目		
支付材料款	材料采购	甲材料		10 000
	应交税费	进项税额		1 274
合 计				11 274

表10-3 转账凭证

总字第2号

××年9月3日　　转字第1号

摘 要	总账科目	明细科目	√	借方金额	√	贷方金额
材料验收入库	原材料	甲材料		10 000		
	材料采购	甲材料				10 000
合 计				10 000		10 000

表10-4 转账凭证

总字第3号

××年9月3日　　转字第2号

摘 要	总账科目	明细科目	√	借方金额	√	贷方金额
生产领用	生产成本	M产品		35 000		
	原材料	甲材料				15 000
		乙材料				20 000
合 计				35 000		35 000

表10-5 转账凭证

总字第4号

××年9月5日　　转字第3号

摘 要	总账科目	明细科目	√	借方金额	√	贷方金额
管理部门领料	制造费用			900		
	管理费用			500		
	原材料	甲材料				800
		乙材料				600
合 计				1 400		1 400

表 10-6　转账凭证

总字第 5 号

××年 9 月 8 日

转字第 4 号

摘　要	总账科目	明细科目	√	借方金额	√	贷方金额
购入乙材料	材料采购	乙材料		19 600		
	应交税费	进项税额		2 548		
	应付账款	D工厂				22 148
合　计				22 148		22 148

表 10-7　付款凭证

总字第 6 号

贷方科目：库存现金　　××年 9 月 9 日

现付字第 1 号

摘　要	借方科目		√	金　额
	总账科目	明细科目		
支付乙材料运费	材料采购	乙材料		400
合　计				400

表 10-8　转账凭证

总字第 7 号

××年 9 月 9 日

转字第 5 号

摘　要	总账科目	明细科目	√	借方金额	√	贷方金额
材料验收入库	原材料	乙材料		20 000		
	材料采购	乙材料				20 000
合　计				20 000		20 000

表 10-9　收款凭证

总字第 8 号

借方科目：银行存款　　××年 9 月 10 日

银收字第 1 号

摘　要	贷方科目		√	金　额
	总账科目	明细科目		
销售产品	主营业务收入			10 000
	应交税费	销项税额		1 300
合　计				11 300

表 10-10　转账凭证

总字第 9 号

××年 9 月 12 日

转字第 6 号

摘　要	总账科目	明细科目	√	借方金额	√	贷方金额
计算本月工资	生产成本	M 产品		11 400		
	制造费用			2 280		
	管理费用			3 420		
	应付职工薪酬					17 100
合　计				17 100		17 100

表10-11 付款凭证

总字第10号

贷方科目：银行存款　　××年9月14日　　银付字第2号

摘 要	借方科目		√	金 额
	总账科目	明细科目		
提取现金备发工资	库存现金			15 000
合 计				15 000

表10-12 付款凭证

总字第11号

贷方科目：库存现金　　××年9月15日　　现付字第2号

摘 要	借方科目		√	金 额
	总账科目	明细科目		
发放工资	应付职工薪酬			15 000
合 计				15 000

表10-13 付款凭证

总字第12号

贷方科目：银行存款　　××年9月16日　　银付字第3号

摘 要	借方科目		√	金 额
	总账科目	明细科目		
支付前欠货款	应付账款	C工厂		2 000
		D工厂		15 000
合 计				17 000

表10-14 转账凭证

总字第13号

××年9月20日　　转字第7号

摘 要	总账科目	明细科目	√	借方金额	√	贷方金额
销售产品	应收账款	A工厂		56 500		
	主营业务收入					50 000
	应交税费	销项税额				6 500
合 计				56 500		56 500

表10-15 付款凭证

总字第14号

贷方科目：库存现金　　××年9月20日　　现付字第3号

摘 要	借方科目		√	金 额
	总账科目	明细科目		
支付销售费用	销售费用			200
合 计				200

表10-16 付款凭证

总字第15号

贷方科目：银行存款　　××年9月21日　　银付字第4号

摘 要	借方科目		√	金 额
	总账科目	明细科目		
支付电费	制造费用			500
	管理费用			1 500
合 计				2 000

表 10-17 付款凭证

贷方科目：库存现金　　××年9月22日　　总字第16号　现付字第4号

摘　要	借方科目		√	金　额
	总账科目	明细科目		
支付修理费	制造费用			270
合　计				270

表 10-18 付款凭证

贷方科目：银行存款　　××年9月25日　　总字第17号　银付字第5号

摘　要	借方科目		√	金　额
	总账科目	明细科目		
支付广告费	销售费用			1 000
合　计				1 000

表 10-19 付款凭证

贷方科目：库存现金　　××年9月25日　　总字第18号　现付字第5号

摘　要	借方科目		√	金　额
	总账科目	明细科目		
购买办公用品	管理费用			100
合　计				100

表 10-20 收款凭证

借方科目：银行存款　　××年9月28日　　总字第19号　银收字第2号

摘　要	贷方科目		√	金　额
	总账科目	明细科目		
收到前欠货款	应收账款	A工厂		57 500
合　计				57 500

表 10-21 转账凭证

××年9月30日　　总字第20号　转字第8号

摘　要	总账科目	明细科目	√	借方金额	√	贷方金额
应付修理厂修理费	制造费用			400		
	其他应付款					400
合　计				400		400

表 10-22 转账凭证

××年9月30日　　总字第21号　转字第9号

摘　要	总账科目	明细科目	√	借方金额	√	贷方金额
摊销长期费用	管理费用			500		
	长期待摊费用					500
合　计				500		500

表 10-23 转账凭证

××年9月30日

总字第22号
转字第10号

摘 要	总账科目	明细科目	√	借方金额	√	贷方金额
计提折旧	制造费用			5 000		
	管理费用			1 000		
	累计折旧					6 000
合 计				6 000		6 000

表 10-24 转账凭证

××年9月30日

总字第23号
转字第11号

摘 要	总账科目	明细科目	√	借方金额	√	贷方金额
结转制造费用	生产成本	M产品		9 350		
	制造费用					9 350
合 计				9 350		9 350

表 10-25 转账凭证

××年9月30日

总字第24号
转字第12号

摘 要	总账科目	明细科目	√	借方金额	√	贷方金额
产成品验收入库	库存商品			55 750		
	生产成本	M产品				55 750
合 计				55 750		55 750

表 10-26 转账凭证

××年9月30日

总字第25号
转字第13号

摘 要	总账科目	明细科目	√	借方金额	√	贷方金额
结转已售商品成本	主营业务成本			30 000		
	库存商品					30 000
合 计				30 000		30 000

表 10-27 转账凭证

××年9月30日

总字第26号
转字第14号

摘 要	总账科目	明细科目	√	借方金额	√	贷方金额
结转销售收入	主营业务收入			60 000		
	本年利润					60 000
合 计				60 000		60 000

表 10-28 转账凭证

××年9月30日

总字第27号
转字第15号

摘 要	总账科目	明细科目	√	借方金额	√	贷方金额
结转销售成本、费用	本年利润			31 200		
	主营业务成本					30 000
	销售费用					1 200
合 计				31 200		31 200

表 10-29　转账凭证

总字第 28 号
转字第 16 号

××年 9 月 30 日

摘　要	总账科目	明细科目	√	借方金额	√	贷方金额
结转管理费用	本年利润			7 020		
	管理费用					7 020
合　计				7 020		7 020

表 10-30　转账凭证

总字第 29 号
转字第 17 号

××年 9 月 30 日

摘　要	总账科目	明细科目	√	借方金额	√	贷方金额
计算应交所得税	所得税费用			5 445		
	应交税费	应交所得税				5 445
合　计				5 445		5 445

表 10-31　转账凭证

总字第 30 号
转字第 18 号

××年 9 月 30 日

摘　要	总账科目	明细科目	√	借方金额	√	贷方金额
结转所得税费用	本年利润			5 445		
	所得税费用					5 445
合　计				5 445		5 445

表 10-32　转账凭证

总字第 31 号
转字第 19 号

××年 9 月 30 日

摘　要	总账科目	明细科目	√	借方金额	√	贷方金额
计提盈余公积	利润分配			1 633.50		
	盈余公积					1 633.50
合　计				1 633.50		1 633.50

表 10-33　付款凭证

总字第 32 号
银付字第 6 号

贷方科目：银行存款　　××年 9 月 30 日

摘　要	借方科目		√	金　额
	总账科目	明细科目		
缴纳税金	应交税费	未交增值税		3 978
		应交所得税		5 445
合　计				9 423

根据收款凭证及付款凭证逐日、逐笔登记库存现金日记账和银行存款日记账，如表 10-34、表 10-35 所示。

表 10－34　库存现金日记账

××年		凭证		摘　要	对方科目	借方	贷方	余额
月	日	字	号					
9	1			期初余额				2 000
9	9	现付	1	支付乙材料运费	材料采购		400	1 600
9	14	银付	2	提取现金备发工资	银行存款	15 000		16 600
9	15	现付	2	发放工资	应付职工薪酬		15 000	1 600
9	20	现付	3	支付销售费用	销售费用		200	1 400
9	22	现付	4	支付修理费用	制造费用		270	1 130
9	25	现付	5	购买办公用品	管理费用		100	1 030
9	30			本期发生额及余额		15 000	15 970	1 030

表 10－35　银行存款日记账

××年		凭证		摘　要	对方科目	借方	贷方	余额
月	日	字	号					
9	1			期初余额				200 000
9	2	银付	1	支付材料款	材料采购		10 000	
					应交税费		1 274	188 726
9	10	银收	1	销售产品	主营业务收入	10 000		
					应交税费	1 300		200 026
9	14	银付	2	提取现金备发工资	库存现金		15 000	185 026
9	16	银付	3	支付前欠货款	应付账款		17 000	168 026
9	21	银付	4	支付电费	制造费用		500	167 526
					管理费用		1 500	166 026
9	25	银付	5	支付广告费	销售费用		1 000	165 026
9	28	银收	2	收到前欠货款	应收账款	57 500		222 526
9	30	银付	6	缴纳税金	应交税费		9 423	213 103
9	30			本期发生额及余额		68 800	55 697	213 103

根据原始凭证和记账凭证登记“原材料”“应收账款”“应付账款”明细账，如表 10－36 至表 10－41 所示（其他明细账从略）。

表 10－36　原材料明细账

材料名称：甲材料　　　　　　　　计量单位：千克

××年		凭证		摘　要	借方			贷方			余额		
月	日	字	号		数量	单价	金额	数量	单价	金额	数量	单价	金额
9	1			月初结存							2 000	10	20 000
9	3	转	1	材料验收入库	1 000	10	10 000				3 000	10	30 000
9	3	转	2	生产领用				1 500	10	15 000	1 500	10	15 000
9	5	转	3	管理部门领料				80	10	800	1 420	10	14 200
9	30			本期发生额及余额	1 000	10	10 000	1 580	10	15 800	1 420	10	14 200

表 10－37　原材料明细账

材料名称：乙材料　　　　　　　　　　　　　　　　　　　　计量单位：千克

××年		凭证		摘　要	借方			贷方			余额		
月	日	字	号		数量	单价	金额	数量	单价	金额	数量	单价	金额
9	1			月初结存							6 000	5	30 000
9	3	转	2	生产领用				4 000	5	20 000	2 000	5	10 000
9	5	转	3	管理部门领料				120	5	600	1 880	5	9 400
9	9	转	5	材料验收入库	4 000	5	20 000				5 880	5	29 400
9	30			本期发生额及余额	4 000	5	20 000	4 120	5	20 600	5 880	5	29 400

表 10－38　应收账款明细账

户名：A 工厂

××年		凭证		摘　要	借方	贷方	借或贷	余额
月	日	字	号					
9	1			期初余额			借	1 000
9	20	转	7	销售产品	56 500		借	57 500
9	28	银收	2	收到前欠货款		57 500	平	0
9	30			本期发生额及余额	56 500	57 500	平	0

表 10－39　应收账款明细账

户名：B 工厂

××年		凭证		摘　要	借方	贷方	借或贷	余额
月	日	字	号					
9	1			期初余额			借	3 000
9	30			本期发生额及余额			借	3 000

表 10－40　应付账款明细账

户名：C 工厂

××年		凭证		摘　要	借方	贷方	借或贷	余额
月	日	字	号					
9	1			期初余额			贷	2 000
9	16	银付	3	支付前欠货款	2 000		平	0
9	30			本期发生额及余额	2 000		平	0

表 10－41　应付账款明细账

户名：D 工厂

××年		凭证		摘　要	借方	贷方	借或贷	余额
月	日	字	号					
9	1			期初余额			贷	3 000
9	8	转	4	购入乙材料		22 148	贷	25 148
9	16	银付	3	支付前欠货款	15 000		贷	10 148
9	30			本期发生额及余额	15 000	22 148	贷	10 148

根据各种记账凭证逐笔登记总分类账，如表 10－42 至表 10－65 所示。

表 10-42 总分类账

会计科目：库存现金

××年		凭证		摘 要	借方	贷方	借或贷	余额
月	日	字	号					
9	1			期初余额			借	2 000
9	9	现付	1	支付材料运费		400	借	1 600
9	14	银付	2	提取现金备发工资	15 000		借	16 600
9	15	现付	2	发放工资		15 000	借	1 600
9	20	现付	3	支付销售费用		200	借	1 400
9	22	现付	4	支付修理费		270	借	1 130
9	25	现付	5	购买办公用品		100	借	1 030
9	30			本期发生额及余额	15 000	15 970	借	1 030

表 10-43 总分类账

会计科目：银行存款

××年		凭证		摘 要	借方	贷方	借或贷	余额
月	日	字	号					
9	1			期初余额			借	200 000
9	2	银付	1	支付材料款		11 274	借	188 726
9	10	银收	1	销售产品	11 300		借	200 026
9	14	银付	2	提取现金备发工资		15 000	借	185 026
9	16	银付	3	支付前欠货款		17 000	借	168 026
9	21	银付	4	支付电费		2 000	借	166 026
9	25	银付	5	支付广告费		1 000	借	165 026
9	28	银收	2	收到前欠货款	57 500		借	222 526
9	30	银付	6	缴纳税金		9 423	借	213 103
9	30			本期发生额及余额	68 800	55 697	借	213 103

表 10-44 总分类账

会计科目：应收账款

××年		凭证		摘 要	借方	贷方	借或贷	余额
月	日	字	号					
9	1			期初余额			借	4 000
9	14	转	7	销售产品	56 500		借	60 500
9	28	银收	2	收到前欠货款		57 500	借	3 000
9	30			本期发生额及余额	56 500	57 500	借	3 000

表 10-45 总分类账

会计科目：原材料

××年		凭证		摘 要	借方	贷方	借或贷	余额
月	日	字	号					
9	1			期初余额			借	50 000
9	3	转	1	材料验收入库	10 000		借	60 000
9	3	转	2	生产领用		35 000	借	25 000
9	5	转	3	管理部门领料		1 400	借	23 600
9	9	转	5	材料验收入库	20 000		借	43 600
9	30			本期发生额及余额	30 000	36 400	借	43 600

表 10-46　总分类账

会计科目：长期待摊费用

××年		凭证		摘　要	借方	贷方	借或贷	余额
月	日	字	号					
9	1			期初余额			借	2 000
9	30	转	9	摊销费用		500	借	1 500
9	30			本期发生额及余额		500	借	1 500

表 10-47　总分类账

会计科目：库存商品

××年		凭证		摘　要	借方	贷方	借或贷	余额
月	日	字	号					
9	1			期初余额			借	20 000
9	30	转	12	产成品验收入库	55 750		借	75 750
9	30	转	13	结转销售成本		30 000	借	45 750
9	30			本期发生额及余额	55 750	30 000	借	45 750

表 10-48　总分类账

会计科目：固定资产

××年		凭证		摘　要	借方	贷方	借或贷	余额
月	日	字	号					
9	1			期初余额			借	360 000
9	30			本期发生额及余额			借	360 000

表 10-49　总分类账

会计科目：累计折旧

××年		凭证		摘　要	借方	贷方	借或贷	余额
月	日	字	号					
9	1			期初余额			贷	60 000
9	30	转	10	计提折旧		6 000	贷	66 000
9	30			本期发生额及余额		6 000	贷	66 000

表 10-50　总分类账

会计科目：材料采购

××年		凭证		摘　要	借方	贷方	借或贷	余额
月	日	字	号					
9	2	银付	1	支付材料款	10 000		借	10 000
9	3	转	1	材料验收入库		10 000	平	Ω
9	8	转	4	采购乙材料	19 600		借	19 600
9	9	现付	1	支付乙材料运费	400		借	20 000
9	9	转	5	材料验收入库		20 000	平	Ω
9	30			本期发生额及余额	30 000	30 000	平	Ω

表 10-51 总分类账

会计科目：应付账款

××年		凭证		摘 要	借方	贷方	借或贷	余额
月	日	字	号					
9	1			期初余额			贷	5 000
9	8	转	4	购入乙材料		22 148	贷	27 148
9	16	银付	3	支付前欠货款	17 000		贷	10 148
9	30			本期发生额及余额	17 000	22 148	贷	10 148

表 10-52 总分类账

会计科目：应付职工薪酬

××年		凭证		摘 要	借方	贷方	借或贷	余额
月	日	字	号					
9	12	转	6	计算本月工资		17 100	贷	17 100
9	15	现付	2	发放工资	15 000		贷	2 100
9	30			本期发生额及余额	15 000	17 100	贷	2 100

表 10-53 总分类账

会计科目：应交税费

××年		凭证		摘 要	借方	贷方	借或贷	余额
月	日	字	号					
9	2	银付	1	支付材料款	1 274		借	1 274
9	8	转	4	购入乙材料	2 548		借	3 822
9	10	银收	1	销售产品		1 300	借	2 522
9	20	转	7	销售产品		6 500	贷	3 978
9	30	转	17	计算应交所得税费用		5 445	贷	9 423
9	30	银付	6	缴纳税金	9 423		平	0
9	30			本期发生额及余额	13 245	13 245	平	0

表 10-54 总分类账

会计科目：其他应付款

××年		凭证		摘 要	借方	贷方	借或贷	余额
月	日	字	号					
9	1			期初余额			贷	3 000
9	30	转	8	应付修理费		400	贷	3 400
9	30			本期发生额及余额		400	贷	3 400

表 10-55 总分类账

会计科目：实收资本

××年		凭证		摘 要	借方	贷方	借或贷	余额
月	日	字	号					
9	1			期初余额			贷	500 000
9	30			本期发生额及余额			贷	500 000

表 10－56　总分类账

会计科目：盈余公积

××年		凭证		摘　要	借方	贷方	借或贷	余额
月	日	字	号					
9	1			期初余额			贷	50 000
9	30	转	19	计提盈余公积		1 633.50	贷	51 633.50
9	30			本期发生额及余额		1 633.50	贷	51 633.50

表 10－57　总分类账

会计科目：本年利润

××年		凭证		摘　要	借方	贷方	借或贷	余额
月	日	字	号					
9	1			期初余额			贷	180 000
9	30	转	14	结转销售收入		60 000	贷	240 000
9	30	转	15	结转销售成本、费用	31 200		贷	208 800
9	30	转	16	结转管理费用	7 020		贷	201 780
9	30	转	18	结转所得税费用	5 445		贷	196 335
9	30			本期发生额及余额	43 665	60 000	贷	196 335

表 10－58　总分类账

会计科目：利润分配

××年		凭证		摘　要	借方	贷方	借或贷	余额
月	日	字	号					
9	1			期初余额			借	160 000
9	30	转	19	计提盈余公积	1 633.50		借	161 633.50
9	30			本期发生额及余额	1 633.50		借	161 633.50

表 10－59　总分类账

会计科目：生产成本

××年		凭证		摘　要	借方	贷方	借或贷	余额
月	日	字	号					
9	3	转	2	生产领用	35 000		借	35 000
9	12	转	6	计算本月工资	11 400		借	46 400
9	30	转	11	结转制造费用	9 350		借	55 750
9	30	转	12	产成品验收入库		55 750	平	0
9	30			本期发生额及余额	55 750	55 750	平	0

表 10－60　总分类账

会计科目：制造费用

××年		凭证		摘　要	借方	贷方	借或贷	余额
月	日	字	号					
9	5	转	3	管理部门领料	900		借	900
9	12	转	6	计算本月工资	2 280		借	3 180
9	21	银付	4	支付电费	500		借	3 680
9	22	现付	4	支付修理费	270		借	3 950
9	30	转	8	结转应付修理费	400		借	4 350
9	30	转	10	计提折旧	5 000		借	9 350
9	30	转	11	结转制造费用		9 350	平	0
9	30			本期发生额及余额	9 350	9 350	平	0

表 10-61　总分类账

会计科目：主营业务收入

××年		凭证		摘　要	借方	贷方	借或贷	余额
月	日	字	号					
9	10	银收	1	销售产品		10 000	贷	10 000
9	20	转	7	销售产品		50 000	贷	60 000
9	30	转	14	结转销售收入	60 000		平	θ
9	30			本期发生额及余额	60 000	60 000	平	θ

表 10-62　总分类账

会计科目：主营业务成本

××年		凭证		摘　要	借方	贷方	借或贷	余额
月	日	字	号					
9	30	转	13	结转已售商品成本	30 000		借	30 000
9	30	转	15	结转销售成本、费用		30 000	平	θ
9	30			本期发生额及余额	30 000	30 000	平	θ

表 10-63　总分类账

会计科目：销售费用

××年		凭证		摘　要	借方	贷方	借或贷	余额
月	日	字	号					
9	20	现付	3	支付销售费用	200		借	200
9	25	银付	5	支付广告费	1 000		借	1 200
9	30	转	15	结转销售成本、费用		1 200	平	θ
9	30			本期发生额及余额	1 200	1 200	平	θ

表 10-64　总分类账

会计科目：管理费用

××年		凭证		摘　要	借方	贷方	借或贷	余额
月	日	字	号					
9	5	转	3	管理部门领料	500		借	500
9	12	转	6	计算本月工资	3 420		借	3 920
9	21	银付	4	支付电费	1 500		借	5 420
9	25	现付	5	购买办公用品	100		借	5 520
9	30	转	9	摊销费用	500		借	6 020
9	30	转	10	计提折旧	1 000		借	7 020
9	30	转	16	结转管理费用		7 020	平	θ
9	30			本期发生额及余额	7 020	7 020	平	θ

表 10-65　总分类账

会计科目：所得税费用

××年		凭证		摘　要	借方	贷方	借或贷	余额
月	日	字	号					
9	30	转	17	计算应交所得税	5 445		借	5 445
9	30	转	18	结转所得税费用		5 445	平	θ
9	30			本期发生额及余额	5 445	5 445	平	θ

月末，将库存现金日记账、银行存款日记账余额及各种明细分类账的余额合计数，分别与相应的总分类账余额进行核对，并编制总分类账户本期发生额及余额试算平衡表，如表10－66所示。待试算平衡后，编制本月的财务报表。

表10－66 总分类账户本期发生额及余额试算平衡表

××年9月

账户名称	期初余额		本期发生额		期末余额	
	借方	贷方	借方	贷方	借方	贷方
库存现金	2 000		15 000	15 970	1 030	
银行存款	200 000		68 800	55 697	213 103	
应收账款	4 000		56 500	57 500	3 000	
材料采购			30 000	30 000		
原材料	50 000		30 000	36 400	43 600	
库存商品	20 000		55 750	30 000	45 750	
固定资产	360 000				360 000	
累计折旧		60 000		6 000		66 000
长期待摊费用	2 000			500	1 500	
应付账款		5 000	17 000	22 148		10 148
应付职工薪酬			15 000	17 100		2 100
应交税费			13 245	13 245		
其他应付款		3 000		400		3 400
实收资本		500 000				500 000
盈余公积		50 000		1 633.50		51 633.50
本年利润		180 000	43 665	60 000		196 335
利润分配	160 000		1 633.50		161 633.50	
生产成本			55 750	55 750		
制造费用			9 350	9 350		
主营业务收入			60 000	60 000		
主营业务成本			30 000	30 000		
销售费用			1 200	1 200		
管理费用			7 020	7 020		
所得税费用			5 445	5 445		
合计	798 000	798 000	515 358.50	515 358.50	829 616.50	829 616.50

根据核对后的总分类账和明细分类账的记录编制资产负债表、利润表，如表10－67、表10－68所示（其他报表从略）。

表 10-67 资产负债表

编制单位：永安工厂　　××年9月30日　　会企01表
单位：元

资产	期末余额	年初余额	负债及所有者权益（或股东权益）	期末余额	年初余额
流动资产：			流动负债：		
货币资金	214 133	202 000	短期借款		
交易性金融资产			交易性金融负债		
衍生金融资产			衍生金融负债		
应收票据			应付票据		
应收账款	3 000	4 000	应付账款	10 148	5 000
预付款项			预收款项		
其他应收款			合同负债		
存货	89 350	70 000	应付职工薪酬	2 100	
合同资产			应交税费		
持有待售资产			其他应付款	3 400	3 000
一年内到期的非流动资产			持有待售负债		
其他流动资产			一年内到期的非流动负债		
流动资产合计	306 483	276 000	其他流动负债		
非流动资产：			流动负债合计	15 648	8 000
债权投资			非流动负债：		
其他债权投资			长期借款		
长期应收款			应付债券		
长期股权投资			其中：优先股		
其他权益工具投资			永续债		
其他非流动金融资产			长期应付款		
投资性房地产			预计负债		
固定资产	294 000	300 000	递延收益		
在建工程			递延所得税负债		
生产性生物资产			其他非流动负债		
油气资产			非流动负债合计		
无形资产			负债合计	15 648	8 000
开发支出			所有者权益（或股东权益）：		
商誉			实收资本（或股本）	500 000	500 000
长期待摊费用	1 500	2 000	其他权益工具		
递延所得税资产			其中：优先股		
其他非流动资产			永续债		
非流动资产合计	295 500	302 000	资本公积		
			减：库存股		
			其他综合收益		
			盈余公积	51 633.5	50 000
			未分配利润	34 701.5	20 000
			所有者权益（或股东权益）合计	586 335	570 000
资产总计	601 983	578 000	负债及所有者权益（或股东权益）总计	601 983	578 000

表 10-68 利润表

会企 02 表

编制单位：永安工厂　　　　××年 9 月　　　　单位：元

项目	本期金额	上期金额
一、营业收入	60 000	
减：营业成本	30 000	
税金及附加		
销售费用	1 200	
管理费用	7 020	
研发费用		
财务费用		
其中：利息费用		
利息收入		
加：其他收益		
投资收益（损失以“—”号填列）		
其中：对联营企业和合营企业的投资收益		
以摊余成本计量的金融资产终止确认收益（损失以“—”号填列）		
净敞口套期收益（损失以“—”号填列）		
公允价值变动收益（损失以“—”号填列）		
资产减值损失（损失以“—”号填列）		
信用减值损失（损失以“—”号填列）		
资产处置收益（损失以“—”号填列）		
二、营业利润（亏损以“—”号填列）	21 780	
加：营业外收入		
减：营业外支出		
三、利润总额（亏损总额以“—”号填列）	21 780	
减：所得税费用	5 445	
四、净利润（净亏损以“—”号填列）	16 335	
（一）持续经营净利润（净亏损以“—”号填列）		
（二）终止经营净利润（净亏损以“—”号填列）		
五、其他综合收益的税后净额		
（一）不能重分类进损益的其他综合收益		
（二）将重分类进损益的其他综合收益		
六、综合收益总额		
七、每股收益		
（一）基本每股收益		
（二）稀释每股收益		

第三节 科目汇总表账务处理程序

一、科目汇总表账务处理程序的工作步骤

科目汇总表账务处理程序，又称记账凭证汇总表账务处理程序，是定期将所有

记账凭证汇总编制成科目汇总表，再根据科目汇总表登记总分类账的一种核算组织程序。其基本程序如图10－3所示。

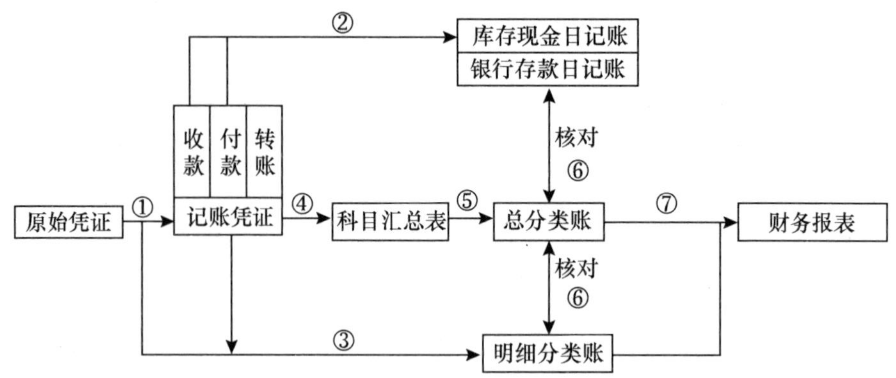

图10－3 科目汇总表账务处理程序

程序说明：

①根据原始凭证填制记账凭证。记账凭证一般采用收款凭证、付款凭证和转账凭证的专用格式。

②根据收、付款凭证登记库存现金日记账和银行存款日记账。库存现金日记账和银行存款日记账通常采用借、贷、余三栏式的账簿格式。

③根据原始凭证和各种记账凭证登记各种明细分类账。明细分类账的格式根据各单位的实际情况及管理要求设置，分别采用多栏式、三栏式、数量金额式和横线登记式的账簿格式。

④根据记账凭证定期（5天、10天、15天或一个月）汇总编制科目汇总表。科目汇总表的格式如表10－69所示。

⑤根据科目汇总表登记总分类账。总分类账的格式一般采用借、贷、余三栏式。其登记日期依据科目汇总表的编制时间而定。

⑥月末，将库存现金日记账、银行存款日记账和各明细分类账的余额与总分类账的有关账户余额进行核对。

⑦月末，根据核对无误的总分类账和明细分类账的相关资料，编制财务报表。

表10－69 科目汇总表

年　月　日至　日　　　　第　号

会计科目	过账	本期发生额		记账凭证起讫号数
		借方	贷方	
合　计				

二、科目汇总表的编制方法

编制科目汇总表时，可借助T形账户作为工作底稿，将一定期间的全部记账凭证按照每一相同会计科目的借方和贷方进行归类，定期汇总每一会计科目的借方本期发生额和贷方本期发生额，然后填写在科目汇总表的相关栏内，加总借方、贷方发生额合计数，如果借方发生额合计数与贷方发生额合计数相等，说明记账凭证和科目汇总表编制基本正确，可以根据科目汇总表登记总分类账。为方便登记总分类账，科目汇总表上的会计科目应按总分类账上的会计科目顺序排列。

三、科目汇总表账务处理程序的优缺点及适用范围

科目汇总表账务处理程序的特点是定期根据记账凭证汇总编制科目汇总表，根据科目汇总表登记总分类账。其优点是可以大大减少登记总分类账的工作量，而且将各个科目的本期借、贷方发生额的合计数进行试算平衡，可及时发现凭证填制中的错误，从而保证记账工作的正确性。其缺点是按照相同科目归类编制的科目汇总表不能反映各个科目的对应关系及经济业务的来龙去脉，不便于对经济业务进行分析和检查。这种账务处理程序一般适用于规模较大、经济业务量较多的单位。

四、科目汇总表账务处理程序举例

【例 10-2】 沿用例 10-1 的有关资料，说明科目汇总表账务处理程序。因该企业业务不多，为了简化核算，按月汇总，每月编制一张科目汇总表，据以登记总账。

依据有关资料编制的科目汇总表如表 10-70 所示。

表 10-70 科目汇总表

××年 9 月 1—30 日　　　　第 1 号

会计科目	过账	本期发生额	
		借方	贷方
库存现金		15 000	15 970
银行存款		68 800	55 697
应收账款		56 500	57 500
材料采购		30 000	30 000
原材料		30 000	36 400
库存商品		55 750	30 000
固定资产			
累计折旧			6 000

续表

会计科目	过账	本期发生额	
		借方	贷方
长期待摊费用			500
应付账款		17 000	22 148
应付职工薪酬		15 000	17 100
应交税费		13 245	13 245
其他应付款			400
实收资本			
盈余公积			1 633.50
本年利润		43 665	60 000
利润分配		1 633.50	
生产成本		55 750	55 750
制造费用		9 350	9 350
主营业务收入		60 000	60 000
主营业务成本		30 000	30 000
销售费用		1 200	1 200
管理费用		7 020	7 020
所得税费用		5 445	5 445
合　计		515 358.50	515 358.50

月终，根据编制的科目汇总表登记各有关总分类账，如表10－71至表10－94所示，其他工作步骤这里不再说明。

表10－71　总分类账

会计科目：库存现金

××年		凭证		摘　要	借方	贷方	借或贷	余额
月	日	字	号					
9	1			期初余额			借	2 000
9	30	科汇	1	1—30日发生额	15 000	15 970	借	1 030
9	30			本期发生额及余额	15 000	15 970	借	1 030

表10－72　总分类账

会计科目：银行存款

××年		凭证		摘　要	借方	贷方	借或贷	余额
月	日	字	号					
9	1			期初余额			借	200 000
9	30	科汇	1	1—30日发生额	68 800	55 697	借	213 103
9	30			本期发生额及余额	68 800	55 697	借	213 103

表 10-73　总分类账

会计科目：应收账款

××年		凭证		摘　要	借方	贷方	借或贷	余额
月	日	字	号					
9	1			期初余额			借	4 000
9	30	科汇	1	1—30 日发生额	56 500	57 500	借	3 000
9	30			本期发生额及余额	56 500	57 500	借	3 000

表 10-74　总分类账

会计科目：原材料

××年		凭证		摘　要	借方	贷方	借或贷	余额
月	日	字	号					
9	1			期初余额			借	50 000
9	30	科汇	1	1—30 日发生额	30 000	36 400	借	43 600
9	30			本期发生额及余额	30 000	36 400	借	43 600

表 10-75　总分类账

会计科目：长期待摊费用

××年		凭证		摘　要	借方	贷方	借或贷	余额
月	日	字	号					
9	1			期初余额			借	2 000
9	30	科汇	1	1—30 日发生额		500	借	1 500
9	30			本期发生额及余额		500	借	1 500

表 10-76　总分类账

会计科目：库存商品

××年		凭证		摘　要	借方	贷方	借或贷	余额
月	日	字	号					
9	1			期初余额			借	20 000
9	30	科汇	1	1—30 日发生额	55 750	30 000	借	45 750
9	30			本期发生额及余额	55 750	30 000	借	45 750

表 10-77　总分类账

会计科目：固定资产

××年		凭证		摘　要	借方	贷方	借或贷	余额
月	日	字	号					
9	1			期初余额			借	360 000
9	30			本期发生额及余额			借	360 000

表 10-78　总分类账

会计科目：累计折旧

××年		凭证		摘　要	借方	贷方	借或贷	余额
月	日	字	号					
9	1			期初余额			贷	60 000
9	30	科汇	1	1—30 日发生额		6 000	贷	66 000
9	30			本期发生额及余额		6 000	贷	66 000

表10-79 总分类账

会计科目：材料采购

××年		凭证		摘要	借方	贷方	借或贷	余额
月	日	字	号					
9	30	科汇	1	1—30日发生额	30 000	30 000	平	0
9	30			本期发生额及余额	30 000	30 000	平	0

表10-80 总分类账

会计科目：应付账款

××年		凭证		摘要	借方	贷方	借或贷	余额
月	日	字	号					
9	1			期初余额			贷	5 000
9	30	科汇	1	1—30日发生额	17 000	22 148	贷	10 148
9	30			本期发生额及余额	17 000	22 148	贷	10 148

表10-81 总分类账

会计科目：应付职工薪酬

××年		凭证		摘要	借方	贷方	借或贷	余额
月	日	字	号					
9	30	科汇	1	1—30日发生额	15 000	17 100	贷	2 100
9	30			本期发生额及余额	15 000	17 100	贷	2 100

表10-82 总分类账

会计科目：应交税费

××年		凭证		摘要	借方	贷方	借或贷	余额
月	日	字	号					
9	30	科汇	1	1—30日发生额	13 245	13 245	平	0
9	30			本期发生额及余额	13 245	13 245	平	0

表10-83 总分类账

会计科目：其他应付款

××年		凭证		摘要	借方	贷方	借或贷	余额
月	日	字	号					
9	1			期初余额			贷	3 000
9	30	科汇	1	1—30日发生额		400	贷	3 400
9	30			本期发生额及余额		400	贷	3 400

表10-84 总分类账

会计科目：实收资本

××年		凭证		摘要	借方	贷方	借或贷	余额
月	日	字	号					
9	1			期初余额			贷	500 000
9	30			本期发生额及余额			贷	500 000

表 10-85 总分类账

会计科目：盈余公积

××年		凭证		摘 要	借方	贷方	借或贷	余额
月	日	字	号					
9	1			期初余额			贷	50 000
9	30	科汇	1	1—30 日发生额		1 633.50	贷	51 633.50
9	30			本期发生额及余额		1 633.50	贷	51 633.50

表 10-86 总分类账

会计科目：本年利润

××年		凭证		摘 要	借方	贷方	借或贷	余额
月	日	字	号					
9	1			期初余额			贷	180 000
9	30	科汇	1	1—30 日发生额	43 665	60 000	贷	196 335
9	30			本期发生额及余额	43 665	60 000	贷	196 335

表 10-87 总分类账

会计科目：利润分配

××年		凭证		摘 要	借方	贷方	借或贷	余额
月	日	字	号					
9	1			期初余额			借	160 000
9	30	科汇	1	1—30 日发生额	1 633.50		借	161 633.50
9	30			本期发生额及余额	1 633.50		借	161 633.50

表 10-88 总分类账

会计科目：生产成本

××年		凭证		摘 要	借方	贷方	借或贷	余额
月	日	字	号					
9	30	科汇	1	1—30 日发生额	55 750	55 750	平	0
9	30			本期发生额及余额	55 750	55 750	平	0

表 10-89 总分类账

会计科目：制造费用

××年		凭证		摘 要	借方	贷方	借或贷	余额
月	日	字	号					
9	30	科汇	1	1—30 日发生额	9 350	9 350	平	0
9	30			本期发生额及余额	9 350	9 350	平	0

表 10－90　总分类账

会计科目：主营业务收入

××年		凭证		摘　要	借方	贷方	借或贷	余额
月	日	字	号					
9	30	科汇	1	1—30 日发生额	60 000	60 000	平	0
9	30			本期发生额及余额	60 000	60 000	平	0

表 10－91　总分类账

会计科目：主营业务成本

××年		凭证		摘　要	借方	贷方	借或贷	余额
月	日	字	号					
9	30	科汇	1	1—30 日发生额	30 000	30 000	平	0
9	30			本期发生额及余额	30 000	30 000	平	0

表 10－92　总分类账

会计科目：销售费用

××年		凭证		摘　要	借方	贷方	借或贷	余额
月	日	字	号					
9	30	科汇	1	1—30 日发生额	1 200	1 200	平	0
9	30			本期发生额及余额	1 200	1 200	平	0

表 10－93　总分类账

会计科目：管理费用

××年		凭证		摘　要	借方	贷方	借或贷	余额
月	日	字	号					
9	30	科汇	1	1—30 日发生额	7 020	7 020	平	0
9	30			本期发生额及余额	7 020	7 020	平	0

表 10－94　总分类账

会计科目：所得税费用

××年		凭证		摘　要	借方	贷方	借或贷	余额
月	日	字	号					
9	30	科汇	1	1—30 日发生额	5 445	5 445	平	0
9	30			本期发生额及余额	5 445	5 445	平	0

第四节　汇总记账凭证账务处理程序

一、汇总记账凭证账务处理程序的工作步骤

汇总记账凭证账务处理程序是对发生的经济业务根据原始凭证编制记账凭证，再定期将所有记账凭证编制成汇总记账凭证，根据汇总记账凭证登记总分类账的账务处理程序。其基本程序如图 10－4 所示。

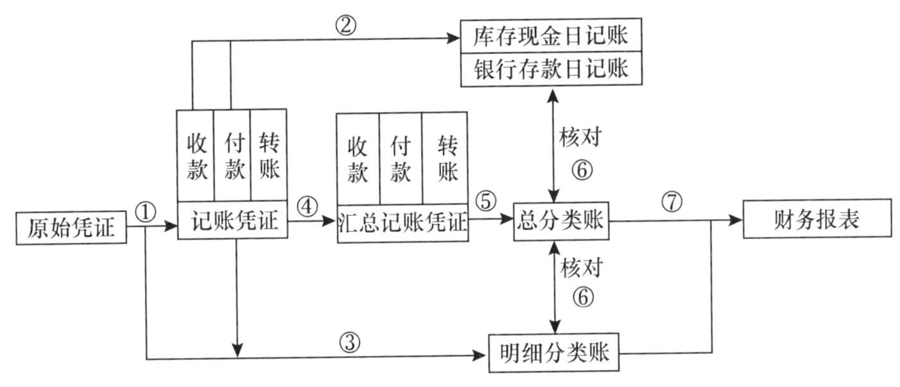

图 10-4　汇总记账凭证账务处理程序

程序说明：

①根据原始凭证填制各种记账凭证。记账凭证通常采用收款凭证、付款凭证和转账凭证的专用格式。

②根据收、付款凭证登记库存现金日记账和银行存款日记账。库存现金日记账和银行存款日记账一般采用借、贷、余三栏式的账簿格式。

③根据原始凭证和各种记账凭证登记各种明细分类账。明细分类账的格式根据各单位的实际情况及管理的要求，分别采用三栏式、数量金额式、多栏式和横线登记式的账簿格式。

④根据各种记账凭证编制汇总记账凭证。汇总记账凭证分为汇总收款凭证、汇总付款凭证和汇总转账凭证。其格式见表 10-95、表 10-96、表 10-97。

⑤根据各种汇总记账凭证登记总分类账。总分类账的格式一般采用借、贷、余三栏式。

⑥月末，将库存现金日记账、银行存款日记账、各明细分类账的余额与有关总分类账的余额进行核对。

⑦月末，根据核对无误的总分类账和明细分类账的相关资料，编制财务报表。

表 10-95　汇总收款凭证

借方科目：　　　　年　月　　　　汇收第　号

贷方科目	金额			总账页数		
	1—10 日 收款凭证 第　号至第　号	11—20 日 收款凭证 第　号至第　号	21—30 日 收款凭证 第　号至第　号	合计	借方	贷方
合　计						

表 10-96　汇总付款凭证

贷方科目：　　　　年　月　　　　汇付第　号

借方科目	金额			总账页数		
	1—10 日 付款凭证 第　号至第　号	11—20 日 付款凭证 第　号至第　号	21—30 日 付款凭证 第　号至第　号	合计	借方	贷方
合　计						

表 10－97 汇总转账凭证

贷方科目： 年 月 汇转第 号

<table>
<tr><th rowspan="2">借方科目</th><th colspan="3">金 额</th><th colspan="3">总账页数</th></tr>
<tr><th>1—10日
转账凭证
第 号至第 号</th><th>11—20日
转账凭证
第 号至第 号</th><th>21—30日
转账凭证
第 号至第 号</th><th>合计</th><th>借方</th><th>贷方</th></tr>
<tr><td></td><td></td><td></td><td></td><td></td><td></td><td></td></tr>
<tr><td></td><td></td><td></td><td></td><td></td><td></td><td></td></tr>
<tr><td>合 计</td><td></td><td></td><td></td><td></td><td></td><td></td></tr>
</table>

二、汇总记账凭证的编制方法

为便于编制汇总记账凭证，要求收款凭证按一个借方科目与一个或几个贷方科目对应填制，付款凭证按一个贷方科目与一个或几个借方科目对应填制，转账凭证按一贷一借或一贷多借的科目对应填制。间隔天数视业务量多少而定，一般5天或10天汇总填制一次，按月汇总编制。

汇总收款凭证按借方科目“库存现金”和“银行存款”设置，按其对应的贷方科目加以归类，定期汇总，按月编制。月末时，结算出汇总收款凭证中各贷方科目的合计数，作为登记总分类账的依据。

汇总付款凭证按贷方科目“库存现金”和“银行存款”设置，按其对应的借方科目加以归类，定期汇总，按月编制。月末时，结算出汇总付款凭证中各借方科目的合计数，作为登记总分类账的依据。

汇总转账凭证一般按转账凭证的每一贷方科目分别设置，按与设置科目对应的借方科目加以归类，定期汇总，按月编制。月末时，结算出汇总转账凭证中各借方科目的合计数，作为登记总分类账的依据。如果某一贷方科目的转账凭证为数不多，也可以不编制汇总转账凭证，直接根据转账凭证登记总分类账。

根据汇总记账凭证登记总分类账的方法是：月末，根据汇总收款凭证的合计数，登记在“库存现金”“银行存款”等总分类账户的借方，以及有关账户的贷方；根据汇总付款凭证的合计数，登记在“库存现金”“银行存款”等总分类账户的贷方，以及有关账户的借方；根据汇总转账凭证的合计数，记入有关总分类账户的借方和贷方。

三、汇总记账凭证账务处理程序的优缺点及适用范围

汇总记账凭证账务处理程序的主要特点是根据记账凭证编制汇总记账凭证，并以此作为登记总分类账的依据。其优点是，由于汇总记账凭证是根据科目对应关系进行归类、编制的，因此便于了解科目之间的相互关系，分析、检查经济活动的发生情况，克服了科目汇总表账务处理程序的缺点。同时，由于总分类账是根据日常

发生的大量记账凭证通过汇总归类形成的汇总记账凭证在月末一次登记入账的，可以大大简化登记总账的工作，为及时编制会计报表提供方便。其缺点是，汇总转账凭证按每一贷方科目归类汇总，而不是按经济业务的性质归类汇总，不利于会计核算工作的合理分工，同时编制汇总记账凭证的工作量也较大。因此，这种账务处理程序适用于规模较大、业务量较多的单位。

四、汇总记账凭证账务处理程序举例

【例 10-3】 沿用例 10-1 有关资料，说明汇总记账凭证账务处理程序。这里仅说明汇总收款凭证、汇总付款凭证及部分汇总转账凭证的编制，其他工作步骤这里不再说明。根据 9 月发生的经济业务编制的记账凭证间隔 10 天汇总填制一次，按月编制的汇总记账凭证如下（见表 10-98 至表 10-103）。

表 10-98　汇总收款凭证

借方科目：银行存款　　××年 9 月　　汇收第 1 号

贷方科目	金　额			总账页数		
	1—10 日 收款凭证 第 1 号至第 1 号	11—20 日 收款凭证 第　号至第　号	21—30 日 收款凭证 第 2 号至第 2 号	合计	借方	贷方
主营业务收入	10 000			10 000		
应交税费	1 300			1 300		
应收账款			57 500	57 500		
合　计	11 300		57 500	68 800		

表 10-99　汇总付款凭证

贷方科目：银行存款　　××年 9 月　　汇付第 1 号

借方科目	金　额			总账页数		
	1—10 日 付款凭证 第 1 号至第 1 号	11—20 日 付款凭证 第 2 号至第 3 号	21—30 日 付款凭证 第 4 号至第 6 号	合计	借方	贷方
材料采购	10 000			10 000		
应交税费	1 274		9 423	10 697		
库存现金		15 000		15 000		
应付账款		17 000		17 000		
制造费用			500	500		
管理费用			1 500	1 500		
销售费用			1 000	1 000		
合　计	11 274	32 000	12 423	55 697		

表 10-100 汇总付款凭证

贷方科目：库存现金　　××年9月　　汇付第2号

借方科目	金额			总账页数		
	1—10日 付款凭证 第1号至第1号	11—20日 付款凭证 第2号至第3号	21—30日 付款凭证 第4号至第5号	合计	借方	贷方
材料采购	400			400		
应付职工薪酬		15 000		15 000		
销售费用		200		200		
制造费用			270	270		
管理费用			100	100		
合　计	400	15 200	370	15 970		

表 10-101 汇总转账凭证

贷方科目：材料采购　　××年9月　　汇转第1号

借方科目	金额			总账页数		
	1—10日 转账凭证 第1号和第5号	11—20日 转账凭证 第　号至第　号	21—30日 转账凭证 第　号至第　号	合计	借方	贷方
原材料	30 000			30 000		
合　计	30 000			30 000		

表 10-102 汇总转账凭证

贷方科目：原材料　　××年9月　　汇转第2号

借方科目	金额			总账页数		
	1—10日 转账凭证 第2号至第3号	11—20日 转账凭证 第　号至第　号	21—30日 转账凭证 第　号至第　号	合计	借方	贷方
生产成本	35 000			35 000		
制造费用	900			900		
管理费用	500			500		
合　计	36 400			36 400		

表 10-103 汇总转账凭证

贷方科目：应付账款　　××年9月　　汇转第3号

借方科目	金额			总账页数		
	1—10日 转账凭证 第4号至第4号	11—20日 转账凭证 第　号至第　号	21—30日 转账凭证 第　号至第　号	合计	借方	贷方
材料采购	19 600			19 600		
应交税费	2 548			2 548		
合　计	22 148			22 148		

本章小结

账务处理程序也叫会计核算组织程序，比较常见的有：记账凭证账务处理程序、科目汇总表账务处理程序、汇总记账凭证账务处理程序等。各种会计账务处理程序的根本区别在于登记总分类账的依据及方法不同。各个单位应根据自身经济活动的性质、经济管理的要求、规模的大小和业务的繁简选择合适的会计账务处理程序。

主要概念

账务处理程序　　记账凭证账务处理程序
科目汇总表账务处理程序　　汇总记账凭证账务处理程序

复习思考题

1. 什么是账务处理程序？选用适合本单位的账务处理程序时应符合哪些要求？
2. 常见的账务处理程序有哪几种？它们的共同点是什么？区别是什么？
3. 简述各种账务处理程序的主要特点、优缺点及适用范围。
4. 科目汇总表是如何编制的？

复习巩固题

单项选择题

1. 下列单位不适合采用记账凭证账务处理程序的是（　　）的单位。
A. 规模较小　　B. 规模较大、经济业务量较多
C. 需要编制的记账凭证不是很多　　D. 经济业务量较少
2. 科目汇总表的编制依据是（　　）。
A. 记账凭证　　B. 明细分类账　　C. 原始凭证　　D. 各种总账
3. 记账凭证账务处理程序是（　　）。
A. 根据各种记账凭证编制有关汇总记账凭证
B. 根据记账凭证逐笔登记总分类账
C. 根据各种记账凭证编制科目汇总表
D. 根据汇总记账凭证登记总分类账

4. 科目汇总表账务处理程序的主要缺点是（　　）。
A. 不能反映经济业务的全貌
B. 不能反映会计账户之间的对应关系
C. 不利于会计分工
D. 不能简化总分类账的登记工作

5. 各种账务处理程序的共同之处是（　　）。
A. 适用范围相同　　B. 登记总分类账的依据相同
C. 会计凭证的组织相同　　D. 会计账簿的组织相同

6. 汇总转账凭证一般按转账凭证的（　　）科目分别设置，按与设置科目对应的对方科目加以归类汇总编制。
A. 借方　　B. 贷方　　C. 资产类　　D. 负债类

7. 各种账务处理程序的主要区别是（　　）。
A. 使用的记账凭证不同　　B. 登记总账的时间不同
C. 登记总账的依据和方法不同　　D. 适用的范围不同

8. 科目汇总表账务处理程序的优点是（　　）。
A. 详细反映经济业务的发生情况　　B. 可以做到试算平衡
C. 便于了解账户之间的对应关系　　D. 便于查对账目

多项选择题

1. 账务处理程序是指（　　）有机结合的方式。
A. 会计凭证组织　　B. 会计账簿组织
C. 财务报表组织　　D. 记账程序与方法
E. 会计核算系统

2. 在科目汇总表账务处理程序下，应设置（　　）等。
A. 库存现金日记账和银行存款日记账　　B. 科目汇总表
C. 总分类账　　D. 汇总收款凭证
E. 原始凭证

3. 在科目汇总表账务处理程序下，下列各项中，（　　）不能作为登记总账的直接依据。
A. 原始凭证　　B. 汇总记账凭证　　C. 科目汇总表　　D. 记账凭证
E. 转账凭证

4. 运用各种账务处理程序时，明细分类账的格式可根据各个单位的实际情况及管理要求设置，一般采用（　　）的账簿格式。
A. 三栏式　　B. 多栏式　　C. 数量金额式　　D. 横线登记式
E. 卡片式

5. 选择恰当的账务处理程序，应考虑的因素有（　　）。
A. 与单位的经营特点和形式等情况相适应
B. 能够及时、正确和完整地提供会计资料

C. 可以简化核算程序，提高工作效率

D. 能够科学组织会计核算工作

E. 能够及时取得有关凭证，对会计数据进行处理

判断题

1. 科目汇总表账务处理程序是会计核算中最基本的账务处理程序，其他账务处理程序都是在这种账务处理程序的基础上发展、演变形成的。(　　)

2. 记账凭证账务处理程序的特点是直接根据记账凭证逐笔登记总分类账，是基本的账务处理程序。(　　)

3. 科学、合理地选择适合本单位的账务处理程序有利于保证会计记录的完整性和正确性，增强会计信息的可靠性。(　　)

4. 在不同的账务处理程序下，财务报表的编制依据不同。(　　)

5. 汇总收款凭证是按贷方科目设置，按借方科目归类，定期汇总编制的。(　　)

6. 科目汇总表具有试算平衡的作用，按其登记总账有利于保证总账登记的正确性。(　　)

7. 采用汇总记账凭证账务处理程序，当转账凭证较多时，编制汇总凭证的工作量较大。(　　)

8. 同一单位可以同时采用几种不同的账务处理程序。(　　)

实务练习题

一、目的：练习科目汇总表的编制。

二、资料：某企业××年10月发生以下经济业务：

1. 向一厂购入甲材料200千克，每千克129.20元，计25 840元，增值税税率13%，货款以银行存款支付。

2. 以库存现金支付上述购入甲材料杂费160元。

3. 上述甲材料200千克验收入库，按实际成本转账。

4. 以银行存款15 200元缴纳上月应交税费。

5. 以银行存款30 000元归还临时借款。

6. 收到二厂前欠货款36 000元及税金4 680元，四厂前欠货款60 000元及税金7 800元，存入银行。

7. 购入劳保用品100元，以库存现金支付，并交车间使用。

8. 仓库发出乙材料460千克，每千克成本100元，其中300千克用于制造B产品，160千克用于制造A产品。

9. 购入新机器一台，价款70 000元，增值税税额9 100元，以银行存款支付。

10. 售给二厂A产品300件，每件180元，价款计54 000元，增值税税率13%，货款尚未收到。

11. 售给四厂B产品100件，每件400元，价款计40 000元，增值税税率

13%，货款尚未收到。

12. 仓库发出甲材料100千克，每千克130元，用于制造A产品。

13. 以银行存款支付车间设备修理费328元。

14. 以库存现金80元支付销售产品运杂费。

15. 购入丁材料100千克，验收入库，价款2 400元，增值税税率13%，以银行存款支付，同时按实际成本转账。

16. 仓库发出车间一般耗用的J材料40千克，每千克24元。

17. 向三厂购入乙材料200千克，价款19 760元，增值税税率13%，以银行存款支付。

18. 以银行存款支付上述购入乙材料装卸费240元。

19. 上述乙材料200千克验收入库，按实际成本转账。

20. 仓库发出甲材料200千克，每千克成本130元，用于制造B产品。

21. 向五厂购入丙材料300千克，价款11 820元，增值税税率13%，款项尚未支付。

22. 以银行存款支付上述购入丙材料款。上述丙材料300千克验收入库，按实际成本转账。

23. 开出现金支票1 000元，提取现金。

24. 以银行存款330元购买管理部门办公用品。

25. 售出A产品200件，价款36 000元，增值税税率13%，货款存入银行。

26. 以库存现金40元支付销售A产品装卸搬运费。

27. 收到二厂货款54 000元及税金7 020元，存入银行。

28. 收到四厂货款40 000元及税金5 200元，存入银行。

29. 向三厂购入乙材料300千克，价款29 640元，增值税税率13%，以银行存款支付。

30. 上述乙材料300千克已验收入库，按实际成本转账。

31. 售出B产品150件，价款60 000元，增值税税率13%，货款存入银行。

32. 以库存现金支付B产品销售运杂费50元。

33. 购入会计用账表凭证花费60元，车间用文具用品花费84元，分别以库存现金支付。

34. 仓库发出丙材料150千克，其中50千克用于制造A产品，100千克用于制造B产品。丙材料成本每千克40元。

35. 以银行存款450元支付车间机器修理费。

36. 管理部门员工陈明出差回来报销差旅费1 290元，前已借支1 500元，余款交回现金。

37. 从银行提取现金38 000元，以备发放工资。

38. 以库存现金38 000元发放工资。

39. 售给二厂A产品100件，价款36 000元，增值税税率13%，货款尚未收到。

40. 以库存现金 30 元支付销售 A 产品装卸搬运费。

41. 以现金支票支付职工医药费 3 120 元。

42. 以银行存款支付本月电费 4 770 元，其中车间生产用电 3 978 元，管理部门用电 792 元。

43. 以银行存款支付本月水费 380 元，其中车间用水 216 元，管理部门用水 164 元。

44. 结算本月职工工资 38 000 元，其中生产工人工资 27 200 元（A 产品工人工资 12 800 元，B 产品工人工资 14 400 元）；车间技术、管理人员工资 5 800 元；行政管理部门人员工资 5 000 元。

45. 计提本月固定资产折旧费 3 780 元，其中车间使用固定资产计提折旧费 2 500 元，行政管理部门使用固定资产计提折旧费 1 280 元。

46. 以库存现金支付本月应负担的行政管理费用 240 元。

47. 计提本月应负担的短期借款利息 600 元。

48. 结转本月制造费用，按生产工人工资比例分配计入 A，B 产品生产成本。

49. 本月投产的 A 产品、B 产品全部完工并验收入库，结转已完工产品的实际生产成本。

50. 结转已销产品成本：A 产品每件 126.46 元，B 产品每件 273.44 元。

51. 计算本月利润总额，按利润总额的 25%结算应交所得税。

52. 按净利润的 10%计提盈余公积。

三、要求：

1. 为上述经济业务编制会计分录。

2. 编制科目汇总表。

第十一章
Chapter 11 会计工作组织

学习目标

本章的学习目的是熟悉会计工作的组织。本章要求学习者领会组织会计工作遵循的基本原则，了解会计机构的设置及会计机构内部组织形式，明确会计人员的职责和工作权限，熟知规范会计活动的会计法律法规。

第一节 会计工作组织概述

一、会计工作组织的内容

为了更好地完成会计工作的任务，发挥会计在经济管理中的积极作用，每一个单位都必须结合本单位的特点和会计工作的具体情况，合理组织本单位的会计工作。会计工作组织包括会计机构的设置、会计人员的配备及岗位责任、会计法规及会计制度的制定与执行、会计档案的保管。正确地组织会计工作对完成会计任务、充分发挥会计在经济管理中的职能作用具有重要的意义。

二、会计工作组织的意义

1. 正确地组织会计工作，有利于保证会计工作的质量，提高会计工作的效率。会计是一项严密细致的工作，它所反映的经济活动是错综复杂的，所提供的信息要经过一系列计算、记录、分类、汇总、分析、检查的手续和处理程序，各种手续、各个步骤和各项数据之间存在密切的联系。在实际工作中，任何一个步骤脱节、一个手续遗漏或一项数据错记，都会使会计信息不正确、不及时，进而影响整个经济管理、预测和决策活动。

正确地组织会计工作，使会计工作按照事先规定的手续和处理程序有条不紊地进行，可以防止错漏，即使发生错漏，也易于纠正。这样有利于保证会计工作的质量，提高会计工作的效率。

2. 正确地组织会计工作，有利于使会计工作同其他经济管理工作相互配合、协调一致，共同完成经济管理的任务。会计是经济管理的一个重要组成部分，它既有独立的职能，又与其他经济管理工作有着密切的联系。它们在共同的目标下相互补充、相互促进又相互影响。这一特点要求企业在组织会计工作的过程中，注意处理好财会部门与其他经济管理部门的关系，使得各个部门在分工的基础上进行配合，进而开展协作，共同实现经济管理目标。

3. 正确地组织会计工作，可以促使单位内部各部门更好地履行自己的经济责任，加强微观经济管理，提高企业的经济效益。实行内部经济责任制是经济管理的有效方式。正确地组织会计工作，可以促使单位按照经济核算的原则行事，提高经济管理水平，取得最佳经济效益。

三、正确组织会计工作所遵循的基本原则

1. 必须符合国家对会计工作的统一规定。企业、组织都是社会主义市场经济的组成部分，其会计工作只有在《中华人民共和国会计法》(以下简称《会计法》)、《会计基础工作规范》等法律法规的指导下，严格按照这些法律法规的要求办理，才能提供具有可比性的会计信息，满足社会各方面的组织和人员对会计信息的要求。

2. 必须适应各单位经济活动的特点，满足经济管理的要求。各单位必须按照本单位业务特点和经营规模大小等具体情况，做出贯彻国家统一规定的具体安排，诸如会计机构的设置和人员配备的多少等。只有从实际出发，满足实际需要，才能充分发挥会计应有的作用。

3. 符合精简节约的原则。在组织会计工作时，在保证工作质量的前提下，应尽量节约会计工作所耗费的时间和费用，杜绝机构设置重复、人员配备冗余，努力提高会计工作的效率和效益。

第二节　会计机构

一、会计机构的设置

会计机构是执行会计准则，负责组织、领导和处理会计工作的职能部门，是由

会计人员组成的。在我国，由于会计机构往往行使会计工作和财务工作的全部职权，因此，会计机构又称为财务会计机构。

由于各企事业单位规模和经营管理的特点不同，会计机构的设置不可能完全相同。《会计法》规定："各单位应当根据会计业务的需要，设置会计机构，或者在有关机构中设置会计人员并指定会计主管人员；不具备设置条件的，应当委托经批准设立从事会计代理记账业务的中介机构代理记账。"一个单位是设置财务会计机构，还是在有关机构中设置专职的会计人员，由各单位根据实际需要确定。一般来说，会计机构的设置既要考虑"精兵简政"的原则，又要满足加强经营管理的要求。如果机构设置过于庞大，会计工作分工过于精细，容易造成工作中相互牵扯；机构设置过于精简，会计工作分工过于粗略，又会影响各种会计工作之间的内部牵制，不利于会计内部监督。

会计机构的设置不仅要与国家的经济管理体制相适应，而且要视企业、行政事业单位的规模大小而定。中央和地方各级主管部门一般设置会计事务管理司（局）、处、科等会计机构，其主要任务是：负责组织指导和监督检查所属单位的会计工作；审核、分析和批复所属单位上报的会计报表，并编制汇总会计报表；核算本单位与财政机关的上下级之间款项缴拨；对所属单位进行定期或不定期的会计检查；组织和领导系统内会计人员的业务培训和会计人员专业技术资格考试及评定工作等。基层单位一般设置财务会计处、科、组，在企业负责人及会计机构负责人的领导下，负责办理本单位的财务会计工作。

国有的和国有资产占控股地位或者主导地位的大中型企业必须设置总会计师。总会计师的任职资格、任免程序、职责权限由国务院规定。担任单位会计机构负责人（会计主管人员）的，应当具备会计师以上专业技术职务资格或者从事会计工作三年以上经历。小型企业要指定一名副厂长或副经理行使总会计师的职权。总会计师的基本职责是：直接领导本单位的会计机构人员，组织会计核算，对本单位的财务状况负责；审核、批准会计部门编制的各种财务报表；参与拟订经营决策，负责编制财务计划、单位预算；审查重大开支项目；贯彻执行国家的各项财经政策、法规、制度、纪律。总之，总会计师不仅领导财务会计工作，而且要参与计划决策等，对经济工作全面负责。

二、会计机构内部组织形式

会计机构内部组织形式有集中核算和非集中核算两种。

1. 集中核算组织形式。集中核算组织形式是指整个单位的会计工作集中在财务部门统一进行，由财务部门全面进行各项经济业务的核算，包括经济业务的总分类核算、明细分类核算、财务报表编制以及分析、检查等工作。单位内部的各个部门、组织只对发生的经济业务进行原始记录，并对原始凭证进行初步的审核与汇总，为进行集中核算提供原始资料。

2. 非集中核算组织形式。非集中核算组织形式又称分散核算组织形式，是指在单位财会部门的指导下，各部门对发生的经济业务进行比较全面的核算，包括经济业务的明细分类核算、内部财务报表的编制等。而财务会计部门只根据各部门报送的资料进行总分类核算。

以上两种形式各有利弊。集中核算有利于集中分析研究并统一口径解决问题，同时可以节省人力、物力，提高工作效率，但不利于各部门了解自身的经济活动和各项经济指标的完成情况，也不利于加强员工的责任感和调动员工的工作积极性。这种组织形式一般适用于规模较小的单位。非集中核算有利于单位内部各部门及时了解自己的经营成果和成本费用的开支情况，从而将经济责任和经济利益挂钩，有利于加强员工的责任感，从而调动员工的积极性，不断提高企业的经济效益，但这种组织形式会使人力、物力、财力的耗费加大。因此，这种组织形式适用于大中型企事业单位。

各单位可以根据自己的实际情况选择使用相应的组织形式。但是，无论采用哪种组织形式，企业的库存现金、银行存款的收支以及债权、债务的结算都应由单位财会部门集中核算。即使在非集中核算的情况下，单位财会部门也要贯彻“统一领导，分级管理”的原则，对内部各单位、各部门的会计核算工作进行指导、监督。

第三节　会计人员

会计人员是指从事财务会计工作的人员。会计人员是做好会计工作、发挥会计作用、完成会计任务的决定因素。为了充分发挥会计人员的作用，调动会计人员的工作积极性，在《会计法》及有关会计人员管理条例中，对会计人员的职责、工作权限、专业技术职务等都做了明确的规定。

一、会计人员的职责

会计人员的职责是指会计人员在自己的工作岗位上应尽的职务和责任。其主要职责包括以下几项：

1. 按照《会计法》的有关规定，进行会计核算，实行会计监督。
2. 拟订本单位办理会计事务的具体办法。
3. 参与拟订经济计划、业务计划，考核分析预算和财务计划的执行情况。
4. 办理其他会计事务。

二、会计人员的工作权限

为了保障会计人员能够很好地履行自己的职责，国家赋予了会计人员必要的工作权限。其主要工作权限如下：

1. 有权要求本单位有关部门、人员认真执行国家批准的计划、预算，遵守国家财经纪律和企业会计准则，如有违反，会计人员有权拒绝付款、拒绝报销或拒绝执行，并向本单位领导人报告。对于弄虚作假、营私舞弊、欺骗上级等违法乱纪行为，会计人员应该向本单位领导人或上级机关、财政部门报告。

会计人员对于违反制度、法令的事项，不拒绝执行，又不向领导人或上级机关、财政部门报告的，应同有关人员负连带责任。

2. 有权参与本单位编制计划，制定定额，签订经济合同，参加有关的生产、经营管理会议。领导人和有关部门对会计人员提出的有关财务开支和经营绩效方面的问题和意见要认真考虑，对合理的意见要予以采纳。

3. 有权监督、检查本单位有关部门的财务收支、资金使用和财产保管、收发、计量、检验等情况。有关部门要提供资料，如实反映情况。

三、会计人员的专业技术职务

按照国家劳动人事制度的规定，会计人员是从事经济管理工作的专业技术人员，应当按照工作需要和本人的条件，分别任命或聘任一定的专业技术职务。我国会计人员的专业技术职务分为四个档次，即高级会计师、会计师、助理会计师和会计员。高级会计师为高级职务，会计师为中级职务，助理会计师和会计员为初级职务。凡是被任命或被聘任专业技术职务的会计人员，在政治上都必须拥护中国共产党的领导，热爱社会主义祖国，坚持四项基本原则，遵守和执行《会计法》。在技术业务方面要分别符合以下条件：

1. 高级会计师能较系统地掌握经济、财务会计理论和专业知识，具有较高的政治水平和丰富的财务会计工作经验，能够负责草拟和解释、解答一个地区、一个部门、一个系统或在全国实施的财务会计法规、制度、办法；组织和指导一个地区、一个部门或一个系统的经济核算和财务会计工作；担负一个地区、一个部门或一个系统的财务会计管理工作；培养中级以上会计人才。

2. 会计师能系统地掌握财务会计基础理论和专业知识，掌握并贯彻执行有关的财经方针、政策和财务会计法规，具有一定的财务会计工作经验；负责草拟比较重要的财务会计指导、规定、办法；解释、解答财务会计法规、制度中的重要问题；分析检查财务收支和预算的执行情况；担负或管理一个地区、一个部门、一个系统某个方面的财务会计工作；培养初级会计人才。

3. 助理会计师能掌握一般的财务会计基础理论和专业知识，熟悉并正确执行有关财经方针、政策以及财务会计法规、制度；负责草拟一般的财务会计规定、制度、办法，解释、解答财务会计法规、制度中的一般问题；分析和检查某一方面或某些项目的财务收支和预算的执行情况；担负一个方面或某个重要岗位的财务会计工作。

4. 会计员能初步掌握财务会计知识和技能，熟悉并执行有关会计法规和财务会计制度；负责具体审核和办理财务收支，编制记账凭证，登记会计账簿，编制财务报表和办理其他会计事务；担负一个岗位的财务会计工作。

会计人员必须通过职业资格考试，取得专业技术职务的任职资格，然后由单位根据会计工作的需要和本人的实际工作表现聘任一定的专业技术职务。

第四节 会计法规和会计档案

一、会计法规

会计法规是调整会计关系、规范会计活动的法规文件，是制定其他一切会计规章制度的法律依据。制定和执行会计法规，可以使会计规则适应社会主义市场经济发展的需要，有利于贯彻执行财经方针和政策，维护财经纪律；可以加强和规范会计工作，使会计工作有法可依，有章可循；可以保障会计人员依法行使职权，充分发挥会计在维护社会主义市场经济秩序、加强经济管理、提高经济效益中的作用。

（一）《会计法》

《会计法》是指导会计工作的法律规范，是制定其他会计法规的依据。

《会计法》共 7 章 52 条。主要由总则，会计核算，公司、企业会计核算的特别规定，会计监督，会计机构和会计人员，法律责任及附则组成。

“总则”是《会计法》的总纲，对会计立法的目的、适用范围、各单位、单位负责人及会计人员工作要求、管理会计工作的主管部门、国家统一会计制度的制定等做出规定。

“会计核算”是《会计法》的主要内容，对会计核算的内容、期间、程序、方法以及会计档案等做出规定。

“公司、企业会计核算的特别规定”是对公司、企业进行会计核算时除遵守法规的基本条款外的特殊规定。

“会计监督”规定了监督的主体和客体，对内部监督和外部监督的有关权限做出规定。

“会计机构和会计人员”主要对会计机构的设置、会计机构内部稽核制度的建立、会计人员所需要的专业能力、职业道德等做出规定。

“法律责任”对单位负责人、主要领导人、会计人员和其他人员违反《会计法》应给予的处分或惩罚做出规定。

（二）会计准则

会计准则是会计人员从事会计工作的规则和指南。我国企业会计准则由三部分内容构成：一是基本准则，在整个准则体系中起统驭作用，主要规范财务报告目标，会计假设，会计信息质量要求，会计要素的确认、计量和报告原则等，基本准则的作用是指导具体准则的制定和为尚无具体准则规范的会计实务问题提供处理原则；二是具体准则，主要规范企业发生的具体交易或事项的会计处理，是按照基本准则的指导原则要求对有关业务或报告做出的具体规定；三是会计准则应用指南，主要包括具体准则解释和会计科目、主要账务处理等，为企业执行会计准则提供操作性规范。这三项内容既相对独立，又互为关联，构成统一整体，如《企业会计准则——基本准则》《企业会计准则第1号——存货》等42项具体准则及《小企业会计准则》。

（三）会计制度

会计制度是处理会计事务的标准和准绳，是保证会计工作按正常秩序开展的具体规章制度。会计制度按其内容不同可分为以下几类：

1. 综合性会计制度。综合性会计制度是会计工作的基本制度，规定了会计工作的基本原则和基本规范，如《会计法》《会计档案管理办法》《会计基础工作规范》等。

2. 有关会计人员的会计制度。有关会计人员的会计制度主要规定了会计人员的配备、职责权限、技术职称、任免和奖惩等，如《会计人员继续教育暂行规定》《总会计师条例》等。

3. 有关会计机构的会计制度。有关会计机构的会计制度主要规定了会计机构的设置、工作任务和职责范围等。如《企业内部控制基本规范》《企业内部控制指引》等。

会计制度是进行会计工作必须遵循的依据，各企业、行政事业单位必须切实执行、严格遵守，以保证正常的会计工作秩序，充分发挥会计工作的作用。

二、会计档案

（一）会计档案的意义

会计档案是我国档案体系中的重要组成部分，是记录和反映各单位经济业务的重要历史资料和证据，是各单位的重要档案之一。根据2016年1月1日起施行的《会计档案管理办法》，会计档案是指单位在进行会计核算等过程中接收或形成的，记录和反映单位经济业务事项的，具有保存价值的文字、图表等各种形式的会计资料，包括通过计算机等电子设备形成、传输和存储的电子会计档案。会计档案主要包括会计凭证、会计账簿、会计报告以及其他有关会计资料。

建立会计档案可以防止会计资料的散失，有利于会计资料的保存和查询，有利于总结生产经营和管理中的经验和教训。因此，各单位和财务部门对会计档案必须予以高度重视，要指定专人负责管理，建立健全会计档案的立卷、归档、保管、调阅和鉴定销毁等管理制度。

（二）会计档案的整理与保管

按照《会计档案管理办法》的规定，在一定会计期间终了后，有关会计人员要对当期会计资料严格审核，确保其完整、准确，符合会计制度的规定，在此基础上按照归档的要求，负责整理立卷或装订成册。当年形成的会计档案，在会计年度终了后，可由单位会计管理机构临时保管一年，再移交单位档案管理机构保管。因工作需要确需推迟移交的，应当经单位档案管理机构同意。单位会计管理机构临时保管会计档案最长不超过三年。期满后原则上编造移交清册，并按照国家档案管理的有关规定办理移交手续。

会计凭证在登记入账后，应按编号顺序装订成册，一般至少每月装订一次。装订后的会计凭证即可归档保管。各种账簿在更换新账后，应将旧账归入档案。活页账和卡片账在归档时必须加以装订，编定页码，加具扉页，注明单位名称、所属时期、共计页数和记账人员姓名等，并且要加盖公章。各种会计报表应当专门留存一份归入会计档案。会计报表归档以后，如果上级主管部门在批复时有更改，应将此项批复连同更正后的会计报表一起归入档案。

档案部门接收保管的会计档案，原则上应当保持原卷册的封装；个别需拆封重新整理的，会同财务部门和经办人共同拆封整理，以分清责任。

各种会计档案的保管期限，根据其特点分为永久、定期两类。定期保管期限一般分为 10 年和 30 年。会计档案的保管期限从会计年度终了后的第一天算起。单位应当定期对已到保管期限的会计档案进行鉴定，并形成会计档案鉴定意见书。经鉴定，仍需继续保存的会计档案，应当重新划定保管期限；对保管期满，确无保存价值的会计档案可以销毁。目前规定企业和其他组织会计档案保管期限如表 11-1 所示。

表 11-1　企业和其他组织会计档案保管期限表

会计档案名称	保管期限	备注
一、会计凭证		
1. 原始凭证	30 年	
2. 记账凭证	30 年	
二、会计账簿		
3. 总账	30 年	
4. 明细账	30 年	
5. 日记账	30 年	
6. 固定资产卡片		固定资产报废清理后保存 5 年
7. 其他辅助性账簿	30 年	
三、财务会计报告		
8. 月度、季度、半年度财务会计报告	10 年	
9. 年度财务会计报告	永久	
四、其他会计资料		
10. 银行存款余额调节表	10 年	
11. 银行对账单	10 年	
12. 纳税申报表	10 年	
13. 会计档案移交清册	30 年	

续表

会计档案名称	保管期限	备注
14. 会计档案保管清册	永久	
15. 会计档案销毁清册	永久	
16. 会计档案鉴定意见书	永久	

本章小结

正确组织会计工作是完成会计任务、充分发挥会计在经济管理中的积极作用的前提。会计工作组织包括：会计机构的设置、会计人员的配备及职责权限、会计法规制度的制定和执行、会计档案的保管。

主要概念

会计机构　集中核算　非集中核算　会计法　会计准则
会计档案

复习思考题

1. 什么是会计工作组织？正确组织会计工作的意义是什么？
2. 简述会计机构的内部组织形式。
3. 我国会计人员的专业技术职务包括哪些种类？
4. 会计人员应履行哪些职责？
5. 什么是会计档案？简要说明会计档案的整理与保管。

第十二章

Chapter 12 会计职业道德

学习目标

本章重点介绍会计职业道德规范的主要内容。学习目的是树立职业道德意识。本章要求学习者掌握会计职业道德规范的主要内容，深刻认识会计职业道德的内涵。

第一节 会计职业道德概述

一、会计职业

职业，是由社会分工形成的，具有特定专业知识、技能和专门职责要求，从业者可以获得收入的工作。职业是一种以社会分工和劳动分工为纽带的社会形式和社会关系，是伴随劳动分工的深化而产生和发展起来的。长期从事某种职业的人们由于生活在同样的职业环境中，有着共同的劳动方式、活动条件，受过相同的职业训练，这往往使他们产生相同的职业兴趣、职业情操，形成了特殊的职业风格和作风、职业责任心、职业荣誉感和职业纪律，以维护本职业的信誉和尊严。

在社会生活中，职业主要有三方面的要素：一是职业职责，即每种职业都包含一定的社会责任，必须承担一定的社会任务，为社会做出应有的贡献。二是职业权力，即每种职业从业人员都有一定的职业业务权力，也就是说，只有从事这种职业的人才有这种权力，在此职业之外的人则不具有这种权力。三是职业利益，即每种职业人员都能从其职业工作中获得工资、奖金、荣誉等利益。任何一种职业都是职业职责、职业权力和职业利益的统一体。职业既是人们谋生的手段，又是人们进行社会交往的一种主要的渠道。在现代高度发达的经济生活中，会计与医生、律师、建筑师一样，成为一种职业，许多人以此谋生。

随着社会经济的迅速发展，企业的规模与业务日趋庞大和复杂，决策的重要性也日益提高。由于社会对会计核算需求的增加，加之会计技术的进步，会计职业呈现出蓬勃发展的势头，会计已是现代社会必不可少的一部分。在各种企业和非营利组织中，一般都设有会计部门或会计人员。会计人员作为一个群体在现代社会中起着非常重要的作用。会计人员所从事的职业主要有三大类：(1) 企业会计；(2) 非营利组织会计；(3) 注册会计师。

（一）企业会计

这是在会计人员所从事的三大类职业中人数最多的一类。广大的会计人员服务于各种企业组织，包括国有企业、中外合资（合作）企业、股份制企业、私营企业等。在工厂、商店、宾馆、银行等各行各业中，会计人员具体从事财务会计、管理会计、成本会计、内部审计等工作。作为企业管理层的会计人员，在企业中具有很重要的地位。

会计是一项服务性的活动，为公众的利益服务。由于会计信息在整个社会经济资源的分配过程中使用，因此，会计对公众的利益分配会产生很大的影响。这就要求会计人员尽可能据实反映会计信息，避免产生误导。

随着计算机在会计领域的普遍使用，对每天发生的经济业务的日常记录，将主要由电脑和熟练的操作人员来完成，会计人员更多的是进行会计信息的分析、解释和使用，包括评价企业的运营效率，解决复杂的财务会计报告问题，预测企业未来的经营业绩，设计有效的会计系统等，这将是企业会计发展的趋势。

（二）非营利组织会计

政府机构需要利用会计信息进行其资源的配置和运行的控制；学校、医院、科研机构等事业单位需要利用会计信息了解预算资金的收入情况和控制预算资金的使用，确定创收工作的有效性。因此，与企业一样，政府机构和事业单位等非营利组织要求会计人员按照非营利组织的会计制度开展会计工作。

（三）注册会计师

注册会计师作为一种独立的专业性职业，与医生、律师和建筑师一样，通过向当事人提供专业服务而获取报酬。执业的注册会计师必须具有一定会计专业水平，通过国家或特定组织的考试并成绩合格，由政府指定的机构发给证书，才可以接受当事人委托，从事审计、咨询和资产评估等业务。注册会计师执业的载体是会计师事务所。注册会计师从事的各种业务包括：

1. 外部审计。这是注册会计师从事的最基本业务。一般而言，具有一定规模的企业，每年必须聘请注册会计师对其编制的财务会计报告进行审核，提出专业性的审计意见，说明企业财务会计报告的编制是否符合会计准则和会计制度，是否客观、公正地反映企业的财务状况、经营成果及现金流量情况。注册会计师在接受审计委托业务后，通过收集相关资料，运用一定的审计程序，对企业提供的财务会计报告进行审核，提出审计意见。由于企业外部的投资者、银行等债权人以及社会公众等对注册会计师出具的审计报告甚为重视，因此，注册会计师在开展审计工作时必须保持独立、客观和公正的立场，不得偏袒委托人，以取信于报表使用者和社会公众。要做到这些，注册会计师除应具备必要的业务能力，以不负当事人的委托外，还必须遵循一定的工作规则（即独立审计准则）和职业道德规范。注册会计师的道德行为与其专业能力的胜任同等重要。

按规定，我国所有的国有企业、国有控股或者占主导地位的企业、股份制企业、外商投资企业等组织对外提供的财务会计报告，均需经注册会计师审计。

2. 管理咨询业务。外部审计是注册会计师的传统业务。近年来，注册会计师提供的管理咨询服务工作与日俱增，管理咨询业务已迅速发展成为注册会计师主要的业务领域之一。许多企业由于缺乏专业的管理人才，诸如从事会计制度设计、会计信息系统建立、预算制度设计、代理纳税申报以及税务筹划等一系列工作的人员，都希望注册会计师能够提供管理咨询服务。此外，注册会计师还就企业兼并、企业重组、新产品的开发、工程报价等各类问题向管理者提供建议。可以说，今天的注册会计师管理咨询业务领域几乎涵盖企业每一项决策的财务会计方面的问题。

3. 其他业务。注册会计师从事的业务还包括：验证企业的投入资本，进行资产评估，参与办理企业解散、破产的清算事项，参与办理企业经济纠纷，协助鉴别经济案件证据，担任会计顾问，协助拟订合同、章程和其他经济文件等。

此外，会计教学工作也提供了一定的职业机会。会计教育工作者的教学、研究等工作为会计职业做出了积极且有成效的贡献。他们通过有效的教学，培养了一大批优秀的学生从事会计工作；通过发表重要的研究成果，推动会计事业的进一步发展。

二、会计职业道德的构成要素

（一）会计职业道德的含义

1. 道德与职业道德。道德是调整人与人之间以及个人与社会之间关系的行为准则和规范的总和。作为一种社会意识形态，道德是通过社会舆论等对人们的各种行为及活动方式起约束作用的。

职业道德就是与人们的职业活动紧密联系，符合职业特点要求的道德准则、道德情操与道德品质的总和。

职业分工的产生和发展使职业道德的形成有了需要和可能，各种职业的特殊活动和人们对其认识的不断深化又使得职业道德规范化和具体化。

作为一种社会现象，职业道德的发展源远流长。随着人类社会分工的发展，职业道德经历了一个萌芽、形成和不断完善的历史过程。它的发展表现在两个方面：一是随着社会生产力的发展，社会分工越来越细，职业种类不断增加，职业道德的种类也不断增加；二是每一种职业随着社会生产方式和职业活动方式的变化，在继承传统的基础上，不断增加新内容，不断丰富和发展，以反映职业关系中的新特点、新要求。

2. 会计职业道德。会计职业道德是从事会计工作的人员在履行职责的过程中应具备的道德品质。它是调整会计人员与国家、会计人员与不同利益主体和会计人员相互之间的社会关系的社会道德规范的总和，是基本道德规范在会计工作中的具体体现。它既是会计工作要遵守的行为规范和行为准则，也是衡量一个会计工作者工作好坏的标准。会计职业道德是社会主义职业道德的一个重要方面，是在批判地继承以往财经职业道德的基础上形成的，是社会所要求的共同职业道德在会计职业中的具体化。它贯穿会计工作的所有领域和整个过程，体现了社会要求与个性发展的统一，着眼于人际关系的调整，以是否合乎情理、是否善意为评价标准，并以社会评价（荣誉）和个人评价（良心）为主要制约手段，是通过将外在的要求转化为内在的（即精神上的）动力起作用的非强制性规范。

（二）会计职业道德的特点

1. 经济实践性。会计人员直接参与资金和财产物资的管理，这就要求会计人员在职业活动中必须廉洁自律、奉公守法、无私无畏、公私分明，决不利用手中的特权谋取私利，决不利用工作之便中饱私囊，真正做到不取不义之财，不取不法之财，不取不正之财，不取不明之财。在任何时候、任何情况下都要保持清醒的头脑，其思想意识、行为动机和内心的信念要经受住道德水平的考验。要求会计人员“常在河边走，就是不湿鞋”，保持廉洁奉公、独立公正的职业品德，这是会计人员职业道德区别于其他职业道德的显著特征。《会计基础工作规范》对会计人员提出的要求有：“会计人员应当热爱本职工作，努力钻研业务，使自己的知识和技能适应所从事工作的要求”，“会计人员办理会计事务应当实事求是、客观公正”，“会计人员应当保守本单位的商业秘密，除法律规定和单位领导人同意外，不能私自向外界提供或者泄露单位的会计信息”，等等。

2. 政策导向性。会计职业活动是一项政策性很强、涉及面很广的工作。在会计职业活动中，受政策的导向影响和制约程度很大。根据会计人员职业道德的原则和职业特点，遵循社会客观要求，由人们约定俗成或行业组织制定的会计人员行为准则是一种“软约束”。发展经济离不开会计，经济越发展，会计越重要，特别是在市场经济条件下，会计工作更为重要，这已成为人们的共识。会计工作与国家政治和经济紧密相关，会计工作必须在一定的道德影响和制约下存在和发展。社会主义制度下的会计工作既有明确的经济目的，又有明确的政治目标。同时，会计工作又是一项政策性很强的工作，这种政策性决定了会计工作的原则性。会计工作是与资金和财产物资打交道并具有一定权力的职业活动，用于体现和贯彻国家的意志，落实财经方针和政策，规范利益主体的行为。会计工作的这一特点要求会计人员在职业活动中，必须严格按照国家财经方针政策办事，做到清正廉洁，铁面无私；始终坚持集体主义原则，把人民的整体利益放在第一位。

3. 规范性和约束性。会计工作在经济管理活动中处于非常重要的地位，会计人员是会计工作的主力，在进行理财时，其自身素质和形象非常重要，必须有一定的规范性和约束性，明确会计人员“应该怎样做”的界限。

4. 科学性和灵活性。会计工作是在生产发展的历史进程中产生的，直接或间接地参与社会生产活动。会计工作应该按照经济发展的规律，采取科学的组织管理方法对社会再生产进行管理。只有这样，才能发挥其社会职能，为国家和社会生财、聚财、用财，促进社会经济的增长和繁荣。会计工作的科学性要求会计人员具有科学的管理素质，掌握现代科学的财会管理知识和方法，刻苦钻研业务，并具有实事求是的工作态度和严肃认真的工作作风。同时，在社会主义市场经济条件下，会计工作还有灵活性的特点。会计工作的灵活性表现在许多方面，会计人员要学会按照政策的要求具体、灵活地处理问题。

（三）会计职业道德的构成要素

1. 会计职业理想。理想是指人生所向往、追求的奋斗目标，是在对现实发展的可能性认识的基础上形成的对人类未来社会与生活远景的向往和信念。理想是社会的一种精神现象，其特点是：理想的内容与奋斗目标相联系；理想具有目的性，不同于其他的精神现象；理想是有现实可能的，它区别于一切空想、幻想。会计人员的择业目标，或是维持生计，或是发展个性，或是承担社会义务，或兼而有之，它是会计职业道德的灵魂。

会计人员的职业理想是在最高理想和共同理想的支配下形成的，是从事会计工作的人员在职业活动中共同追求、向往并且愿为之奋斗的目标。会计人员职业理想的基本内容如下：

（1）促进经济繁荣。会计工作做得好，能够发挥核算、反映、调节、制约、监督等功能，直接为提高经济效益和社会主义市场经济建设服务。

（2）增强国家财力。当前我国经济体制改革包括财政改革和会计改革，这些改革都是要发展生产力，提高经济效益，增加国家财政收入，增强国力。作为一名会计人员，应该把“增强国家财力”作为自己的基本职业理想，在自己的岗位上努力工作，正确履行《会计法》赋予的核算、监督职能，严格执行财务、会计、税收等法律法规，树立正确的经济观点和强烈的聚财意识，想方设法开源节流、积累资金。

（3）为会计事业奉献。既然选择了会计职业，就要树立“干一行爱一行”的思想，始终如一地做好这一工作。从事会计职业的人员要有为社会做奉献的精神，要有干好本职工作的事业心、责任感，胸怀全局，立足本职，用自己的才智和双手尽心尽力地做好每一项平凡细微的工作。

（4）成为本职行家。会计职业理想要求会计人员具有适应现代会计管理的政治素质和业务技能素质，把成为本职行家作为职业理想的首选目标和终身追求。会计工作是一项专业性、政策性很强的工作，如果没有专业技能，“获得较大的职业成就”只能是一句空话。因此，必须不断地学习，精于本业。

2. 会计工作态度。会计工作的职业特征要求会计人员在从事会计活动时，既认真负责、精益求精，又积极主动、富有创造性，这是会计人员履行职责义务的基础。热爱自己的职业，是做好一切工作的出发点。会计人员只有为自己树立了这个出发点，才会勤奋、努力钻研业务技术，使自己的知识和技能适应具体从事的会计工作的要求。敬业爱岗要求会计人员有强烈的事业心、进取心和过硬的基本功，努力避免不是由于粗心大意和缺乏扎实工作的作风造成的失误。会计工作政策性很强，涉及面较广，因而有些问题处理起来十分复杂，这就要求会计人员有强烈的“追根求源”的意识，凡事多问“为什么”，有认真负责的态度。会计工作的性质导致一些会计人员长年累月、周而复始地进行记账、算账、报账等事务工作，天天与数字打交道，工作细致而烦琐，如果不耐心尽责，缺乏职业责任感，就会觉得枯燥、单调甚至厌烦，这样就谈不上热爱会计工作，更谈不上精通会计业务，当然也就搞不好会计工作。

3. 会计职业责任。会计职业责任即会计人员应承担的相应义务。会计职业道德义务，是指会计人员在职业活动中，应在一定的内心信念和道德责任感的支配下，自觉履行对社会、对他人的责任。义务在会计职业道德行为中起重要作用。首先，如果会计人员加强了义务感，就能把实行科学管理视为义不容辞的责任。其次，义务感还可能驱使会计人员正确处理个人专业兴趣、愿望和会计职业道德之间的矛盾，把服从社会需要、工作需要作为自己的道德义务放在首位，并且努力在实践中培养对职业的兴趣爱好。最后，义务感在会计职业道德行为的选择中能起到命令的作用。因此，义务是一种发自内心的“道德命令”。会计职责与职权相互关联，会计职责是会计职业道德规范的核心，也是评价会计行为的主要标准。

4. 会计职业技能。会计是一个技术性很强的职业，会计职业技能主要包括两个方面的内容：一是完成专业工作所需要的知识；二是完成专业工作所需要的技能和经验。精通专业知识与技能是会计职业道德得以存在的前提。对会计一知半解的人根本不能胜任会计工作，也就谈不上遵守职业道德。因此，对会计专业知识与技能的培养教育，绝对不能忽视完成会计工作所需要的知识以及工作能力与经验，它是会计人员圆满完成会计工作的技术条件。会计人员应遵循《会计法》及有关职业技术标准开展业务工作，不断提高自己的专业知识和技能，使自己的业务能力始终保持在应有的水平上，以满足经济发展的需要。会计人员应当始终如一地使自己的行为保持良好的信誉，不得有任何有损职业信誉的行为，不参与或支持任何可能有损职业信誉的活动。

5. 会计工作纪律。保密性、廉正性（正直、诚实、廉洁）与超然性既是维护和贯彻会计职业道德的保证，也是评价会计行为的一种标准。

(1) 会计人员在办理会计事务的过程中，应当实事求是，客观公正。这是一种工作态度，也是会计人员追求的境界。做好会计工作无疑需要专业知识和专门技能，但只有这些并不足以保证会计工作的质量，实事求是的精神和客观公正的态度同样重要，否则，就会把知识和技能用错地方，甚至参与弄虚作假。

（2）会计工作的特点决定会计人员应当熟悉本单位的生产经营和业务管理情况，以便运用所掌握的会计信息和会计方法，为改善单位的内部管理、提高经济效益服务。

（3）会计人员应当保守本单位的商业秘密，除法律规定和单位领导人同意外，不能私自向外界提供或者泄露单位的会计信息。会计人员出于工作性质的原因，有机会了解到本单位重要的商业秘密，如企业的关键技术、工艺规程、配方、控制手段、用户信息和成本资料等，这些商业秘密一旦泄露给现实的或潜在的竞争对手，会给本单位的经济利益造成重大的损害，对被泄密的单位是非常不公平的。所以，泄露本单位的商业秘密是一种很不道德的行为。会计人员应当树立“泄露商业秘密是大忌”的观念，对于自己知悉的内部机密在任何时候、任何情况下都要严格保守，不能信口吐露，更不能为了自己的私利向外界提供。

6. 会计工作作风。它是会计人员在长期工作实践中形成的习惯风格，是职业道德在会计工作中连续贯彻的体现。在工作中严谨仔细，一丝不苟，勤俭理财，严格按会计规范办事，自觉抵制非道德因素的侵袭等，均是良好的会计工作作风。会计工作不只是单纯地记账、算账和报账，会计工作时时、事事、处处涉及执法守纪方面的问题。会计人员不但自己应当熟悉财经法律、法规和国家统一的会计制度，还要能结合会计工作进行广泛宣传，做到在办理各项经济业务时知法依法、严格把关。

严格实行会计监督，依法办事，是会计人员职业道德的前提。会计人员应当按照会计法律、法规、规章规定的程序和要求开展会计工作，保证所提供的会计信息合法、真实、准确、及时、完整。会计人员应该树立自己的职业形象和职业人格的尊严，敢于抵制歪风邪气，同一切违法乱纪的行为做斗争。会计信息的合法、真实、准确、及时和完整，不但体现在会计凭证和会计账簿的记录上，而且体现在财务会计报告上，要使单位外部的投资者、债权人、社会公众以及社会监督部门能依照法定程序得到可靠的会计信息资料。

第二节 会计职业道德规范的主要内容

会计职业道德规范是指一定社会经济条件下，对会计职业行为及职业活动的系统要求或明文规定。它是社会道德体系的重要组成部分，是职业道德在会计职业行为和会计职业活动中的具体体现。

根据我国会计工作、会计人员的实际情况，结合《公民道德建设实施纲要》和国际会计职业道德的一般要求，我国会计职业道德规范的主要内容包括：爱岗敬业，诚实守信，廉洁自律，客观公正，坚持准则，提高技能，参与管理和强化服务。会计人员职业道德规范的对象既有单位会计人员，也有注册会计师，两者都是以会计信息为载体从事工作的人员，从广义上说，都是会计人员的一部分。前者的职责是依据我国现行会计准则、会计制度等会计法律、法规、规章制度，经过记账、算账、报账等环节，生成会计信息；后者的职责是运用独立审计准则等，对单位会计信息的合法性、真实性、完整性进行社会审计。正因为如此，应将两者都纳入会计职业道德规范调整的范围。在会计职业道德规范的主要内容中，许多都是单位会计人员、注册会计师应共同遵循的，也有侧重单位会计人员的，如参与管理等。至于注册会计师行业，还应遵守中国注册会计师协会发布的《中国注册会计师职业道德守则》的有关规定。

一、爱岗敬业

这里所说的“岗”，是指会计工作岗位。会计工作可划分为若干具体的岗位，如总会计师岗位，会计主管，出纳，财产物资核算，成本费用核算，财务成果核算，销售及往来核算，商品库存核算，财务会计报告编制，稽核，档案管理，等等。上述岗位都是根据会计工作的需要设置的，是会计工作的重要组成部分。《公民道德建设实施纲要》要求，要大力倡导以爱岗敬业、诚实守信、办事公道、服务群众、奉献社会为主要内容的职业道德，要求每一位在岗位上工作的公民都有爱岗敬业的精神。

爱岗就是会计人员热爱本职工作，安心本职岗位，并为做好本职工作尽心尽力、尽职尽责。它是会计人员的一种意识活动，是敬业精神在其职业活动方式上的有意识的表达。这种表达可概括为一个“忠”字，即忠于职守，具体表现为会计人员对自己应承担的责任和义务所表现出的一种责任感和义务感。会计人员的这种责任感和义务感一旦形成，便成为一种巨大的精神力量，在履行自己的职责时，能够将“不得不为”的行为转变为“自觉自为”的行为，形成主动干好本职工作的一种动力。一个有很强责任感的会计人员会千方百计干好工作，履行自己的使命和责任；而一个责任感不强或没有责任感的人，就不会重视工作，更谈不上做好本职工作。这种爱岗意识所形成的责任感和义务感包含两个方面的内容：社会或他人对会计人员规定的责任和会计人员对社会或他人所负的道义责任。

在经济生活中，会计职业因其所处的环境具有特殊性，不同的岗位，其“忠”的表现不同，要求承担的责任和义务也不同。注册会计师接受委托对经营管理进行审计、鉴证或咨询，依法出具审计报告。他们不仅要维护被审计单位的权益，保守商业秘密，而且要维护社会公众利益。单位内部会计人员不仅要尽职尽责地履行会计职责，如加强会计核算、向管理决策者提供真实的会计信息，而且应当抵制不当的开支，防止有人侵占单位资产。在对单位（或雇主）的忠诚与社会公众利益发生冲突时，会计人员应该选择符合更高的社会正义的“忠”。

敬业是指人们对其所从事的职业或行业的正确认识和恭敬态度，并用这种严肃恭敬的态度认真地对待本职工作，将身心与本职工作融为一体。对会计职业的不同认识和采取不同的态度可以直接导致不同的职业行为及其后果。会计职业道德中的敬业，就是从事会计职业的人员充分认识到会计工作在国民经济中的地位和作用，以从事会计工作为荣，具有献身会计工作的决心。

爱岗敬业是爱岗与敬业的总称。爱岗和敬业互为前提，相互支持，相辅相成。“爱岗”是“敬业”的基石，“敬业”是“爱岗”的升华，“敬”由“爱”生，“爱”由“敬”起。

会计人员对所从事的会计工作没有热情，不热爱，就难以做到吃苦耐劳，兢兢业业；就不会主动钻研业务，更新专业知识，提高业务技能；就不会珍惜会计这份工作，努力维护会计职业的声誉和形象，自觉做到忠于职守；就无法具备与其职务相适应的业务素质和能力，更谈不上坚持准则、客观公正、文明服务，维护国家和企业的利益，为国家和企业承担责任。

会计人员如果没有形成爱岗敬业的观念，不珍惜自己的职业声誉，不忠于职守，甚至私欲膨胀，就很可能无视国家和企业的利益，向会计信息使用者提供虚假的会计信息，这样不仅会严重干扰会计信息使用者决策的正确性，而且会给社会经济生活和会计职业的形象及声誉带来破坏性的影响。

二、诚实守信

诚实守信就是忠诚老实，信守诺言，是为人处世的一种美德。诚实守信作为会计职业道德的一项重要内容，是指作为一名会计人员，要诚恳老实，有信无欺。诚实守信是一切道德的基础和根本。

诚实，就是忠诚老实，不讲假话。诚实的人能忠实于事物的本来面目，既不歪曲、不篡改事实，也不隐瞒自己的真实思想，光明磊落，言语真切，处事实在。诚实的人反对投机取巧，趋炎附势，吹拍奉迎，见风使舵，争功诿过，弄虚作假，口是心非。自古以来，圣贤大德之士既将诚实视为道德的最高境界，也将其作为道德的基本要求，甚至将诚实作为安邦治国、修身养性的根本。古人云，“诚者，天之道也；思诚者，人之道也”（《孟子》），“唯天下至诚，为能经纶天下之大经，立天下之大本，知天地之化育”（《中庸》），“欲正其心者，先诚其意”，“意诚而后心正”（《大学》）。一切道德的前提都是诚实。没有诚实，就根本无道德而言。从这个意义上说，诚实是道德的基石。一个人、一个民族一旦失去了诚实的基石，就会道德沦丧。商品生产和销售中的假冒伪劣和坑蒙拐骗，经济生活中的会计信息失真、弄虚作假等，都是不诚实的表现。国内外的研究表明，诚实是人们期待的交往方式，而不诚实是人们拒绝的交往方式。人在心理上都有这样一种需要，即希望自己周围的环境是可以掌控的。

一个忠诚老实的人对客观事物的认识能力是有限的，不可能事事、时时准确地把握客观事物的内在规律。因此，忠诚老实的人也有可能犯错误，但与虚伪的人犯错误的性质不同。诚实的人犯错误是认识能力和认识方法方面的问题造成的，虚伪的人犯错误则是由于不诚实，属于道德品质问题。

守信就是讲信用、守承诺，它是一个人在处理人与人之间的关系，特别是经济利益关系时的一个道德准则。守信就是遵守自己所发出的承诺。古贤圣达无不将守信作为治国处世的道德准则，通常将“信用”作为衡量一个人道德水平高低的标准。

诚实和守信两者意思是相通的，是相互联系在一起的。“诚”和“信”是不自欺，是内心和外部行为合一的道德修养境界。一般人很难做到诚实守信，原因是人的内心总会有冲突，一方面知道要为善去恶，另一方面却为情欲所蔽，“欲动情胜”，所以总会有不愿遵循道德的想法。因此，我们要经常开展诚实守信的道德教育。诚实守信是真、善、美的统一，只有不断加强自我修养，才能达到这一美好境界。

三、廉洁自律

廉洁是指廉洁奉公，坚持原则，不利用职权损公肥私。自律是指行为主体能够自我约束、自我规范。廉洁自律是中华民族的传统美德，也是社会主义职业道德规范的重要内容之一。

在会计职业中，廉洁自律有其特定的含义。廉洁要求会计从业人员经得起金钱、权力的考验，不贪污、挪用公款，不监守自盗，要坚持原则、依法办事，不唯利是从。这也是由会计的职业特点决定的，会计是替单位理财的职业，不是为自己理财的职业。自律包括两层意思：一是会计行业自律。在美、英等一些发达国家，会计行业自律机制严格、健全，因而其职业声望很高。例如，美国注册会计师协会制定了《职业道德准则》。在我国，之前由于中国注册会计师协会对违法乱纪的注册会计师惩罚不力、中国的会计职业团体对一般的会计从业人员没有约束力，会计信息失真比较严重，会计的职业声望也随之下降。因此，加强会计行业自律是会计职业健康发展的必要条件。为此中国注册会计师协会从1997年1月1日起实施《中国注册会计师职业道德基本准则》《中国注册会计师质量控制基本准则》《中国注册会计师职业后续教育基本准则》等三项基本准则，中国注册会计师职业规范体系初步完善。其他中国会计职业团体自律机制尚待完善，任重而道远。二是会计人员的自我约束，即会计人员自律。会计人员的自我约束是靠其科学的价值观和人生观来实现的。可以说，会计人员自律是会计职业道德的最高境界，因为这是一种自觉的行为，无须强制。

不廉洁就谈不上自律，自律性不强就很难做到廉洁。会计必须既廉洁又自律，二者不可偏废。只有树立科学的价值观和人生观，才能保持洁身自爱，实现自我约束。要加强会计行业自律建设，实现自律养廉。

四、客观公正

客观是指按事物的本来面目去反映，不掺杂个人的主观意愿，也不为他人意见所左右，既不夸大，也不缩小。对于会计职业和会计工作而言，客观主要包括以下含义：一是真实性，即以客观事实为依据，真实地记录和反映实际经济业务事项；二是可靠性，即会计核算要准确，记录要可靠，凭证要合法。

公正就是公平正直，没有偏失，但不是中庸。公正是对商品经济本质属性的高度概括，也是市场发育的前提。对于会计职业和会计工作而言，公正主要包括以下含义：一是国家统一的会计制度，即会计准则、制度要公正。也就是说，会计准则、制度不是为某一特定的主体制定的，而是为众多主体和社会公众制定的，它不偏袒任何一个特定的主体，任何一个主体都能平等地运用会计准则、制度，不会因某一特定主体的运用使其获得更大的优势。二是执行会计准则、制度的人，即管理层和会计人员不仅应当具备诚实的品质，而且应公正地开展会计核算和会计监督工作，即在履行会计职能时，摒弃单位、个人的私利，公平公正，不偏不倚地对待相关利益各方。三是注册会计师在进行审计鉴证时应以超然独立的姿态进行公平公正的判断和评价，出具客观、公正的审计意见。

客观是公正的基础，公正是客观的反映。要达到公正，仅仅做到客观是不够的。公正不仅要诚实、真实、可靠，而且要在真实、可靠中做出公正选择。是否公平、合理，既取决于客观的选择标准，也取决于选择者的道德品质和职业态度。

五、坚持准则

坚持准则，要求会计人员在处理业务过程中，严格按照会计法律制度办事，不为主观或他人意志所左右。这里所说的“准则”不仅指会计准则，而且包括会计法律、国家统一的会计制度以及与会计工作相关的法律制度。我国的会计法律是指《会计法》《中华人民共和国注册会计师法》；国家统一的会计制度是指由国务院授权财政部制定发布或财政部发布的关于会计核算标准、会计基础工作以及会计人员管理的有关规定、制度和办法，如《企业会计准则》《会计基础工作规范》等。与会计工作相关的法律制度是指金融证券、税收等法律制度，如《中华人民共和国票据法》《现金管理暂行条例》《支付结算办法》《中华人民共和国个人所得税法》《中华人民共和国增值税暂行条例》《中华人民共和国企业所得税法》等。会计人员应当熟悉和掌握准则的具体内容，并在会计核算中认真执行，对经济业务事项进行确认、计量、记录和报告的全过程应符合国家统一的会计制度的规定，为国家、企业、债权人、投资人和其他利益相关者提供真实、完整的会计信息。

会计人员在进行核算和监督的过程中，只有坚持准则，才能以准则作为自己的行动指南，在发生道德冲突时，应坚持准则，维护国家利益、社会公众利益和正常的经济秩序。注册会计师在开展审计业务时，应严格按照独立审计准则的有关要求和国家统一会计制度的规定，出具客观公正的审计报告。

现实生活中经常会出现单位、社会公众和国家利益发生冲突的情况。关于面对不同的情况会计人员应如何处理，国际会计师联合会发布的《职业会计师道德守则》提出了如下建议：

1. 如遇到严重的职业道德问题，职业会计师首先应遵循其所在组织的已有政策加以解决；如果这些政策不能解决道德冲突，则可私下向独立的咨询师或会计职业团体寻求帮助，以便采取可能的行动步骤。

2. 若自己无法独立解决，可与最直接的上级一起研究解决这种冲突的办法。

3. 若仍无法解决，则可在通知直接上级的情况下，请教更高一级的管理层。若有迹象表明上级已卷入这种冲突，职业会计师必须和更高一级的管理层商讨该问题。

4. 如果在经过内部所有各级审议之后道德冲突仍然存在，那么对于一些重大问题（如舞弊），职业会计师可能没有其他选择。作为最后手段，他只能辞职，并向该组织的适当代表提交一份信息备忘录。

国际会计师联合会发布的《职业会计师道德守则》中提出的解决道德冲突的途径值得借鉴。我国会计人员如果遇到道德冲突，首先要对发生的事件做出是非判断，如涉及严重的道德冲突，应对法律负责，维护国家和社会公众利益。

六、提高技能

会计是一门不断发展变化、专业性很强的学科，它与经济发展有着密切的联系。近年来，随着市场经济的发展和经济全球化进程的加快，会计改革不断深入，会计专业性和技术性日趋复杂，对会计人员所应具备的职业技能要求也越来越高。加之一些经济事物不断变化，如衍生金融工具的出现、人力资源价值的计量与核算、通货膨胀、经济全球化带来的外币兑换等，都给会计学科的发展注入了新的动力，也对会计服务提出了更高的要求。

会计人员是会计工作的主体。会计工作质量的优劣，一方面受会计人员技能水平的影响，包括会计人员对会计原则、制度理解和掌握的程度，对客观事物的判断能力等；另一方面受会计人员道德品行的影响，包括对会计工作的认识和态度、工作作风、对道德冲突的解决等。会计人员的道德品行是会计职业道德的根本和核心，会计人员的技能水平是会计人员职业道德水平的保证。没有娴熟的会计技能，个人道德品行再好也无法干好会计工作。会计工作是一门专业性和技术性很强的工作，从业人员只有具备一定的会计专业知识和技能，才能勤勉、谨慎地运用其知识、技能、经验，根据客观环境做出正确的职业判断，如选择恰当的会计政策、做出合理的会计估计等。社会在前进，经济在发展，科学在进步。作为一名会计工作者，必须不断地提高自身的业务技能，这既是会计人员的义务，也是做好会计工作的需要。

提高技能，要求会计人员提高职业技能和专业胜任能力，以适应工作的需要。职业技能，也可称为职业能力，是人们进行职业活动、承担职业责任的能力和手段。就会计职业而言，它包括会计理论水平、会计实务操作能力、自觉更新知识能力、提供会计信息能力、沟通交流能力、职业判断能力以及职业经验等。提高技能，是指会计人员通过学习、培训和实践等途径，不断提高上述职业技能，以达到和维持足够的专业胜任能力的活动。

会计专业理论主要包括会计原理、成本会计、管理会计、会计发展史、财务管理、审计理论以及相关的税收、金融、证券、法律知识等。

会计实务操作能力包括会计人员的专业操作能力、操作的创新能力等。

自觉更新知识能力是指会计人员自己获取会计专业知识的能力，包括会计人员自觉地学习专业知识，学习时代发展的新知识，学习与会计相关的经济理论和法律知识，以及学习更新会计法律、制度知识的能力。

提供会计信息能力主要包括会计信息的收集、组织、处理和传输等技术能力。

沟通交流能力是指会计人员在特定的环境下与他人相互交往与交流的能力，包括适应环境能力、吸收信息能力、表达能力。会计既是一项经济管理工作，也是一个服务窗口行业，会计人员在职业活动中涉及各方面、各层次的不同利益人群，这要求会计人员具有适应各种不同环境的能力，具有从各方听取或吸收信息的能力，以及准确、恰当地运用语言和文字表达的能力。

职业判断能力也是会计人员专业技能的一个重要方面。它是指建立在专业知识和职业经验基础之上的判断能力，而不是主观随意的猜测，是职业胜任能力的综合体现。职业判断需要职业经验来支撑。

职业经验是职业实践的积累和升华。现实生活是复杂多变的，各个单位、不同的时期以及各种不同的环境条件下，经济业务的性质、会计处理的方式方法都不尽相同。这不仅需要会计人员将所学的知识举一反三，还需要会计人员对实践进行总结提高。例如，成本核算方法的选择、存货计价方法的选择等，在不同的企业、不同的时期或不同的条件下会有不同的选择，这都需要职业经验。

“道”之不存，“德”将焉附？道之施行，需德润之，无德道难行。会计之道，就是会计的职业技能和技术，没有娴熟的会计之道，会计之德也就失去了依托。有了高超的职业技能，更要“德”来滋润。没有良好的德行滋润，技能越高，其破坏力越大，最终将毁掉会计职业。因此，遵守会计职业道德需要不断提高会计职业技能。

会计工作是根据会计准则、会计制度对单位经济业务事项进行确认、计量、记录和报告。会计核算、编制财务会计报告以及单位内部会计控制制度设计等都需要有扎实的理论功底和丰富的实践经验；在处理具体业务时会计处理方法的选取、会计估计的变更、会计信息电算化的处理、网络化传输等都是技术性很强的工作。没有娴熟的专业技能，就无法开展会计工作、履行会计职责。因此，会计人员需要不断学习新的会计理论和新的准则、制度，熟悉和掌握新的法律法规。会计人员只有不断学习，才能保持持续的专业胜任能力、职业判断能力和沟通交流能力，不断提高会计专业技能，以适应我国深化会计改革和会计国际化的要求。

七、参与管理

管理是人类最重要的活动之一。自人类开始组成群体以实现个人无法达到的目标以来，管理工作就成为协调个体努力必不可少的因素。人类社会越依赖集体的努力来完成任务，管理工作就越重要。管理工作包括计划、组织、人事、领导和控制等五种基本职能。

参与管理，简单地讲就是间接参加管理活动，为管理者当参谋，为管理活动服务。会计管理论者认为，会计或会计工作本质上就是一种管理活动，它以商品价值运动为管理对象，以货币计量为主要形式，以核算、监督为基本职能，通过收集、处理和利用经济信息，对经济运行过程进行组织、调节和指导，促使人们权衡利弊、比较得失、讲求经济效益。会计信息论者则认为，会计是一个以提供财务信息为主的信息系统，会计人员在企业管理中，为企业管理部门正确地进行最优决策和有效经营提供所需的数据。无论是会计管理论者还是会计信息论者，都揭示了这样一个命题，就是会计或会计工作并不能直接进行企业生产经营活动的管理或决策。会计工作或会计人员与管理决策者在管理活动中分别扮演着参谋者和决策者的角色，承担着不同的职责和义务。

八、强化服务

强化服务要求会计人员具有文明的服务态度、强烈的服务意识和优良的服务质量。

服务态度是服务者的行为表现，要求服务者以礼待人。社会中的各行各业，其活动的目的都是为人民服务，各岗位上的就业者都处于服务他人和接受他人服务的地位。文明服务是现代经济社会对劳动者所从事职业的更高层次的要求，它表现为人们在参与对外工作交往和组织内部协调运作的过程中，人际关系的融洽程度和与之相应的工作态度。

会计人员服务的态度直接关系到会计行业的声誉和全行业运作的效率，会计人员服务态度好、质量高，做到讲文明、讲礼貌、讲信誉、讲诚实，坚持准则，严格把关，服务周到，就能提高会计职业的信誉，增强会计职业的生命力；反之，就会影响会计职业的声誉，甚至直接影响全行业的生存和发展。

在实际工作中，我国广大会计人员兢兢业业、勤勤恳恳、任劳任怨、扎实工作、无私奉献，以高度负责的态度树立了较强的服务意识，在经济建设中做出积极贡献，树立了良好的社会形象，使会计成为受社会尊重的一种职业。但是，有些会计人员服务态度欠佳，使人们对会计人员和会计职业产生偏见，给会计职业的声誉造成不良影响。

强化服务的关键是提高服务质量。单位会计人员和注册会计师的服务内容各有侧重，其服务效果的表现也不同。单位会计人员服务的内容就是客观、真实地记录、反映单位的经济业务活动，为管理者提供真实正确的经济信息，当好参谋；为股东真实地记录财产的变动状况，确保股东资产完整与增值，当好股东的管家。因此，强化单位会计人员的服务要求其真实客观地记账、算账和报账，积极主动地向管理者反映经济活动情况和存在的问题，提出合理化建议，协助管理者决策，参与经营管理活动。注册会计师是以独立、客观、公正的身份接受委托人的委托，提供会计鉴证等服务。因此，注册会计师（或会计师事务所）与委托人发生的经济交往关系就是一种服务与被服务的关系。注册会计师不仅要与委托人打交道，而且要与接受服务的单位和人员打交道，因此，其强化服务的内容就是以客观、公正的态度正确评价委托单位的经济财务状况，为社会公众及会计信息使用者服务。

会计职业强化服务的结果就是奉献社会。如果说爱岗敬业是会计职业道德的出发点，那么，强化服务、奉献社会就是会计职业道德的归宿。任何职业的利益、从业人员个人的利益都必须服从社会的利益、国家的利益，把奉献社会作为职业的崇高责任是职业道德的基本要求和最终归宿。

总之，会计职业道德规范的内容与会计职业活动有着紧密的联系。随着社会的发展，会计职业活动的内容将不断丰富，社会对会计工作的职业技能和职业要求也越来越高，会计职业道德规范的内容将在扬弃中不断丰富和发展。有些会计职业道德规范被提升为会计法律制度的内容，有些会计职业道德规范被淘汰，同时一些新的会计职业道德规范被吸收进来。同样，有些会计法律制度的内容可能被纳入会计职业道德规范。

□ 本章小结

会计职业道德是从事会计工作的人员在履行职责的过程中应具备的道德品质。会计职业道德由会计职业理想、会计工作态度、会计职业责任、会计职业技能、会计工作纪律和会计工作作风等方面构成，其主要内容包括爱岗敬业、诚实守信、廉洁自律、客观公正、坚持准则、提高技能、参与管理、强化服务等。

□ 主要概念

会计职业道德　　会计职业技能　　诚实守信　　客观公正

□ 复习思考题

1. 什么是会计职业道德？它由哪些要素构成？
2. 会计职业道德规范的主要内容是什么？

附录　会计单项模拟实验

实验一　原始凭证的填制

（一）实验目的

通过实验使学生掌握原始凭证的基本内容、填制方法及会计凭证传递程序。

（二）实验资料

永安公司为一股份制企业（下同），增值税税率为13%。20××年1月发生有关经济业务如下：

1. 1月6日，根据本月工资结算汇总表，从银行提取现金，以备发放工资。签发现金支票一张，金额105 004.70元。填写现金支票，见图A1－1。

中国工商银行现金支票存根

支票号码　2009231

科　　目 ________

对方科目 ________

签发日期 ________

收款人 ________

金　额 ________

用　途 ________

备　注 ________

单位主管　　会计

复　　核　　记账

中国工商银行**现金支票**　　**支票号码**　2009231

出票日期(大写)　　年　月　日　**开户行名称工商行十二支行**

签发人账号 211040003－91

本支票付款期十天

收款人

人民币（大写）	千	百	十	万	千	百	十	元	角	分

用　途 ________　科　目(借) ______

对方科目(贷) ______

上列款项从我账户内支付　付讫日期　年　月　日

出纳　　记账

签发人盖章　复核　　复核

图A1－1　现金支票

2. 1月14日，采用提货制销售产品一批，销售科业务员开出增值税专用发票一式三联（见表A1－1至表A1－3）。购货方采购员持发票到财务科以转账支票办理货款结算，财会人员收取支票（见图A1－2）后，当日填写进账单（见表A1－4至表A1－6）送存银行。

表 A1－1

6100074410　　**陕西省增值税专用发票**　　№ 20288555

此联不作报销、扣税凭证使用

开票日期：20××年 1 月 14 日

<table>
<tr><td>购货单位</td><td colspan="4">名　　　称：长城公司
纳税人识别号：280602100200228
地 址 、电 话：雁塔新村 5628347
开户行及账号：工商行二分行 20100355</td><td>密码区</td><td colspan="3"></td></tr>
<tr><td colspan="2">货物或应税劳务名称</td><td>规格型号</td><td>单位</td><td>数量</td><td>单价</td><td>金　额</td><td>税率</td><td>税额</td></tr>
<tr><td colspan="2">风机</td><td>E-10</td><td>台</td><td>5</td><td>1 200</td><td>6 000.00</td><td>13%</td><td>780.00</td></tr>
<tr><td colspan="2">合　计</td><td></td><td></td><td></td><td></td><td>6 000.00</td><td></td><td>780.00</td></tr>
<tr><td colspan="2">价税合计（大写）</td><td colspan="7">陆仟柒佰捌拾元整　　（小写）¥6 780.00</td></tr>
<tr><td>销货单位</td><td colspan="4">名　　　称：永安公司
纳税人识别号：230102100120084
地 址 、电 话：永安市和平路 13 号
开户行及账号：工商行五分行 211040003-52</td><td>备注</td><td colspan="3"></td></tr>
</table>

第一联：记账联　销货方记账凭证

收款人：陈　明　　复核：　　开票人：张　敏　　销货单位：（章）

表 A1－2

6100074410　　**陕西省增值税专用发票**　　№ 20288555

抵　扣　联　　开票日期：20××年 1 月 14 日

<table>
<tr><td>购货单位</td><td colspan="4">名　　　称：长城公司
纳税人识别号：280602100200228
地 址 、电 话：雁塔新村 5628347
开户行及账号：工商行二分行 20100355</td><td>密码区</td><td colspan="3"></td></tr>
<tr><td colspan="2">货物或应税劳务名称</td><td>规格型号</td><td>单位</td><td>数量</td><td>单价</td><td>金　额</td><td>税率</td><td>税额</td></tr>
<tr><td colspan="2">风机</td><td>E-10</td><td>台</td><td>5</td><td>1 200</td><td>6 000.00</td><td>13%</td><td>780.00</td></tr>
<tr><td colspan="2">合　计</td><td></td><td></td><td></td><td></td><td>6 000.00</td><td></td><td>780.00</td></tr>
<tr><td colspan="2">价税合计（大写）</td><td colspan="7">陆仟柒佰捌拾元整　　（小写）¥6 780.00</td></tr>
<tr><td>销货单位</td><td colspan="4">名　　　称：永安公司
纳税人识别号：230102100120084
地 址 、电 话：永安市和平路 13 号
开户行及账号：工商行五分行 211040003-52</td><td>备注</td><td colspan="3"></td></tr>
</table>

第二联：抵扣联　购货方扣税凭证

收款人：陈　明　　复核：　　开票人：张　敏　　销货单位：（章）

表 A1－3

6100074410　　**陕西省增值税专用发票**　　№ 20288555

发　票　联　　开票日期：20××年1月14日

购货单位	名　称：长城公司 纳税人识别号：280602100200228 地 址 、电 话：雁塔新村 5628347 开户行及账号：工商行二分行 20100355	密码区					
货物或应税劳务名称	规格型号	单位	数量	单价	金　额	税率	税额
风机	E-10	台	5	1 200	6 000.00	13%	780.00
合　计					6 000.00		780.00
价税合计（大写）	陆仟柒佰捌拾元整				（小写）¥6 780.00		
销货单位	名　称：永安公司 纳税人识别号：230102100120084 地 址 、电 话：永安市和平路 13 号 开户行及账号：工商行五分行 211040003-52	备注					

第三联：发票联　购货方记账凭证

收款人：陈　明　　复核：　　开票人：张　敏　　销货单位：（章）

中国工商银行转账支票存根

支票号码　2008683

科　　目　________

对方科目　________

签发日期　________

收款人　________

金　额　________

用　途　________

备　注　________

单位主管　　会计

复　　核　　记账

中国工商银行**转账支票**　　支票号码　2008683

出票日期（大写）　年　月　日　开户行名称工商行三分行

签发人账号 20100354

本支票付款期十天

收款人

人民币（大写）	千	百	十	万	千	百	十	元	角	分

用　途________　　科　目（借）________

对方科目（贷）________

上列款项从我账户内支付　　付讫日期　　年　月　日

出纳　　记账

签发人盖章　　复核　　复核

图 A1－2　转账支票

表 A1－4

中国工商银行进账单（回　单）　1

年　月　日　　　　第 25 号

<table>
<tr><td rowspan="3">收
款
人</td><td>全　称</td><td></td><td rowspan="3">付
款
人</td><td>全　称</td><td colspan="10"></td></tr>
<tr><td>账　号</td><td></td><td>账号或地址</td><td colspan="10"></td></tr>
<tr><td>开户银行</td><td></td><td>开户银行</td><td colspan="10"></td></tr>
<tr><td colspan="5" rowspan="2">人民币（大写）：</td><td>千</td><td>百</td><td>十</td><td>万</td><td>千</td><td>百</td><td>十</td><td>元</td><td>角</td><td>分</td></tr>
<tr><td></td><td></td><td></td><td></td><td></td><td></td><td></td><td></td><td></td><td></td></tr>
<tr><td colspan="2">票据种类</td><td colspan="2"></td><td colspan="11" rowspan="3">收款人开户银行盖章</td></tr>
<tr><td colspan="2">票据张数</td><td colspan="2"></td></tr>
<tr><td colspan="4">单位主管　　会计　　复核　　记账</td></tr>
</table>

此联是银行交给收款人的回单

表 A1－5

中国工商银行进账单（贷方凭证）　2

年　月　日　　　　第 25 号

<table>
<tr><td rowspan="3">收
款
人</td><td>全　称</td><td></td><td rowspan="3">付
款
人</td><td>全　称</td><td colspan="10"></td></tr>
<tr><td>账　号</td><td></td><td>账号或地址</td><td colspan="10"></td></tr>
<tr><td>开户银行</td><td></td><td>开户银行</td><td colspan="10"></td></tr>
<tr><td colspan="5" rowspan="2">人民币（大写）：</td><td>千</td><td>百</td><td>十</td><td>万</td><td>千</td><td>百</td><td>十</td><td>元</td><td>角</td><td>分</td></tr>
<tr><td></td><td></td><td></td><td></td><td></td><td></td><td></td><td></td><td></td><td></td></tr>
<tr><td colspan="2">票据种类</td><td colspan="2"></td><td colspan="11" rowspan="3">收款人开户银行盖章</td></tr>
<tr><td colspan="2">票据张数</td><td colspan="2"></td></tr>
<tr><td colspan="4">单位主管　　会计　　复核　　记账</td></tr>
</table>

此联由收款人开户银行作贷方凭证

表 A1－6

中国工商银行进账单（收账通知） 3

年　月　日　　　　第 25 号

收款人	全　称		付款人	全　称	
	账　号			账号或地址	
	开户银行			开户银行	
人民币（大写）：				千百十万千百十元角分	
票据种类			收款人开户银行盖章		
票据张数					
单位主管　会计　复核　记账					

此联是银行给收款人的收账通知

3．1 月 20 日，出纳员将多余库存现金 3 500 元送存银行，填写现金存款单（面额 100 元 30 张、面额 50 元 10 张），现金存款单一式三联见表 A1－7 至表 A1－9。

表 A1－7

中国工商银行现金存款单（回　单） ①

年　月　日

收款单位	全称			款项来源			
	账号	开户银行		交款单位			
人民币（大写）：				千百十万千百十元角分			
辅币	券别	伍角	贰角	壹角	伍分	贰分	壹分
	张数						
收款员 收讫 复核员							
主币	券别	壹佰元	伍拾元	贰拾元	拾　元	伍元	贰元	壹元
	张数							

第一联　由银行盖章后退回单位

表 A1－8

中国工商银行现金存款单（收入凭证）②

年　月　日

<table>
<tr><td rowspan="2">收款单位</td><td>全称</td><td colspan="3"></td><td>款项来源</td><td colspan="3"></td></tr>
<tr><td>账号</td><td></td><td>开户银行</td><td></td><td>交款单位</td><td colspan="3"></td></tr>
<tr><td colspan="6">人民币（大写）：</td><td colspan="3">千 百 十 万 千 百 十 元 角 分</td></tr>
<tr><td rowspan="2">辅币</td><td>券别</td><td>伍角</td><td>贰角</td><td>壹角</td><td>伍分</td><td>贰分</td><td>壹分</td><td rowspan="2">收款员
收　讫
复核员</td></tr>
<tr><td>张数</td><td></td><td></td><td></td><td></td><td></td><td></td></tr>
<tr><td rowspan="2">主币</td><td>券别</td><td>壹佰元</td><td>伍拾元</td><td>贰拾元</td><td>拾元</td><td>伍元</td><td>贰元</td><td>壹元</td></tr>
<tr><td>张数</td><td></td><td></td><td></td><td></td><td></td><td></td><td></td></tr>
</table>

第二联　收款人开户银行作贷方凭证

表 A1－9

中国工商银行现金存款单（出纳留存）③

年　月　日

<table>
<tr><td rowspan="2">收款单位</td><td>全称</td><td colspan="3"></td><td>款项来源</td><td colspan="3"></td></tr>
<tr><td>账号</td><td></td><td>开户银行</td><td></td><td>交款单位</td><td colspan="3"></td></tr>
<tr><td colspan="6">人民币（大写）：</td><td colspan="3">千 百 十 万 千 百 十 元 角 分</td></tr>
<tr><td rowspan="2">辅币</td><td>券别</td><td>伍角</td><td>贰角</td><td>壹角</td><td>伍分</td><td>贰分</td><td>壹分</td><td rowspan="2">收款员
收　讫
复核员</td></tr>
<tr><td>张数</td><td></td><td></td><td></td><td></td><td></td><td></td></tr>
<tr><td rowspan="2">主币</td><td>券别</td><td>壹佰元</td><td>伍拾元</td><td>贰拾元</td><td>拾元</td><td>伍元</td><td>贰元</td><td>壹元</td></tr>
<tr><td>张数</td><td></td><td></td><td></td><td></td><td></td><td></td><td></td></tr>
</table>

第三联　出纳留存

4. 1月26日，采购员张伟报销差旅费，报销单见表A1－10，原借款3 000元，余款退回，由出纳员开出收据一张，见表A1－11至表A1－13。

表A1－10

差旅费报销单

单位：　　　　　　　　　　20××年1月26日

出发地				到达地				公出补助			车船飞机票	卧铺	住宿费	市内车费	邮电费	其他	合计金额
月	日	时	地点	月	日	时	地点	天数	标准	金额							
1	7		西安	1	7		广州	15	80	1 200.00	1 800.00		3 000.00	1 200.00	50.00	1 500.00	8 750.00
1	22		广州	1	22		西安				1 800.00			80.00		100.00	1 980.00
																	¥10 730.00
合计：人民币（大写）壹万柒佰叁拾元整																	
备　注																	

附件10张

单位领导：王　军　　财会主管：　　公出人姓名：张　伟　　审核人：王　冰

表A1－11

收　据

年　月　日　　　　　　　　第19号

今收到					
人民币（大写）：				¥________	
事　由：				现　金	
				支票第　　　号	
收款单位		财务主管		收款人	

第一联 存根

表A1－12

收　据

年　月　日　　　　　　　　第19号

今收到					
人民币（大写）：				¥________	
事　由：				现　金	
				支票第　　　号	
收款单位		财务主管		收款人	

第二联 记账凭证

表 A1-13

收　据

年　月　日　　　　第 19 号

<table>
<tr><td colspan="6">今收到</td><td rowspan="5">第三联 收据</td></tr>
<tr><td colspan="6">人民币（大写）：　　　　¥________</td></tr>
<tr><td colspan="4" rowspan="3">事　由：</td><td colspan="2">现　金</td></tr>
<tr><td colspan="2">支票第　　　号</td></tr>
<tr><td colspan="2"></td></tr>
<tr><td>收款单位</td><td></td><td>财务主管</td><td></td><td>收款人</td><td></td><td></td></tr>
</table>

（三）实验要求

1. 根据上述经济业务填制有关原始凭证。

2. 说明各项经济业务分别应填制何种记账凭证，各应附有哪些原始凭证。

3. 说明各项经济业务中会计凭证传递的程序。

（四）实验设计

1. 对实验中涉及的银行转账结算方式、增值税的基本内容及会计处理，基础会计中尚未学习，指导教师应将其基本内容简要予以介绍（下同）。

2. 实验资料列示了四项经济业务的全部原始单据。实验中要求学生正确填制原始凭证，引导学生辨别各联单据的不同用途，使学生了解上述各项业务中会计凭证传递的一般程序。

3. 实验中可以组织学生对机构设置、会计人员配备不同的企业，自行设计会计凭证传递程序。

4. 实验中三项要求可分别进行，实验时间约需 100 分钟。

实验二　复式记账凭证的填制

（一）实验目的

通过实验使学生了解各种不同经济业务应填制的原始凭证，掌握复式记账凭证的填制方法。

（二）实验资料

永安公司20××年4月21—30日发生的部分经济业务及其原始凭证如下：

1. 4月21日，向银行借款，存入银行存款户，借据见表A2-1。

表A2-1

借款借据（代收账通知）

贷出日期　20××年4月21日

<table>
<tr><td rowspan="2">借款单位</td><td rowspan="2" colspan="2">永安公司</td><td>借款户账号</td><td colspan="11"></td></tr>
<tr><td>存款户账号</td><td colspan="11">211040003-91</td></tr>
<tr><td rowspan="2" colspan="4">人民币（大写）：贰拾万元整</td><td>万</td><td>千</td><td>百</td><td>十</td><td>万</td><td>千</td><td>百</td><td>十</td><td>元</td><td>角</td><td>分</td></tr>
<tr><td></td><td></td><td>¥</td><td>2</td><td>0</td><td>0</td><td>0</td><td>0</td><td>0</td><td>0</td><td>0</td></tr>
<tr><td>借款种类</td><td>临　时</td><td colspan="2">约定还款日　20××年6月30日</td><td colspan="7">利　率</td><td colspan="4">10%</td></tr>
<tr><td>实际支款用途</td><td>购　货</td><td colspan="2">展期到期日　　年　月　日</td><td colspan="7">利　率</td><td colspan="4"></td></tr>
<tr><td colspan="2">借款单位预留财务专用章
及法人代表签章</td><td colspan="2">担保单位户名
担保单位账号
担保单位开户银行</td><td colspan="11">担保单位公章
担保单位法人代表章
记账</td></tr>
</table>

第四联　借款借据

行长：张　峰　　　科（处）长：张　力　　　信贷员：王　永

2. 4月21日，从开户银行提取现金，以备零星使用，支票存根见图A2-1。

中国工商银行现金支票存根

支票号码　2009232

科　　目　银行存款

对方科目　库存现金

签发日期　20××年4月21日

收款人　张　为

金　额　1 000.00

用　途　零星支出

备　注

单位主管　张　明　　会计　王　锐

复　　核　　　　　　记账

图A2-1　支票存根

3. 4月21日，开出转账支票支付电话费，见图A2-2及图A2-3。

永安市电信租费收据　№ 8946

收款日期　20××年4月21日

用户名称　永安公司

电话号	合同号
市话费	4 250
长话费	860
变动费	
金额合计	5 110

合计人民币（大写）伍仟壹佰壹拾元整

经手人：乔　力

图 A2－2　电话费收据

中国工商银行转账支票存根

支票号码　2834535

科　　目　银行存款

对方科目　管理费用

签发日期　20××年4月21日

收款人　永安市城南电信

金　额　5 110.00

用　途　电话费

备　注　王　红

单位主管　张　明　会计　王　锐

复　　核　　　记账

图 A2－3　支票存根

4. 4月22日，以现金购买办公用品，发票单据见表 A2－2。

表 A2－2

永安市商业零售企业统一发票　№ 0973562

购货单位：永安公司　　第二联：发票联　　20××年4月22日

货　号	名　称	规　格	等　级	单　位	数　量	单　价	金额 百	十	万	千	百	十	元	角	分
	复印纸			箱	2	150.00					3	0	0	0	0
合计金额（大写）：×万×仟叁佰零拾零元零角零分										¥	3	0	0	0	0

此联为报销凭据

单位盖章：　　收款人：王　平　　制票人：赵　英

5. 4月25日，偿还上月购料款，汇款凭证见表A2-3。

表A2-3

中国工商银行电汇凭证（回　单）

委托日期　　20××年4月25日

<table>
<tr><td rowspan="3">汇款人</td><td>全　称</td><td colspan="3">永安公司</td><td rowspan="3">收款人</td><td>全　称</td><td colspan="3">烟台钢材厂</td></tr>
<tr><td>账号、住址</td><td colspan="3">211040003-91</td><td>账号、住址</td><td colspan="3">22100743</td></tr>
<tr><td>汇出地点</td><td>××省永安市</td><td>汇出行名称</td><td>工商行十二支行</td><td>汇入地址</td><td>山东省烟台市</td><td>汇入行名称</td><td>工商行烟台分行</td></tr>
<tr><td>汇款金额</td><td colspan="6">人民币（大写）：叁拾万陆仟元整</td><td colspan="3">百十万千百十元角分
¥306000000</td></tr>
<tr><td colspan="6">汇款用途　前欠货款</td><td rowspan="2">汇出行盖章</td><td colspan="3" rowspan="2"></td></tr>
<tr><td colspan="6">上列款项已根据委托办理，如需查询，请持此回单来行面洽</td></tr>
</table>

此联是汇款人开户行给汇款人的回单

6. 4月25日，开支票支付广告费，详见表A2-4及图A2-4。

表A2-4

永安市广告业专用发票

客户名称：永安公司　　20××年4月24日　　№ 0065421

项　目	单　位	数　量	单　价	金额 万	千	百	十	元	角	分
产品广告（电视）	次	10	190.00		1	9	0	0	0	0
合计金额（大写）：×万壹仟玖佰零拾零元零角零分				¥	1	9	0	0	0	0

单位盖章：　　收款人：李　达　　开票人：吴　敏

第二联　报销凭证

中国工商银行转账支票存根

支票号码　2834545

科　　目　银行存款

对方科目　销售费用

签发日期　20××年4月25日

收款人　李　达

金　额　1 900.00

用　途　广告费

备　注　王　健

单位主管　张　明　会计　王　锐

复　核　　　记账

图A2-4　转账支票存根

7. 4月26日，职工交来现金偿还借款，开出收据，见表A2-5。

表 A2-5

收　据

20××年4月26日　　　　第97号

<table>
<tr><td colspan="4">今收到　职工李小波</td></tr>
<tr><td colspan="4">人民币（大写）：伍佰元整　　　　¥500.00</td></tr>
<tr><td colspan="3" rowspan="3">事　由：
归还前欠家属急诊住院借款</td><td>现金　√</td></tr>
<tr><td>支票第　　号</td></tr>
<tr><td></td></tr>
<tr><td>收款单位</td><td></td><td>财务主管　张　明</td><td>收款人　张　为</td></tr>
</table>

第三联　收据

8. 4月27日，收回销货款，银行转来单据，见表A2-6。

表 A2-6

托收承付凭证（收账通知）

第17号

委托日期　20××年4月27日　　　　托收号码：287

<table>
<tr><td rowspan="3">收款人</td><td>全　称</td><td colspan="2">永安公司</td><td rowspan="3">付款人</td><td>全　称</td><td colspan="9">华山发电厂</td></tr>
<tr><td>账　号</td><td colspan="2">211040003-91</td><td>账号或住址</td><td colspan="9">40500423</td></tr>
<tr><td>开户银行</td><td colspan="2">工商行十二支行</td><td>开户银行</td><td colspan="9">中国工商行永安一支行</td></tr>
<tr><td rowspan="2">委托收款金额</td><td colspan="5" rowspan="2">人民币（大写）：伍拾捌万陆仟肆佰伍拾元整</td><td>百</td><td>十</td><td>万</td><td>千</td><td>百</td><td>十</td><td>元</td><td>角</td><td>分</td></tr>
<tr><td>¥</td><td>5</td><td>8</td><td>6</td><td>4</td><td>5</td><td>0</td><td>0</td><td>0</td></tr>
<tr><td>附寄单证张数</td><td>3</td><td>商品发运情况</td><td>铁　运</td><td colspan="2">合同名称、号码</td><td colspan="9">HB-005</td></tr>
<tr><td colspan="2">备　注</td><td colspan="3">款项收妥日期
年　月　日</td><td colspan="10">收款人开户银行盖章
年　月　日</td></tr>
</table>

此联是银行给收款人的入账通知

9. 4月30日，分配结转本月制造费用，见表A2-7。

表 A2-7

制造费用分配表

车间：生产车间　　　　20××年4月30日　　　　单位：元

分配对象	分配标准（生产工人工资）	分配率（%）	分配金额
百叶窗	60 000		71 388
风　机	40 000		47 592
合　计	100 000	1.189 8	118 980

主管：张　明　　　　审核：王　齐　　　　制表：王　锐

10. 4月30日，结转生产完工验收入库产品的成本，见表A2-8。

表 A2-8

完工产品成本计算表

20××年4月30日　　单位：元

成本项目	E-1型风机（500台）		HB型百叶窗（80台）	
	总成本	单位成本	总成本	单位成本
直接材料	210 000	420	480 000	6 000
直接人工	50 000	100	72 000	900
制造费用	80 000	160	88 000	1 100
合　计	340 000	680	640 000	8 000

主管：张　明　　审核：王　齐　　制表：王　锐

（三）实验要求

1. 根据各项经济业务的原始凭证，分别填制复式记账凭证。

2. 将填制的记账凭证及所附原始凭证装订成册。

（四）实验设计

1. 在填制记账凭证之前，应根据原始凭证记录的各项经济业务的发生情况，明确记账凭证各项目应填写的内容。

2. 截至4月20日，各类记账凭证的编号分别为：现收38号，银收53号，现付72号，银付67号，转字19号，总字249号。

3. 实验时间约需100分钟。

4. 本项实验需收款凭证3张，付款凭证5张，转账凭证2张，会计凭证装订封皮1张。

实验三 日记账的登记

（一）实验目的

通过实验使学生掌握三栏式库存现金日记账、银行存款日记账的登记方法。

（二）实验资料

1. 永安公司20××年4月1—20日库存现金日记账、银行存款日记账登记汇总情况见表A3-1和表A3-2。

2. 4月21—30日发生的有关经济业务及其原始凭证、记账凭证见实验二。

表A3-1

库存现金日记账

单位：元

20××年		凭证		摘　要	对方科目	借　方	贷　方	余　额
月	日	字	号					
4	20			1—20日汇总		2 400.00	3 800.00	1 500.00

表A3-2

银行存款日记账

单位：元

20××年		凭证		摘　要	对方科目	借　方	贷　方	余　额
月	日	字	号					
4	20			1—20日汇总		480 100.00	307 500.00	872 240.00

（三）实验要求

根据实验二编制的有关收、付款凭证，逐日、逐笔登记库存现金日记账和银行存款日记账，并进行结账。

（四）实验设计

1. 登记账簿前要求学生对编制的收、付款凭证交换审核，以确保账簿登记的准确性。

2. 登记账簿时应明确账簿登记的基本要求，做到按规则登记账簿。

3. 实验时间约需30分钟。

4. 本项实验需三栏式账页2张。在账页上分别开设库存现金日记账、银行存款日记账，并将1—20日汇总资料抄写到日记账上。

（五）参考答案

1. 库存现金日记账月末借方余额为2 700元。

2. 银行存款日记账月末借方余额为1 344 680元。

实验四　银行存款余额调节表的编制

（一）实验目的

通过实验使学生掌握银行存款清查及银行存款余额调节表的编制方法。

（二）实验资料

永安公司20××年8月21—31日银行存款日记账账面记录和银行对账单分别见表A4-1和表A4-2。

表A4-1

银行存款日记账

单位：元

20××年		凭证号	摘　要	结算凭证		对方科目	借　方	贷　方	余　额
月	日			种类	号数				
8	21		承前页						380 500
8	21	银付35	购入材料	转支	＃3603	材料采购		48 000	332 500
8	22	银付36	偿付货款	转支	＃2003	应付账款		36 800	295 700
8	22	银付37	提取现金	现支	＃8653	库存现金		4 000	291 700
8	23	银付38	支付广告费	转支	＃3605	销售费用		37 200	254 500
8	23	银收18	收回货款	委收	＃1004	应收账款	28 300		282 800
8	24	银付39	支付保险费	转支	＃3609	管理费用		40 000	242 800
8	24	银付40	代垫运杂费	转支	＃3611	应收账款		6 000	236 800
8	25	银付41	预付差旅费	现支	＃8654	其他应收款		3 500	233 300
8	25	银收19	销售产品	委收	＃1006	主营业务收入	18 950		252 250
8	26	银付42	购入设备	汇票	＃2005	固定资产		57 400	194 850
8	26	银收20	预收货款	本票	＃8461	预收账款	95 380		290 230
8	27	银付43	购办公用品	转支	＃3614	管理费用		600	289 630
8	27	银付44	支付养路费	转支	＃3617	管理费用		3 800	285 830
8	28	银付45	预付货款	转支	＃3318	预付账款		50 000	235 830
8	29	银收21	收回货款	转支	＃3685	应收账款	17 390		253 220
8	30	现付19	存入现金	回单	＃24	库存现金	2 000		255 220
8	30	银付46	预付差旅费	现支	＃8658	其他应收款		2 780	252 440
8	31		本月合计						252 440

表 A4-2

银行对账单

单位：元

20××年		结算凭证		摘 要	借 方	贷 方	余 额
月	日	种类	号数				
8	21			承前页			
8	22	转支	#3603	付货款	48 000		
8	22	现支	#8653	提现金	4 000		
8	24	转支	#3605	付广告费	37 200		
8	25	特转	#1480	存款利息		5 900	
8	25	现支	#8654	提差旅费	3 500		
8	26	转支	#3609	付保险费	40 000		
8	26	本票	#8461	存入货款		95 380	
8	26	转支	#3614	付用品款	600		
8	29	转支	#2003	付货款	36 800		
8	29	专托	#5721	付电话费	3 800		
8	29	专托	#1195	支付水电费	4 800		
8	30	转支	#3617	付养路费	3 800		
8	30	特转	#1902	贷款利息	3 500		
8	30			存入现金		2 000	
8	31	委收	#1009	代收运费		4 000	
8	31	汇票	#2005	购设备	57 400		
8	31			月末余额			244 380

（三）实验要求

1. 将银行存款日记账与银行对账单进行核对，找出未达账项。

2. 编制 8 月的银行存款余额调节表，确定该企业的银行存款实有余额。

（四）实验设计

1. 首先，将银行存款日记账与银行对账单按结算凭证种类和号数一一进行核对，确定哪些是银行已入账、企业尚未入账的事项，哪些是企业已入账、银行尚未入账的事项；然后，将银行存款日记账与银行对账单的月末余额及未达账项填入银行存款余额调节表；最后，计算出调节后的银行存款余额。

2. 假设企业与银行账面记录 8 月 21 日前均核对无误，8 月 21—31 日双方账面余额计算均无错误，编制的银行存款余额调节表应保持平衡。

3. 实验中应简要分析出现未达账项的原因。

4. 实验时间约需 20 分钟。

5. 本项实验需空白银行存款余额调节表 1 份。

（五）参考答案

调节后银行存款余额为 250 240 元。

实验五　科目汇总表账务处理程序

（一）实验目的

通过实验使学生掌握科目汇总表的编制及总分类账户的登记方法。

（二）实验资料

1. 永安公司20××年4月初各总分类账户的期初余额见表A5-1。

2. 该公司20××年4月1—10日的科目汇总表见表A5-2；4月11—20日的科目汇总表见表A5-3。

3. 该公司20××年4月21—30日发生的各项经济业务见实验二。

表A5-1

总分类账户期初余额

单位：元

账户名称	借方余额	账户名称	贷方余额
库存现金	65 900	短期借款	500 000
银行存款	696 640	应付账款	460 600
应收账款	285 300	应付职工薪酬	107 100
其他应收款	4 180	应交税费	55 400
原材料	782 370	长期借款	3 000 000
库存商品	2 382 720	股本	5 785 000
生产成本	1 547 390	资本公积	1 350 000
固定资产	9 536 200	利润分配	240 000
主营业务成本	2 617 400	累计折旧	2 579 000
销售费用	150 600	主营业务收入	4 127 600
管理费用	258 400	其他业务收入	600 900
财务费用	45 500		
其他业务成本	433 000		
合　　计	18 805 600	合　　计	18 805 600

表A5-2

科目汇总表

20××年4月1—10日

单位：元

会计科目	过　账	本期发生额		记账凭证起讫号数
		借　方	贷　方	
库存现金		1 500	2 000	略
银行存款		219 700	178 600	
应收账款		95 600	72 780	
短期借款		50 000		
应付账款		60 800		
应交税费		36 000		
制造费用		49 380		
主营业务收入			287 120	
销售费用		7 000		
管理费用		20 520		
合　　计		540 500	540 500	

表 A5-3

科目汇总表

20××年 4 月 11—20 日

单位：元

会计科目	过　账	本期发生额		记账凭证起讫号数
		借　方	贷　方	
库存现金		900	1 800	略
银行存款		263 400	108 900	
应收账款		100 000		
其他应收款		8 000	10 000	
材料采购		107 200	86 200	
原材料		86 200		
固定资产		48 300		
长期借款			200 000	
应付账款		50 000	112 000	
制造费用		11 300		
主营业务收入			168 000	
销售费用		4 000		
管理费用		7 600		
合　　计		686 900	686 900	

（三）实验程序

1. 开设总分类账户并登记月初余额。
2. 根据实验二的记账凭证编制 4 月 21—30 日的科目汇总表（见表 A5-4）。
3. 根据该月的科目汇总表登记总分类账户并进行结账。

表 A5-4

科目汇总表

20××年 4 月 21—30 日

单位：元

会计科目	过　账	本期发生额		记账凭证起讫号数
		借　方	贷　方	
				1. 现金收款凭证自第　号至　号； 2. 现金付款凭证自第　号至　号； 3. 银存收款凭证自第　号至　号； 4. 银存付款凭证自第　号至　号； 5. 转账凭证第　号至　号。
合　　计				

（四）实验设计

1. 各总分类账户根据科目汇总表每 10 天汇总登记一次。
2. 永安公司各月不进行损益类账户的结转，待年终时一次结转。
3. 月末结账后应进行试算平衡，以检查总分类账户登记是否正确。
4. 实验时间约需 60 分钟。
5. 本项实验需三栏式总账账页 13 张，科目汇总表 1 张。

实验六　资产负债表和利润表的编制

（一）实验目的

通过实验使学生初步掌握资产负债表、利润表的编制原理和方法。

（二）实验资料

永安公司20××年4月各损益类账户本期发生额及有关总分类账户月末余额见实验五。

（三）实验要求

编制永安公司20××年4月的资产负债表和利润表。

（四）实验设计

1. 假设该公司总分类账户与所属各明细分类账户余额均方向相同，明细分类账户资料略。

2. 实验时间约需60分钟。

3. 本项实验需资产负债表、利润表各一张。

参考文献

1. 中华人民共和国会计法（2017 年最新修订）. 北京：中国法制出版社，2017.

2. 企业财务会计报告条例. 北京：中国财政经济出版社，2000.

3. 中华人民共和国财政部. 企业会计准则（合订本）. 北京：经济科学出版社，2019.

4. 中华人民共和国财政部. 企业会计准则应用指南（2019 年版）. 上海：立信会计出版社，2019.

5. 张佑才. 财会职业道德. 北京：新华出版社，1996.

6. 石倩，等. 财经法规与会计职业道德. 大连：大连出版社，2014.

7. 朱小平，等. 初级会计学. 10 版. 北京：中国人民大学出版社，2019.

8. 王辉，等. 财经法规. 5 版. 大连：东北财经大学出版社，2018.

9. 郭继秋，等. 初级会计学. 2 版. 北京：清华大学出版社，2017.

10. 黄明，等. 企业会计模拟实训教程（单项实训）. 7 版. 大连：东北财经大学出版社，2019.

11. 项怀诚. 会计职业道德. 北京：人民出版社，2003.

12. 陈文铭. 基础会计习题与案例. 6 版. 大连：东北财经大学出版社，2018.

13.《会计档案管理办法讲解》编写组. 会计档案管理办法讲解. 北京：中国财政经济出版社，2016.

教师教学服务说明

中国人民大学出版社财会出版分社以出版经典、高品质的会计、财务管理、审计等领域各层次教材为宗旨。

为了更好地为一线教师服务，近年来财会出版分社着力建设了一批数字化、立体化的网络教学资源。教师可以通过以下方式获得免费下载教学资源的权限：

在中国人民大学出版社网站 www. crup. com. cn 进行注册，注册后进入“会员中心”，在左侧点击“我的教师认证”，填写相关信息，提交后等待审核。我们将在一个工作日内为您开通相关资源的下载权限。

如您急需教学资源或需要其他帮助，请在工作时间与我们联络：

中国人民大学出版社　财会出版分社

联系电话：010-62515987，62511076

电子邮箱：ckcbfs@crup. com. cn

通讯地址：北京市海淀区中关村大街甲 59 号文化大厦 1501 室（100872）